"十二五"江苏省高等学校重点教材（编号：2015-2-037）
高等院校汽车类创新型应用人才培养规划教材
汽车专业模块化系列教材

汽车底盘控制系统

主　编　赵景波
副主编　胡　淳　张　焱
主　审　鲁植雄

内 容 简 介

本书借鉴德国高等学校汽车专业课程体系及德国手工业协会教材特色,从工程应用的角度出发,主要介绍了汽车底盘控制系统的控制原理、检测及故障诊断方法等。全书共分4章,分别为自动变速器控制系统、电子控制制动系统、电子控制转向系统、电子控制悬架系统。本书内容丰富全面,图文并茂,实用性强。

本书可作为高等院校汽车服务工程、车辆工程、交通运输及相关专业的本科生教材,也可供汽车服务企业的技术人员、管理人员及汽车爱好者阅读参考。

图书在版编目(CIP)数据

汽车底盘控制系统/赵景波主编. —北京: 北京大学出版社,2016.11
(高等院校汽车类创新型应用人才培养规划教材)
ISBN 978-7-301-27693-8

Ⅰ. ①汽… Ⅱ. ①赵… Ⅲ. ①汽车—底盘—电气控制系统—高等学校—教材 Ⅳ. ①U463.6

中国版本图书馆 CIP 数据核字(2016)第 265967 号

书　　　名	汽车底盘控制系统
	Qiche Dipan Kongzhi Xitong
著作责任者	赵景波　主编
策划编辑	童君鑫
责任编辑	黄红珍
标准书号	ISBN 978-7-301-27693-8
出版发行	北京大学出版社
地　　　址	北京市海淀区成府路 205 号　100871
网　　　址	http://www.pup.cn　新浪微博:@北京大学出版社
电子信箱	pup_6@163.com
电　　　话	邮购部 010-62752015　发行部 010-62750672　编辑部 010-62750667
印　刷　者	天津和萱印刷有限公司
经　销　者	新华书店
	787 毫米×1092 毫米　16 开本　14.25 印张　334 千字
	2016 年 11 月第 1 版　2023 年 6 月第 2 次印刷
定　　　价	49.00 元

未经许可,不得以任何方式复制或抄袭本书之部分或全部内容。
版权所有,侵权必究
举报电话:010-62752024　电子信箱:fd@pup.pku.edu.cn
图书如有印装质量问题,请与出版部联系,电话:010-62756370

前　　言

汽车产业是我国国民经济发展的支柱产业，连续5年产量和销量位居世界第一位，国内汽车年产销量已超过2000万辆，且市场需求持续旺盛。汽车产业的迅猛发展需要大量从事汽车后市场服务的高端人才。在此背景下，全国有120余所本科院校顺应汽车后市场人才需求热潮，纷纷开设汽车服务工程，为汽车后市场输送了大量的技术人才。但随着汽车高度电子化、智能化的发展趋势，汽车已发展成为集计算机技术、智能控制技术、光电传输技术、新工艺和新材料为一体的高科技载体，汽车新技术的不断涌现及检测、诊断仪器设备的智能化和自动化，使得汽车服务企业对人才知识、能力的要求日益提升。然而，目前大多数高校汽车专业普遍采用学科体系下的传统教材，专业理论知识的系统性、整体性和科学性不够，且理论与实践脱节，影响了培养具有工程实践能力和创新能力应用型人才高等工程教育目标的实现。

"他山之石，可以攻玉"。为满足社会对高端汽车服务业人才的迫切需求，编者借鉴德国高等学校汽车专业课程体系及德国手工业协会教材特色——集汽车各系统的构造、原理、故障诊断等知识于一体，与中外相关汽车服务行业专家共同制定了以"实践为主、学术并重"的模块化、本土化教材编写大纲及教材编写标准，并根据多年从事汽车服务工程专业的教学经验编写了本书。

本书的特色在于：

（1）打破学科体系下的教材编写模式，将课程内容模块化，紧扣工程实际，从汽车的结构原理出发分析故障产生的机理、原因。

（2）在内容结构顺序上先简述汽车各系统的构造和原理，再详细分析各系统故障诊断的思路、方法，并用经典故障案例加以佐证。

（3）内容丰富、全面，信息量大，图文并茂，实用性强。

本书从工程实际的角度出发，采用理论与实践相结合的方法，系统地阐述了电控底盘系统各子系统的结构、工作原理及故障诊断方法等，主要内容包括：行星齿轮式自动变速器、电控无级自动变速器和双离合器式自动变速器的结构、工作原理及诊断方法，ABS、ASR、EBD、EDS和ESP系统的结构、工作原理及诊断方法，电控液压助力转向控制系统、电动助力转向控制系统、主动转向控制系统的结构、工作原理及诊断方法，典型悬架系统的结构及工作原理等，并以典型乘用车常见故障为例，详细阐述了上述各系统的故障诊断流程。

本书由江苏理工学院赵景波担任主编并负责统稿，江苏理工学院胡淳、张焱担任副主编。

在本书的编写过程中，我们得到了上海大众汽车4S站、奥迪汽车4S站等企业技术人员的大力支持，同时参考了部分企业内训材料和图书出版资料，谨此表示衷心的感谢和崇高的敬意。

由于编者水平有限，书中难免存在不当和疏漏之处，恳请广大读者批评指正。

编　者
2016年5月

目 录

第1章 自动变速器控制系统 …… 1

1.1 行星齿轮式自动变速器 …… 2
- 1.1.1 辛普森式行星齿轮自动变速器 …… 2
- 1.1.2 拉维娜式行星齿轮自动变速器 …… 7
- 1.1.3 自动变速器电子控制系统结构原理 …… 11
- 1.1.4 大众01M型自动变速器电控系统 …… 19
- 1.1.5 自动变速器故障诊断流程 …… 24
- 1.1.6 自动变速器电控系统检测 …… 24

1.2 电控无级自动变速器 …… 28
- 1.2.1 无级变速器的结构与工作原理 …… 28
- 1.2.2 CVT传动路线分析 …… 32
- 1.2.3 无级变速器液压控制系统的结构与工作原理 …… 34
- 1.2.4 无级变速器电控系统的结构与工作原理 …… 38

1.3 双离合器DSG自动变速器 …… 50
- 1.3.1 双离合器自动变速器的结构与工作原理 …… 51
- 1.3.2 双离合器自动变速器传动路线分析 …… 57
- 1.3.3 双离合器自动变速器控制系统的结构与工作原理 …… 59

1.4 自动变速器故障诊断及案例分析 …… 68
- 1.4.1 自动变速器常见故障诊断流程 …… 68
- 1.4.2 自动变速器故障案例分析 …… 70

习题 …… 75

第2章 电子控制制动系统 …… 77

2.1 电控防抱死制动系统 …… 78
- 2.1.1 概述 …… 78
- 2.1.2 汽车制动过程中的影响因素 …… 78
- 2.1.3 车轮滑移率 …… 79
- 2.1.4 ABS的功能 …… 81
- 2.1.5 ABS的组成 …… 82
- 2.1.6 ABS的工作过程 …… 83

2.2 电控驱动防滑系统 …… 85
- 2.2.1 概述 …… 85
- 2.2.2 ASR的功能 …… 85
- 2.2.3 ASR与ABS的区别 …… 86
- 2.2.4 ASR的控制方式 …… 87
- 2.2.5 ASR的特点 …… 88

2.3 电子稳定程序控制系统 …… 89
- 2.3.1 概述 …… 89
- 2.3.2 ESP的组成 …… 89
- 2.3.3 ESP工作原理 …… 90
- 2.3.4 BOSCH公司的ESP …… 91

2.4 感应式制动控制系统 …… 93
- 2.4.1 概述 …… 93
- 2.4.2 工作原理 …… 93
- 2.4.3 结构组成 …… 94
- 2.4.4 附加功能 …… 95
- 2.4.5 系统主要部件 …… 97

2.5 电子驻车控制系统 …… 102
- 2.5.1 概述 …… 102
- 2.5.2 电子驻车控制系统的结构原理 …… 102
- 2.5.3 电子驻车控制系统的功能 …… 106

2.6 典型车型电控制动系统 …… 109

2.6.1 大众 ABS/ESP 系统 …… 109
2.6.2 奥迪 ABS/ESP 系统 …… 111
2.6.3 宝马 DSC 系统 …… 115
2.6.4 丰田 VSC 系统 …… 119
2.7 电子控制制动系统常见故障及排除案例 …… 123
2.7.1 电子控制制动系统常见故障 …… 123
2.7.2 电子控制制动系统故障排除案例 …… 124
习题 …… 128

第3章 电子控制转向系统 …… 129

3.1 电控液压式助力转向控制系统 …… 130
3.1.1 流量控制式 EHPS 系统 …… 130
3.1.2 反作用力控制式 EHPS 系统 …… 130
3.1.3 电液控制式 EHPS 系统 …… 132
3.2 电动助力转向控制系统 …… 133
3.2.1 齿轮助力式 EPS 系统 …… 133
3.2.2 齿条助力式 EPS 系统 …… 135
3.2.3 转向轴助力式 EPS 系统 …… 137
3.3 主动转向控制系统 …… 140
3.3.1 概述 …… 140
3.3.2 主动前轮转向系统的工作原理 …… 141
3.3.3 机械式主动转向系统 …… 141
3.3.4 线控转向系统 …… 142
3.3.5 主动转向系统的核心部件 …… 142
3.4 四轮转向控制系统 …… 143
3.4.1 转向角比例控制 4WS 系统 …… 143
3.4.2 车速前馈控制 4WS 系统 …… 146

3.4.3 横摆角速度比例控制 4WS 系统 …… 150
3.5 典型车型电子控制转向系统 …… 153
3.5.1 Polo EHPS 系统 …… 153
3.5.2 大众速腾乘用车 EPS 系统 …… 157
3.5.3 奥迪 A4L 主动转向系统 …… 161
3.5.4 宝马 E60 主动转向系统 …… 165
3.6 电子控制转向系统常见故障及排除案例 …… 169
3.6.1 电子控制转向系统常见故障 …… 169
3.6.2 电子控制转向系统故障排除案例 …… 169
习题 …… 174

第4章 电子控制悬架系统 …… 175

4.1 电子控制悬架系统基本认识 …… 176
4.2 可调阻尼减振器的结构与原理 …… 178
4.3 空气弹簧的结构与原理 …… 182
4.4 油气弹簧的结构与原理 …… 184
4.5 典型车型电子控制悬架系统 …… 185
4.5.1 奥迪 A6L C6 乘用车电子控制悬架系统 …… 185
4.5.2 宝马乘用车电子控制悬架系统 …… 194
4.5.3 奔驰 S320 W220 底盘乘用车电子控制悬架系统 …… 203
4.6 电子控制悬架系统故障诊断及案例分析 …… 211
4.6.1 电子控制悬架系统常见故障现象及原因分析 …… 211
4.6.2 电子控制悬架系统典型案例分析 …… 212
习题 …… 219

参考文献 …… 220

第 1 章
自动变速器控制系统

教学目标

了解自动变速器的发展历程,掌握自动变速器的分类、组成及结构原理,掌握行星齿轮式自动变速器的机械结构、动力传递、控制系统组成,掌握电控无级自动变速器的机械结构、动力传递、控制系统组成,掌握双离合器式自动变速器的机械结构、动力传递、控制系统组成。

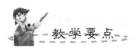
教学要点

知识要点	能力要求	相关知识
自动变速器基础知识	掌握自动变速器的分类、组成,几种类型的自动变速器的特点	自动变速器的发展过程及应用前景
行星齿轮式自动变速器	掌握辛普森式和拉维娜式行星齿轮自动变速器的机械结构、动力传递过程等;掌握电控系统各传感器及执行器的工作原理及作用	传感器的工作原理及检测,执行器的工作原理及检测
电控无级自动变速器	掌握电控无级自动变速器的机械结构、动力传递过程等;掌握电控系统各传感器及执行器的工作原理及作用	电控无级自动变速器的无级变速机理,几种典型的动力传递方式
双离合器式自动变速器	掌握双离合器式自动变速器的机械结构、动力传递过程等;掌握电控系统各传感器及执行器的工作原理及作用	双离合器式自动变速器的概念、应用前景、优缺点及类型

自动变速器主要由液力变矩器、变速机构、液压控制系统、电子控制系统等组成，按其传动机构的类型不同，可分为双离合器式、平行轴式、行星齿轮式与钢带传动式4种。本章主要以日本丰田和德国大众奥迪产品为对象，介绍行星齿轮式自动变速器、电控无级自动变速器（钢带传动式）和双离合器式自动变速器3种自动变速器的组成、传动路线和控制系统。

1.1 行星齿轮式自动变速器

行星齿轮式自动变速器按齿轮结构的不同可分为辛普森式和拉维娜式，日本丰田A341E型自动变速器和德国大众01M型自动变速器分别是以上两种齿轮结构自动变速器的典型代表，本节以A341E和01M为对象介绍其齿轮传动机构的组成、传动路线分析和控制系统。

1.1.1 辛普森式行星齿轮自动变速器

丰田后轮驱动汽车上常用的自动变速器有A40D、A42D、A43D、A42DL、A43DE、A43DE、A340E、A341E和A46DE等型号（型号中"D"表示有超速挡，"L"表示用带锁止离合器的综合式液力变矩器，"E"表示电脑控制）。前轮驱动汽车上使用的自动变速器有A54DE、A140E、A140L、A130L和A131L等型号。丰田汽车各种自动变速器的行星齿轮变速器结构基本相同。

1. A341E自动变速器齿轮传动机构的组成

丰田A341E自动变速器分解图如图1.1所示。

丰田A341E型自动变速器由一前、二后的三组行星齿轮机构（前面为单排的超速行星齿轮机构，后面为双排的前、后行星齿轮机构，前后行星排共用太阳轮）、三个多片离合器（C0为直接离合器，C1为倒挡及高挡离合器，C2为前进挡离合器）、四个多片制动器（B0为超速挡制动器，B1、B2、B3分别为2挡制动器、低挡及倒挡制动器、2挡强制制动器）和三个单向离合器（F0为直接单向超越离合器，F1、F2分别为低挡单向超越离合器和2挡单向超越离合器）等组成，如图1.2所示。

丰田A341E自动变速器各挡执行元件的工作情况见表1-1。

表1-1 A341E自动变速器各挡执行元件的工作情况

变速杆位置	挡位	1号换挡电磁阀	2号换挡电磁阀	C0	C1	C2	B0	B1	B2	B3	F0	F1	F2
P	驻车挡	通电	断电	○							○		
R	倒挡	通电	断电	●	●				●		●		
N	空挡	通电	断电								○		
D	1挡	通电	断电	●		●					●	●	
D	2挡	通电	通电	●		●					●		●
D	3挡	断电	通电	●	●	●		○			●		
D	OD挡	断电	断电		●	●	○						

(续)

变速杆位置	挡位	1号换挡电磁阀	2号换挡电磁阀	C0	C1	C2	B0	B1	B2	B3	F0	F1	F2
2	1挡	通电	通电	●		●					●	●	
	2挡	通电	通电	●		●		●		●	●		●
	3挡	断电	通电	●	●	●		○			●		
L	1挡	通电	通电	●		●				●	●	●	
	2挡	通电	通电	●		●		●		●	●		●

注：●表示接合传力；○表示接合，但不传力。

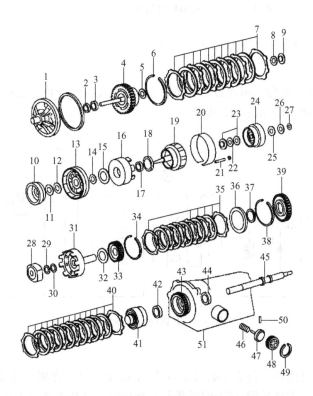

图 1.1 丰田 A341E 自动变速器分解图

1—油泵；2、5、9、11、14、23、26、29—止推垫片；3、8、12、17、22、25、30、42、44—推力轴承；
4—超速排行星架和直接挡离合器组件；6、27、34、38、49—卡环；7—超速挡制动器钢片和摩擦片；
10—超速排齿圈；13—超速挡制动器鼓；15、18、32、37—尼龙止推垫圈；16—倒挡及高挡离合器组件；
19—前进挡离合器组件；20—2挡强制制动带；21—制动带销轴；24—前齿圈；28—前行星架；
31—后太阳轮组件；33—2挡单向超越离合器；35—2挡制动器摩擦片和钢片；36—活塞衬套；
39—2挡制动器鼓；40—低挡及倒挡制动器摩擦片和钢片；41—后行星架和行星齿轮组件；
43—后齿圈；45—输出轴；46—弹簧；47—2挡强制制动器活塞；
48—2挡强制制动器液压缸缸盖；50—超速挡制动鼓进油孔油封；
51—变速器壳体

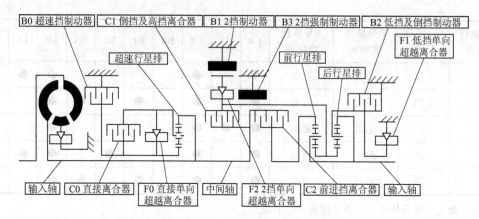

图 1.2 丰田 A341E 自动变速器行星排结构图

2. A341E 自动变速器各挡位动力传递路线分析

1）P 位

P 位由于只有 C0 接合，因此没有挡位输出。P 位 C0 接合的意义在于为下一步车辆前行或后退做好提前准备，如图 1.3 所示。

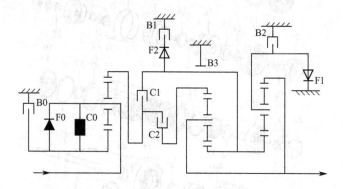

图 1.3 P 位动力传递路线

2）D 位 1 挡

D 位 1 挡工作的执行元件有 C0、F0、C2、F1。C0、F0 将超速排连为一体，C2 使超速排输出的动力传入前排齿圈，F1 将后排行星架固定。D 位 1 挡动力传递路线如图 1.4 所示。动力是由前后两排共同传输的。

1 挡动力传递过程：车辆刚起步时车速为零，即前行星架和后齿圈是静止的。前齿圈受超速排齿圈驱动顺时针转动，带动前排行星齿轮顺时针自转，从而带动两个太阳轮逆时针转动。后太阳轮逆时针转动时，欲使后行星架逆转，但后行星架逆转趋势被 F1 抑制（后行星架逆转时，F1 接合，后行星架便被 F1 固定），后太阳轮没能驱动后行星架，只能强行驱动后齿圈顺时针转动，完成动力输出。

3）D 位 2 挡

D 位 2 挡工作的执行元件有 C0、F0、C2、B1、F2。C0、F0 将超速排连为一体，C2 使超速排输出的动力传入前齿圈，B1、F2 将太阳轮固定，前排行星架输出。前排已满

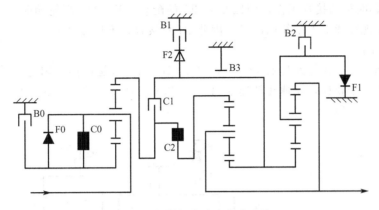

图 1.4　D 位 1 挡动力传递路线

足动力传输条件，2 挡动力是经前排单独完成传输的。D 位 2 挡动力传递路线如图 1.5 所示。

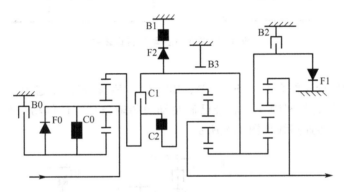

图 1.5　D 位 2 挡动力传递路线

4）D 位 3 挡

D 位 3 挡工作的执行元件有 C0、F0、C1、C2、B1。C0、F0 将超速排连为一体，C2 使超速排输出的动力传入前排齿圈，C1 使动力传入前排太阳轮，此时的前、后排已连为一个整体。3 挡传动比显然为 1。D 位 3 挡动力传递路线如图 1.6 所示。

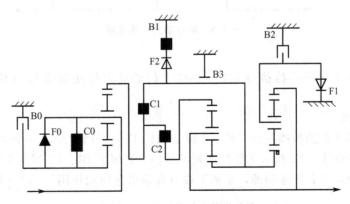

图 1.6　D 位 3 挡动力传递路线

B1 在 3 挡时虽然接合工作，但因没有 F2 的配合（F2 在太阳轮顺时针转动时超越），它单独工作不能完成对太阳轮的固定，因此 B1 只接合，不传递动力。

5）D 位 4 挡

D 位 4 挡工作的执行元件有 B0、C1、C2、B1。B0 将超速排太阳轮制动，C1、C2 将前、后排连为一个整体，超速排超速输出。B1 和 3 挡时一样只接合不传力。D 位 4 挡动力传递路线如图 1.7 所示。

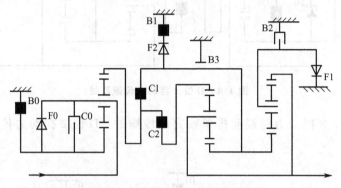

图 1.7　D 位 4 挡动力传递路线

6）R 位

R 位工作的执行元件有 C0、F0、C1、B2。C0、F0 将超速排连为一体，C1 使动力传入太阳轮，B2 将后行星架固定。后排已满足动力传输条件，R 位动力是由后排单独完成传输的。R 位动力传递路线如图 1.8 所示。

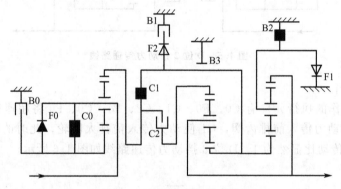

图 1.8　R 位动力传递路线

7）2 位 1 挡

根据在该挡工作的换挡执行元件，2 位 1 挡的动力传递路线与 D 位 1 挡是完全一致的。

8）2 位 2 挡

根据在该挡工作的换挡执行元件，2 位 2 挡比 D 位 2 挡增加了一个执行元件 B3，B3 接合，将太阳轮固定。B3 接合工作后实现的 2 挡，克服了 B1、F2 固定太阳轮实现的 2 挡单向传力的弱点，具备限速功能，车辆下坡时发动机有制动作用。2 位 2 挡动力传递路线如图 1.9 所示。

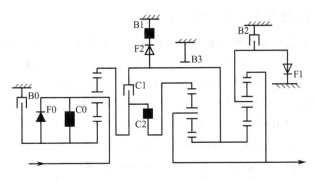

图1.9 2位2挡动力传递路线

9）2位3挡

根据在该挡工作的换挡执行元件，2位3挡的动力传递路线与D位3挡是完全一致的。当车辆在D位4挡运行时，如果将变速杆由D位移至2位，自动变速器将无条件减为3挡，起到了限制升上4挡的作用。

10）L位1挡

根据在该挡工作的换挡执行元件，L位1挡比D位1挡增加了一个执行元件B2，使得低挡及倒挡制动器B2能将后排行星架固定，克服了F1固定后排行星架实现的1挡单向传力的弱点，具备限速功能，车辆下坡时发动机有制动作用。L位1挡动力传递路线如图1.10所示。

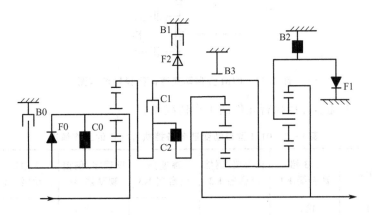

图1.10 L位1挡动力传递路线

11）L位2挡

根据在该挡工作的换挡执行元件，L位2挡与2位2挡的动力传递路线完全一致。当车辆在D位或2位高挡运行时，如果将变速杆由D位移至L位，自动变速器将无条件减为2挡，起到了限制升上3挡的作用。

1.1.2 拉维娜式行星齿轮自动变速器

下面以大众宝来、捷达车型配备的01M型自动变速器为例介绍拉维娜式行星齿轮传动机构的组成和传动路线分析。

1. 01M型自动变速器齿轮传动机构的组成

01M型自动变速器行星排结构如图1.11所示，主要由1个行星齿轮组、3个离合器、2个制动器及1个单向离合器组成。其中行星齿轮组由1个小太阳轮、1个大太阳轮、3个短行星齿轮、3个长行星齿轮、行星架及齿圈组成。变速器在工作时，阀体通过油压控制离合器、制动器的接合，以完成液力变矩器和行星齿轮组之间的动力传输。如果离合器K1工作，就会驱动小太阳轮。离合器K2则用来驱动大太阳轮，离合器K3驱动行星架，制动器B1制动行星架，动力通过齿圈输出，制动器B2制动大太阳轮。

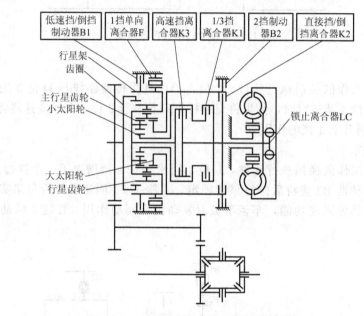

图1.11 01M型自动变速器行星排结构图

01M型自动变速器各挡执行元件的工作情况见表1-2。

表1-2 01M型自动变速器各挡执行元件的工作情况

变速杆位置	挡位	1/3挡离合器K1	直接挡/倒挡离合器K2	高速挡离合器K3	低速挡/倒挡制动器B1	2挡制动器B2	1挡单向离合器F
D	1	接合					锁止
	2	接合				制动	
	3	接合		接合			
	4			接合		制动	
2	1	接合					锁止
	2	接合				制动	
1	1	接合			制动		
R	倒		接合		制动		
P、N		所有离合器、制动器均不起作用					

2. 01M 型自动变速器各挡位动力传递路线分析

1) 液压 1 挡

液压 1 挡时,离合器 K1 接合,单向离合器 F 工作,如图 1.12 所示。动力传递路线如下:泵轮→涡轮→涡轮轴→离合器 K1→小太阳轮→短行星齿轮→长行星齿轮驱动齿圈。

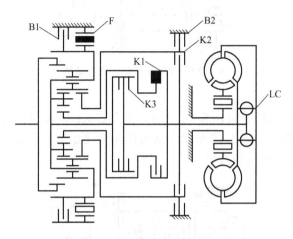

图 1.12　液压 1 挡动力传递路线

2) 液压 2 挡

液压 2 挡时,离合器 K1 接合,制动器 B2 制动大太阳轮,如图 1.13 所示。动力传递路线如下:泵轮→涡轮→涡轮轴→离合器 K1→小太阳轮→短行星齿轮→长行星齿轮围绕大太阳轮转动并驱动齿圈。

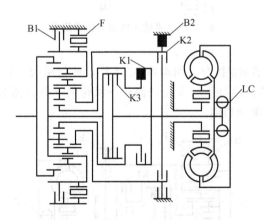

图 1.13　液压 2 挡动力传递路线

3) 液压 3 挡

液压 3 挡时,离合器 K1 和 K3 接合,驱动小太阳轮和行星架,使行星齿轮机构锁止并一同转动,如图 1.14 所示。动力传递路线如下:泵轮→涡轮→涡轮轴→离合器 K1 和 K3→整个行星齿轮机构转动。

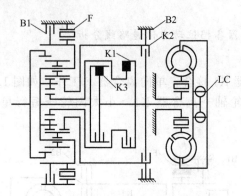

图 1.14　液压 3 挡动力传递路线

4）机械 3 挡

机械 3 挡时，变矩器锁止离合器 LC 接合，离合器 K1 和 K3 接合，行星齿轮机构锁止，形成一个整体进行工作，如图 1.15 所示。动力传递路线如下：泵轮→锁止离合器 LC→离合器 K1 和 K3→整个行星齿轮机构转动。

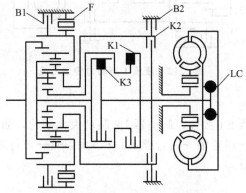

图 1.15　机械 3 挡动力传递路线

5）液压 4 挡

液压 4 挡时，离合器 K3 接合，制动器 B2 工作，使行星架工作，并制动大太阳轮，如图 1.16 所示。动力传递路线如下：泵轮→涡轮→涡轮轴→离合器 K3→行星架→长行星齿轮围绕大太阳轮转动并驱动齿圈。

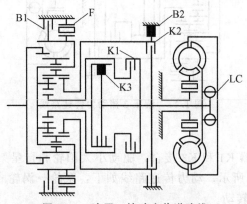

图 1.16　液压 4 挡动力传递路线

6）机械 4 挡

机械 4 挡时，变矩器锁止离合器 LC 接合，离合器 K3 接合，制动器 B2 工作，使行星架工作并制动大太阳轮，如图 1.17 所示。动力传递路线如下：泵轮→锁止离合器 LC→离合器 K3→行星架→长行星齿轮围绕大太阳轮转动并驱动齿圈。

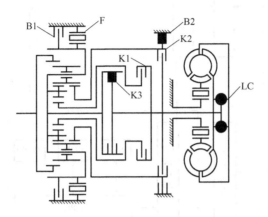

图 1.17　机械 4 挡动力传递路线

7）倒挡

变速杆在 R 位时，离合器 K2 接合，驱动大太阳轮，制动器 B1 工作，使行星架制动，如图 1.18 所示。动力传递路线如下：泵轮→涡轮→涡轮轴→离合器 K2→大太阳轮→长行星齿轮反向驱动齿圈。

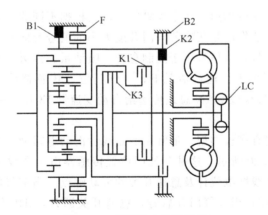

图 1.18　倒挡动力传递路线

1.1.3　自动变速器电子控制系统结构原理

自动变速器的电子控制系统由传感器及各类开关信号、执行器和 ECU 3 部分组成。电子控制系统的基本结构如图 1.19 所示。

1. 传感器及各类开关

自动变速器电子控制系统中常用的传感器及各类开关有节气门位置传感器、车速传感器、变速器转速传感器、变速器油温传感器和各种控制开关等。

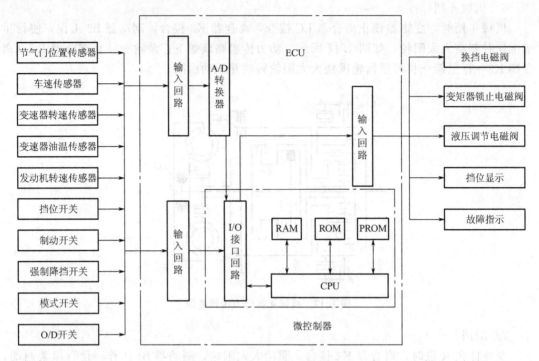

图 1.19 电子控制系统的基本结构

1) 节气门位置传感器（TPS）

节气门是由驾驶人通过加速踏板来操纵的，以便根据不同的行驶条件控制发动机的负荷。节气门位置传感器的作用是获取节气门开度大小的信号及向发动机和自动变速器控制电脑提供发动机负荷信号，该信号用于控制怠速、喷油量、点火、自动换挡等。节气门位置传感器安装在节气门体上。通常情况下，节气门位置传感器信号先供给发动机 ECU，发动机 ECU 再通过信号线或 CAN 总线传递给自动变速器 ECU。一些车辆将两个 ECU 整合为一体。

节气门位置传感器有多种类型，最常用的是线性滑动电阻型，主要应用于综合式节气门位置传感器，如图 1.20 所示，这种节气门位置传感器由一个线性电位计和一个怠速开关组成。节气门轴带动线性电位计及怠速开关的滑动触点。当节气门关闭时，怠速开关接通，IDL 信号电压为 0V；当节气门开启时，怠速开关断开，IDL 信号电压为 12V。ECU 依据 IDL 端子电压便可判定发动机是否处于怠速工况。

当节气门开度不同时，电位计的电阻也不同。这样，节气门开度的变化被转变为电压信号（模拟信号）的变化。线性滑动电阻型节气门位置传感器，依滑动触点的运动方向的不同，可以分为正比型和反比型两种。

通常 ECU 为传感器 V_C 端子提供 +5V 电压，V_{TA} 电压信号随着节气门开度在 0～5V 间变化，输送给 ECU。V_{TA} 电压信号作为 ECU 选挡的主要依据。

2) 车速传感器

车速传感器安装在自动变速器输出轴附近或主减速器处，用于检测自动变速器输出轴的转速。ECU 根据车速传感器的电信号计算出车速，作为换挡控制的主要依据。

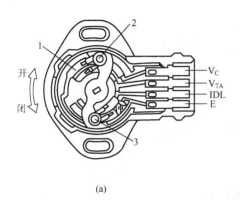 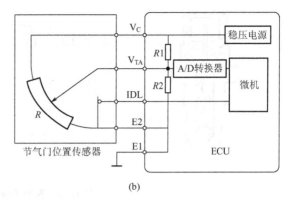

图 1.20 综合式节气门位置传感器

(a) 结构图；(b) 电路图

1—电阻膜；2—信号输出触点；3—急速触点

常见的车速传感器是电磁感应式传感器，由永久磁铁和电磁感应线圈组成，如图 1.21 所示。当输出轴转动时，信号盘的凸齿不断地靠近或离开车速传感器，使感应线圈的磁通量发生变化，从而产生交流感应电压。车速越高，感应电压的脉冲频率也越大。电脑根据感应电压脉冲频率的大小计算出车速。

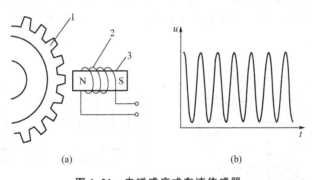

图 1.21 电磁感应式车速传感器

(a) 结构图；(b) 信号波形图

1—信号盘；2—感应线圈；3—永久磁铁

3）变速器油温传感器

变速器油温传感器安装在自动变速器油底壳内的阀板上，用于检测自动变速器油的温度。变速器油温传感器信号主要用于自动变速器的锁止控制。当自动变速器油温低于一定限值时，ECU 将不再使变矩器锁止离合器锁止，其目的是尽快使油温达到正常工作温度。当自动变速器油温高于一定限值时，ECU 将强行使变矩器锁止离合器锁止，防止油温进一步上升。

变速器油温传感器，如图 1.22 所示，是一个热敏电阻元件，具有负的温度电阻系数，即温度越高，电阻值越低，ECU 根据其阻值的变化就可计算出自动变速器油液温度。

4）控制开关

电子控制系统中的控制开关有空挡起动开关、超速挡开关、强制降挡开关、制动灯开关、模式开关等。

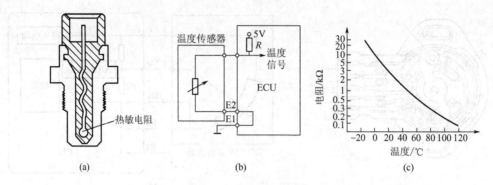

图 1.22 变速器油温传感器

(a) 结构图；(b) 线路图；(c) 特性曲线图

（1）空挡起动开关（挡位开关）。空挡起动开关位于自动变速器手动阀摇臂轴上，用于检测变速杆的位置。同时，该开关也起安全开关的作用，只有在 P 位或 N 位时，起动控制才有效。如果变速杆在其他位置，即使点火开关处于起动挡，起动机也不运转。

丰田 A341E 自动变速器空挡起动开关的结构和线路图如图 1.23 所示。它共有 9 个端子，分别与开关内部的 9 个静触点相连接。开关内部还有两个动触点与空挡起动开关外部的摇臂相连接，而摇臂又通过绳索与变速杆相连接。这样当移动变速杆时，空挡起动开关的两个动触点随之同步移动。变速杆有 P、R、N、D、2、L 共 6 个位置，空挡起动开关对应也有 6 个位置。

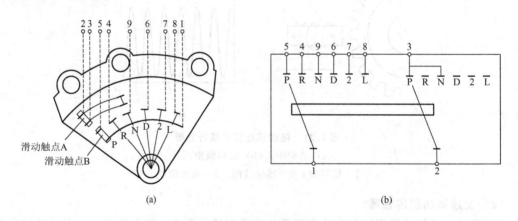

图 1.23 丰田 A341E 自动变速器空挡起动开关的结构和线路图

(a) 结构图；(b) 线路图

1—12V 电源；2、3—起动控制；4—接仪表挡位显示屏、倒车灯；5、6—接仪表挡位显示屏；
7、8、9—接仪表挡位显示屏、ECU

丰田 A341E 自动变速器空挡起动开关的功用如下：
① 为仪表提供挡位指示信号。
② 为 ECU 提供挡位信号，以便 ECU 对挡位进行控制。
③ 在 P、N 位时将起动线路接通（在 P、N 位时 2 号端子和 3 号端子被接通）。
④ 在 R 位时接通倒车灯电路。

(2) 超速挡开关。超速挡开关用来控制自动变速器的超速挡。当超速挡开关闭合后，超速挡控制电路接通，此时若变速杆位于 D 位，随着车速的提高，自动变速器最高可升至 4 挡。当超速挡开关断开后，自动变速器最高可升至 3 挡。图 1.24 所示为丰田乘用车的超速挡开关。

图 1.24　超速挡开关

1—变速杆；2—挡位显示；
3—超速挡开关；4—锁止按钮

(3) 强制降挡开关。强制降挡开关如图 1.25 所示，它的作用是检测加速踏板是否达到了节气门全开位置。当加速踏板达到节气门全开位置时，强制降挡开关便接通，向自动变速器控制模块输送信号。这时控制模块即按其预设的程序控制换挡，并使变速器自动降一个挡位，从而提高汽车的加速性能。大众 01M 型自动变速器中此开关闭合时，可自动降低一个挡位或切断空调 8s。

(4) 制动灯开关。制动灯开关如图 1.26 所示，安装在制动踏板支架上。自动变速器 ECU 通过制动灯开关信号，判断车辆是否处于制动状态。

制动灯开关的作用是：车辆静止时，只有踩下制动踏板，自动变速器 ECU 接收到制动灯开关闭合信号，变速杆才能自 P 位或 N 位移出。如果制动灯开关信号中断，将失去变速杆锁止功能。

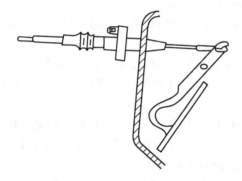

图 1.25　强制降挡开关

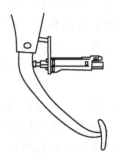

图 1.26　制动灯开关

(5) 模式开关。大部分电子控制自动变速器都有一个模式开关，如图 1.27 所示。模式开关用来选择自动变速器的换挡控制模式，从而满足不同的使用要求。所谓换挡控制模式主要是指自动变速器的换挡规律。常见的自动变速器控制模式有以下几种：

① 经济模式（Economic）。经济模式是以汽车获得最佳的燃油经济性为目标来设计换挡规律的。当自动变速器在此模式状态下工作时，其换挡规律应能使发动机转速经常处于经济转速范围内，换挡时刻适当提前，"升挡早"为经济模式主要特征。

② 运动模式（Sport）。运动模式是以汽车获得较大的动力性为目标来确定换挡时机的，

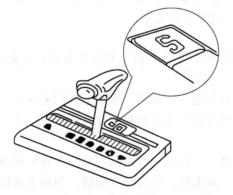

图 1.27　大众 01M 型自动变速器的模式开关

换挡点推迟，以保持足够的动力性。在运动模式下，自动变速器的换挡规律能使发动机经常处在大功率范围内运转，从而提高了汽车的动力性能和爬坡能力。

③ 标准模式（Standard）。标准模式是指换挡规律介于经济模式和运动模式之间的一种换挡模式，兼顾了动力性和经济性，使汽车既保证具有一定的动力性能，又有较佳的燃油经济性。

④ 雪地模式（Snow）。雪地模式适用于在雪地上行驶的工况。一些车辆当变速杆位于D位起步时，以3挡起步，以限制牵引力，防止车轮打滑。而有的高挡乘用车有高、低速两个倒挡；正常行驶时启用低速倒挡；雪地模式下启用高速倒挡，使传动比降低。

上述控制模式并不是每一种电子控制自动变速器都必备的，通常自动变速器只具备这些模式中的几项，有些甚至没有单独的模式开关。

2．自动变速器电控单元

1）电控单元的作用

电控单元（电脑）是电控系统的中枢。在一些车辆上自动变速器与发动机共用一块电脑（称为动力模块 PCM），而有些车辆自动变速器有自己的电脑，如变速器控制模块（TCM）。电控单元的作用主要有以下几点：

（1）数据采集和存储：采集并存储各种传感器的信号，包括传感器信号及各类开关信号。这些信号是 ECU 对挡值和变矩器锁止控制的依据。

（2）数据分析和计算：根据设定的程序，对各种传感器的信号进行分析和处理，从而确定最佳的换挡时间和变矩器锁止时间。

（3）指令控制：向各执行元件发出工作指令。主要的执行元件包括换挡电磁阀、油压调节电磁阀、变矩器锁止电磁阀等。电磁阀控制油路走向，最终控制接合工作的执行元件。

（4）故障监测：实时监测整个电控系统的工作状况，一旦发现异常，如某一传感器的信号超出正常范围，则以故障码的形式记录故障。当故障被存储时，故障指示灯将点亮。当故障比较严重时，将启用备用程序，即进入故障保护模式。

（5）通信功能：包括与诊断仪通信和与其他系统的控制单元通信。维修人员将故障诊断仪连接到诊断插座上，既可以调取控制单元中存储的故障码，又可以在行驶过程中读取运行中的动态数据流，这对检测间歇性故障十分有帮助。变速器控制单元还不断与发动机、ABS 等控制单元通信，获得其他控制系统的状态参数，以实现信息共享。当前许多乘用车采用了 CAN 总线通信，节约了资源，提高了数据传输效率。

2）电磁阀

电磁阀是电控系统的执行器，主要用于换挡控制、主油压调节和变矩器锁止控制等。电磁阀主要有开关式和脉冲式两种。

（1）开关式电磁阀。开关式电磁阀只有通电和断电两种状态。这种电磁阀通电时通电电流为定值，断电时通电电流为零；按工作特性可分为通电供油和断电供油两种。图1.28所示为大众 01M 型自动变速器的换挡电磁阀。

断电时，钢球受压力油液推动左移，结果泄油口被打开，节流孔之后的油路中的油液经泄油口排空，电磁阀输出的控制油压近乎为零。通电时，线圈产生磁场，钢球受到向右的电磁力的作用，钢球将右侧油口封闭，节流孔之后的油路油压（控制油压）建立。

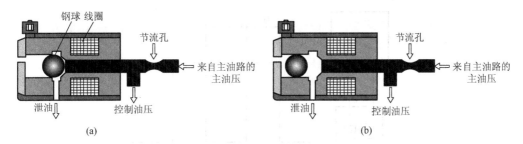

图 1.28　大众 01M 型自动变速器的换挡电磁阀
(a) 通电供油；(b) 断电泄压

(2) 脉冲式电磁阀。脉冲式电磁阀与开关式电磁阀的结构是相似的,也是由电磁线圈、骨架和阀芯等组成的。与开关式电磁阀的不同之处在于,脉冲式电磁阀控制端的电压信号为脉冲信号。当改变脉冲信号的占空比时,电磁阀供油和泄油的时间比就会随之改变,电磁阀输出的控制油压也会随之改变。当占空比信号线性增长(或减小)时,电磁阀输出油压便会线性增长(或减小)。线性增长的油压能够改善离合器和制动器的工作特性,使之接合平稳。

图 1.29 所示为大众 01M 型自动变速器的脉冲式电磁阀。它用于控制主油压(N93)和变矩器锁止油压(N91)。

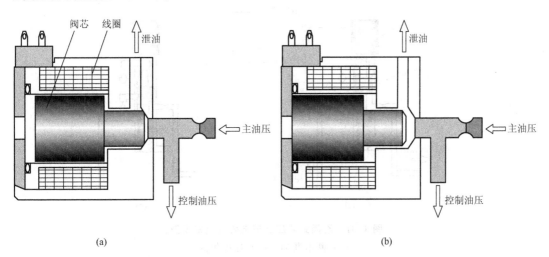

图 1.29　01M 型自动变速器的脉冲式电磁阀
(a) 通电供油；(b) 断电泄压

通电时线圈产生电磁力,阀芯在电磁力的作用下右移,关闭右侧泄油通道,此时主油路油液经节流孔为控制油路供油,输出油压上升。断电时,阀芯右端面受到油压作用,阀芯左移,泄油通道被打开,输出油压下降。当占空比一定时,电磁阀输出油压就确定了。每一个占空比值对应一个输出油压值,输出油压与占空比成比例变化。

图 1.30 为大众 01M 型自动变速器变矩器锁止电磁阀 N91 的接线图与占空比控制信号波形图。

(3) 滑阀式油压调节电磁阀。图 1.31 所示为大众 09G 自动变速器用于换挡控制的滑

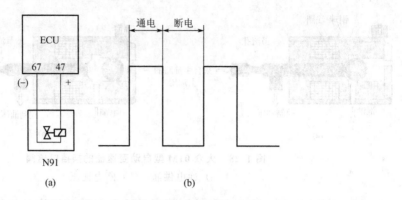

图 1.30 脉冲式电磁阀控制
(a) 接线图；(b) 占空比控制信号波形图

阀式油压调节电磁阀，它由滑阀弹簧和线圈所组成。线圈端子 A 为恒压端，线圈端子 B 为控制端，控制信号是占空比信号。

当占空比信号变化时，端子 B 的平均电压随之变化，A 与 B 之间的电压也随之变化，线圈通电电流也随之变化。通电电流大小与线圈产生的电磁力成正比，因此通过控制端子 B 的占空比就可以控制线圈产生的电磁力。

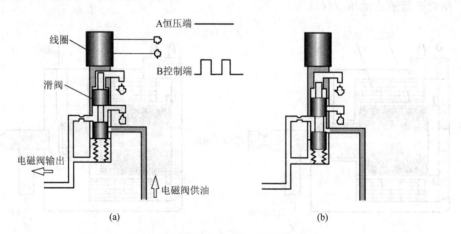

图 1.31 滑阀式油压调节电磁阀（常闭型）
(a) 断电断油；(b) 通电供油

当线圈通电时，滑阀将下移，如图 1.31(b) 所示。滑阀中间的切槽接通了供油通道。经节流孔输出的油液，分出一路进入滑阀下方的弹簧室，这就使滑阀成为一个油压调节阀。滑阀除了受到方向向下的电磁力作用外，还受到弹簧和输出油压的向上推力。随着供油通道的打通，输出油压会逐渐上升。当输出油压达到一定值时，滑阀受到的向上的推力大于向下的电磁力，滑阀将重新上移，关闭进油口，此时输出油压不再进一步增长。由于弹簧力是一定的，所以输出油压与电磁力成正比，即与线圈的通电电流成正比。线圈的通电电流受控于端子 B 信号占空比，所以通过改变端子 B 信号占空比，就可以改变电磁阀的输出油压。

这种输出油压与通电电流成正比的电磁阀称为正比例油压调节电磁阀。相反，如果输出油压与通电电流成反比，则称其为反比例油压调节电磁阀。

油压调节电磁阀与脉冲式电磁阀都受占空比信号控制，都能够调制出渐变的油压，但调节机理是不同的。油压调节电磁阀能够调制出较为精确的渐变油压，但结构较为复杂。

1.1.4 大众01M型自动变速器电控系统

1. 大众01M型自动变速器电控系统

大众01M型自动变速器电控系统电路如图1.32所示。它由ECU、传感器和开关信号、执行器三部分组成。

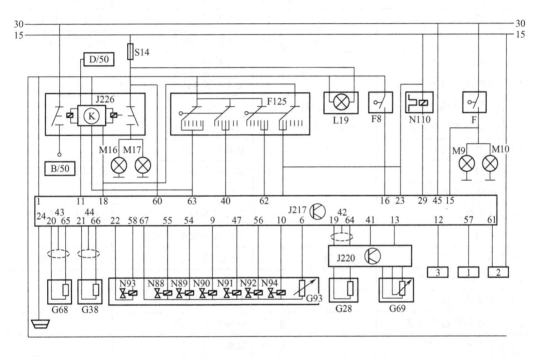

图1.32 大众01M型自动变速器电控系统电路图

B/50—起动机（接线柱50）；D/50—点火开关（接线柱50）；F—制动灯开关；F8—强制降挡开关；
F125—多功能开关；G28—发动机转速传感器；G38—变速器转速传感器；G68—车速传感器；
G69—节气门电位计；G93—变速器油温传感器；J226—起动锁止和倒车灯继电器；
J220—发动机电控单元；J217—自动变速器电控单元；L19—变速杆照明灯；M16/M17—倒车灯；
M9/M10—制动灯；N88—电磁阀1；N89—电磁阀2；N90—电磁阀3；N91—电磁阀4；
N92—电磁阀5；N93—电磁阀6；N94—电磁阀7；N110—变速杆锁止电磁阀；
S14—熔丝附加信号；1—变速杆位置显示屏；2—巡航电控单元；3—空调装置

2. 大众01M型自动变速器电控系统元件

1) 自动变速器电控单元J217

01M型自动变速器电控单元J217是一个单独的元件，不与发动机共用一个电控单元。宝来汽车的自动变速器电控单元J217安装在发动机室中，捷达汽车的自动变速器电控单元则位于后座下面。01M型自动变速器电控单元J217各端子功能见表1-3。

表1-3　01M型自动变速器电控单元J217各端子功能

端子	功　　能	备　　注	端子	功　　能	备　　注
1	接地		35	未用	
2	未用		36	未用	
3	数据总线LOW	用于带总线的车	37	未用	
4	未用		38	未用	
5	节气门电位计信号	用于无总线的车	39	Tiptronic开关	手自一体车用
6	变速器油温传感器		40	多功能开关	挡位识别
7	未用		41	负荷信号	来自发动机ECU
8	升挡指令	手自一体车用	42	发动机转速传感器（屏蔽）	用于柴油机
9	电磁阀3-N90		43	车速传感器（屏蔽）	
10	电磁阀7-N94		44	变速器转速传感器（屏蔽）	
11	停车/空挡信号	P、N位时接地	45	30电源	
12	使用空调时低挡信号	用于无总线的车	46	未用	
13	点火时刻控制	用于无总线的车	47	电磁阀4-N91	
14	未用		48	单向离合器	仅用于Syncro汽车
15	制动灯开关信号		49	未用	
16	强制降挡开关		50	节气门电位计（5V）	用于无总线的车
17	未用		51	未用或OBDII诊断座	
18	多功能开关	挡位识别	52	降挡指令	手自一体车用
19	TD（转速）信号		53	未用	
20	车速传感器		54	电磁阀2-N89	
21	变速器转速传感器		55	电磁阀1-N88	
22	电磁阀6-N93		56	电磁阀5-N92	
23	15电源		57	变速杆位置指示	
24	自诊断K线		58	电磁阀6-N93	
25	数据总线HIGH		59	未用或制动压力开关	
26	总线屏蔽线	双绞线不用	60	巡航控制系统15接线柱	宝来车用
27	未用		61	巡航控制系统（输出）	
28	节气门电位计地线		62	多功能开关	挡位识别
29	变速杆锁止电磁阀	用于无总线的车	63	多功能开关	挡位识别
30	未用		64	柴油机发动机转速传感器	
31	散热器风扇或未用		65	车速传感器	
32	未用		66	变速器转速传感器	
33	未用		67	电磁阀电源	
34	未用		68	接线柱30	

如果更换了发动机电控单元和自动变速器电控单元,整个系统需进行基本设定。

自动变速器电控单元可根据行驶状况和行驶阻力大小自动选择换挡时刻,能够保证各种行驶状况均可获得最佳换挡时刻。通过附加换挡特性曲线,按加速踏板位置和车速变化,在上坡和下坡时可实现自动换挡。换挡特性曲线在汽车上极陡的坡时满足发动机功率的要求,在汽车下极陡的坡时满足发动机制动作用的要求。

2)电磁阀

01M 型自动变速器共有 7 个电磁阀,安装于阀板上,如图 1.33 所示。7 个电磁阀分别是 N88、N89、N90、N91、N92、N93、N94,电磁阀均受自动变速器电控单元控制。

电磁阀分为两种:开关阀(开关型电磁阀)和渐进阀(脉冲电磁阀)。开关阀有 N88、N89、N90、N92、N94,渐进阀有 N91 和 N93。其中 N88 控制离合器 K1;N89 控制制动器 B2;N90 控制离合器 K3;N92 和 N94 在升、降挡的瞬间工作,以保证换挡平顺;N93 用于控制液压系统的主油压;N91 用于控制变矩器的锁止。

3)变速器油温度传感器 G93

变速器油温度传感器 G93 与电磁阀线束制成一体,用于感知变速器油的温度。变速器油温达到 150℃时,锁止离合器接合,防止油液搅动,油温进一步上升。如油温仍不能够下降,自动变速器将降一个挡。

4)多功能开关 F125

多功能开关 F125 如图 1.34 所示,由变速杆拉索控制。多功能开关 F125 位于变速器后部,其主要作用为自动变速器 ECU 和起动锁止/倒车灯继电器提供挡位信息,以便于识别挡位。

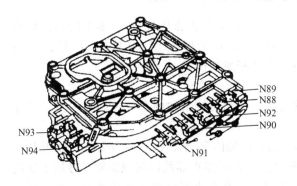

图 1.33 电磁阀的安装位置

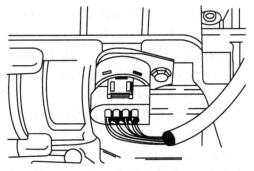

图 1.34 多功能开关 F125

图 1.35 所示为 01M 型自动变速器起动与倒车灯控制电路。由图可知多功能开关 F125 共有 6 个端子。其中 3 号端子接地;7 号端子接 15 电源;1 号、2 号、6 号、5 号端子分别与 ECU 的 63 号、40 号、62 号、18 号端子相连,为 ECU 提供挡位识别码;1 号端子还与起动锁止/倒车灯继电器的 1 号端子相连,便于起动锁止/倒车灯继电器 J226 识别挡位、控制起动和倒车灯。

变速杆处于 P 位时,多功能开关 F125 的 1 号端子与 3 号端子相通,被接地,为低电位,用 0 表示;2 号端子与 3 号端子断开,2 号端子通过 ECU 得到高电位(12V),用 1 表示;6 号端子与 3 号端子断开,通过 ECU 得到高电位(12V),用 1 表示;5 号与 7 号端子相通,得电,为高电位(12V),用 1 表示。ECU 的 63 号、40 号、62 号、18 号端子在 P 位时接收到的挡位识别码为 0111。

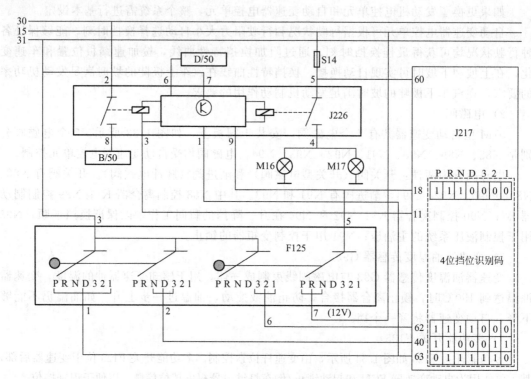

图 1.35　01M 型自动变速器起动与倒车灯控制电路

同样道理，变速杆处于 R、N、D、3、2、1 位时，多功能开关 F125 输出的挡位识别码分别为 1111、1011、1010、1000、1100、0100。ECU 依据 63 号、40 号、62 号、18 号 4 个端子提供的挡位识别码，就可以准确判定变速杆所处位置。

5）起动锁止/倒车灯继电器

起动锁止/倒车灯继电器是一个复合继电器，集起动控制和倒车灯控制于一身，其左半部为起动继电器，右半部为倒车灯继电器，如图 1.35 所示。

3 号端子接 ECU 的 11 号端子，接收来自 ECU 的停车/空挡信号。当变速杆处于 P 或 N 位时，ECU 为 11 号端子接地，此时由于 J226 的起动继电器线圈接地脚即 3 号端子通过 ECU 的 11 号端子完成接地，因此起动控制有效。当将点火开关置于起动挡时，点火开关 50 号端子得电，起动锁止/倒车灯继电器 6 号端子便有 12V 电压，该蓄电池电压进入继电器后，会加到起动继电器线圈电源端，起动继电器线圈有电流流过，起动继电器触点吸合，起动机 50 端子得电，起动机运转。当变速杆处于其他位置时，ECU 会断开 11 号端子的接地，此时即使点火开关打到起动挡，J226 的起动继电器线圈也无电流流过，起动控制无效。

J226 依据 3 号、1 号、9 号端子可识别出倒挡。倒挡时 3 号端子断开接地，1 号和 9 号均为高电位。J226 认定倒挡后，为倒车灯继电器线圈通电，倒车灯继电器触点吸合，倒车灯得电、点亮。

6）变速器转速传感器 G38

变速器转速传感器 G38 如图 1.36 所示，位于变速器上部。它用于指示行星轮系中大太阳轮转速。依据大太阳轮转速，自动变速器电控单元可准确判断、把握换挡时刻，控制离合器的工作,提高换挡品质。若 G38 出现故障,变速器进入应急状态。如果自动变速器进入电控单元有效的应急状态,变速杆处于 D、3、2、1 和 R 位时,对应实现的挡位分别是 3、3、2、1 挡和倒挡。可见当 G38 出现故障时,驾驶人可以手动换挡,但 4 挡被取消。这种电控单元有效的应急状态,只是锁挡(挡位不再增减),而换挡电磁阀受 ECU 控制,既可以通电,又可以断电。电控单元无效的机械应急状态与此有所不同。在电控单元断电的机械应急状态下,无论变速杆处于任何位置,所有换挡电磁阀均处于断电状态。

7) 车速传感器 G68

车速传感器 G68 如图 1.37 所示,位于变速器上部。车速传感器通过主减速器主动齿轮上的脉冲轮接收车速信息。自动变速器根据车速信号决定变速器应换入的挡位,对变矩器锁止离合器进行控制。如果 G68 出现故障,则用发动机转速传感器 G28 信号作为替代信号,并且变矩器中的锁止离合器不再锁止。由于 G68 有替代信号,因此当它发生故障时,自动变速器不会进入应急状态。

图 1.36 变速器转速传感器 G38

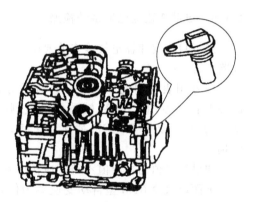

图 1.37 车速传感器 G68

8) 节气门电位计

在汽油机上,节气门电位计 G69 是发动机节气门电控单元 J338 中的一个部件,位于节气门上。在柴油机上,节气门信号由加速踏板电位计 G79 产生,传感器安装在加速踏板附近。节气门电位计不断地将节气门位置和加速踏板位置信号传给发动机电控单元,再由发动机电控单元传给自动变速器电控单元。自动变速器电控单元根据这个信号,计算按负荷变化的换挡时刻,对自动变速器的油压进行调整。

节气门电位计 G69 出现故障时,电控单元 J217 不进入应急状态,此时以中等负荷信号(50%)进行工作,锁止离合器停止工作。

9) 变速杆锁止电磁阀 N110

变速杆锁止电磁阀 N110 起到挡位锁止作用。要将变速杆由 P 位或 N 位移出,必须先踏下制动踏板,变速杆锁止电磁阀 N110 方能解锁。变速杆锁止电磁阀安装在变速杆壳体上。

10) 强制降挡开关 F8

强制降挡开关 F8 安装在发动机室横隔板前。强制降挡开关 F8 与节气门拉索一体,当节气门接近全开时,此开关被压下,变速器被强制降低一个挡位,以获得良好的加速性能。

当车速大于120km/h时，触动此开关，J217不反应；当车速小于或等于50km/h时，触动此开关，则降一挡；当车速在80km/h左右时，触动此开关，切断空调8s，为发动机减载。

11）制动灯开关F

制动灯开关F位于踏板支架上。自动变速器电控单元通过制动灯开关信号判断车辆是否制动，ECU依据这个信号来控制变速杆的锁止。

1.1.5 自动变速器故障诊断流程

自动变速器是机电液复合体，这就增加了故障诊断的难度。当检修故障车时，应首先进行故障分析，避免盲目操作。故障分析的条件是检修人员必须全面把握自动变速器的结构原理。图1.38给出了自动变速器故障诊断的一般流程，可供检修参考。图中诊断流程的具体内容将在1.4节详细介绍。

1.1.6 自动变速器电控系统检测

进行自动变速器电气检查前要确认蓄电池电压正常、ECU电源供给正常、ECU接地线路正常。

用万用表检测电压信号，传统的方法是用探针刺入导线获取信号。当前一些车系已经配备了专用于ECU端子信号检测的检测盒。进行ECU端子信号检测之前，只要将其跨接于ECU和ECU插接器之间，就可以方便地进行在线测量，从而防止了线束破损。

如果测量值与额定值不符，应按电路图查明故障。

下面以大众01M型自动变速器为例，说明电控系统检测、分析方法，其电控系统如图1.39所示。

关闭点火开关，将检测盒VAG 1598/18跨接于自动变速器ECU与ECU插接器之间，然后打开点火开关就可以进行检测了。

1. ECU电源电路检测

1）检测方法

检测23号端子与1号端子间电压。正常值应为蓄电池电压。

2）故障分析

如果电压过低应检查点火开关是否打开，供电线路是否有短路、断路。

如果23号端子与1号端子间的电压过低，而对地电压正常，则应检查1号端子是否可靠接地。

2. 变速杆锁止电磁阀电路检测

1）检测方法

检测29号端子与1号端子间的电压。踩下制动踏板时正常值应为0.2V，放松制动踏板时应为蓄电池电压。

2）故障分析

如果测量值与标准值不符，应检查变速杆锁止电磁阀N110的供电线路、锁止电磁阀N110（电阻值为14～25Ω）、电磁阀N110与ECU的29号端子间连接是否良好。

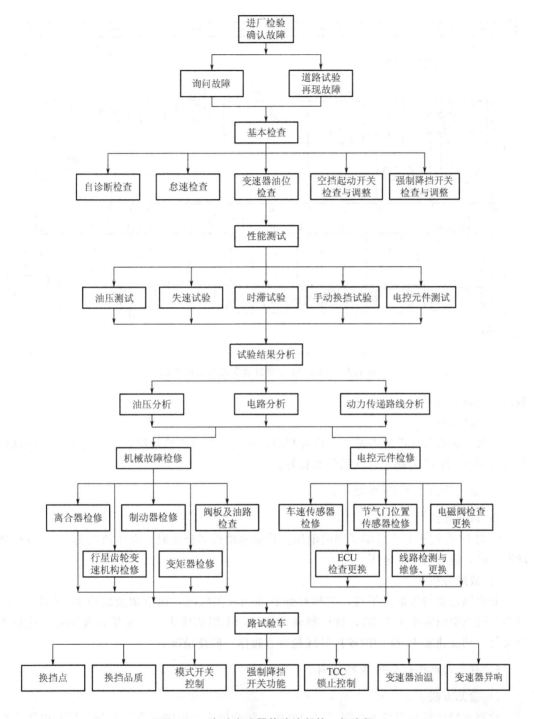

图 1.38　自动变速器故障诊断的一般流程

3. 制动灯开关 F 电路检测

1）检测方法

检测 15 号端子与 1 号端子间的电压。踩下制动踏板时正常值应为蓄电池电压，放松

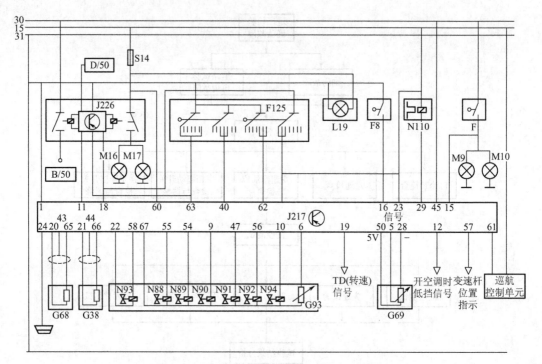

图 1.39　大众 01M 型自动变速器电控系统图

制动踏板时应为 0V。

2）故障分析

如果测量值与标准值不符，应检查制动灯开关的电源供给情况、制动灯开关、制动灯开关与 ECU 的 15 号端子间连接是否良好。

4．强制降挡开关 F8 电路检测

1）检测方法

检测 16 号端子与 1 号端子间的电压。将加速踏板踩到底时，电压值应为 0V；放松制动踏板时，应为蓄电池电压。

2）故障分析

如果测量值与标准值不符，应检查强制降挡开关状况：踩下加速踏板 16 号端子与 1 号端子间电阻值应小于 1.5Ω，放松制动踏板时，电阻值应为 ∞。如果开关完好，应检查开关与自动变速器 ECU 间的连接导线是否有短路、断路情况。

5．节气门电位计 G69 电路检测

1）检测方法

检测 5 号信号端子与 1 号端子间的电压。随着加速踏板的踩下、放松，信号电压应在 0.15～4.6V 间线性变化。

2）故障分析

(1) 如果信号电压值恒为 5V 不变，应检查接地线是否断路。

(2) 如果信号电压值恒为 0V 不变，应检查信号线是否断路、对地短路，G69 是否损坏。

6. 多功能开关 F125 电路检测

多功能开关用于挡位识别，共有 63 号、40 号、62 号、18 号四个端子为 ECU 提供挡位识别信号。各挡位对应的多功能开关信号输出见表 1-4。

表 1-4 各挡位对应的多功能开关信号输出

检测端子	变速杆位置						
	P	R	N	D	3	2	1
63	0	1	1	1	1	1	0
40	1	1	0	0	0	1	1
62	1	1	1	1	0	0	0
18	1	1	1	0	0	0	0

注：1 表示对地电压为蓄电池电压，0 表示对地电压为 0V。

1）检测方法

检测 63 号、40 号、62 号、18 号四个端子与 1 号端子间的电压，在不同挡位时，信号电压应符合表 1-4。大众 01M 型自动变速器多功能开关电路如图 1.40 所示。

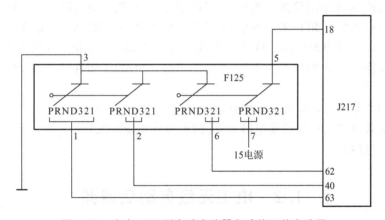

图 1.40 大众 01M 型自动变速器多功能开关电路图

2）故障分析

如果测量值与标准值不符，应检查多功能开关 7 号端子是否有蓄电池电压，3 号端子接地是否良好，以及 ECU 的 63 号、40 号、62 号、18 号端子与多功能开关间的导线连接情况。如果无异常，则更换多功能开关。

7. 车速传感器、变速器转速传感器电路检测

1）检测方法

用示波器检测 20 号端子与 65 号端子间波形、21 号端子与 66 号端子间波形。其波形为近似正弦波。

2）故障分析

如果检测不到稳定的正弦波，则应进行如下检查。

（1）检测车速传感器 G68、变速器转速传感器 G38 的电阻值，正常值应为 0.8~0.9kΩ。

(2) 检查传感器与自动变速器 ECU 间的导线连接情况。

8. 变速器油温传感器 G93 电路检测

1) 检测方法

用万用表检测 6 号端子与 67 号端子间的电阻值。20℃时阻值约 0.247MΩ，60℃时阻值约 48.8kΩ，120℃时阻值约 7.4kΩ。

2) 故障分析

如果检测结果与标准值不符，应进一步检查。

(1) 检查 G93 与自动变速器 ECU 间的导线连接情况。

(2) 更换变速器油温传感器 G93。

9. 电磁阀电路检测

1) 检测方法

关闭点火开关，检测各电磁阀电阻。

(1) 电磁阀 N88 电阻检测：测量 55 号端子与 67 号端子间电阻，正常值为 55～65Ω。

(2) 电磁阀 N89 电阻检测：测量 54 号端子与 67 号端子间电阻，正常值为 55～65Ω。

(3) 电磁阀 N90 电阻检测：测量 9 号端子与 67 号端子间电阻，正常值为 55～65Ω。

(4) 电磁阀 N91 电阻检测：测量 47 号端子与 67 号端子间电阻，正常值为 55～65Ω。

(5) 电磁阀 N92 电阻检测：测量 56 号端子与 67 号端子间电阻，正常值为 55～65Ω。

(6) 电磁阀 N93 电阻检测：测量 58 号端子与 22 号端子间电阻，正常值为 4.5～6.5Ω。

(7) 电磁阀 N94 电阻检测：测量 10 号端子与 67 号端子间电阻，正常值为 55～65Ω。

2) 故障分析

如果检测结果不符，应进一步检查。

(1) 检查各电磁阀与自动变速器 ECU 间的导线连接情况。

(2) 更换电磁阀。

1.2 电控无级自动变速器

无级变速器（Continuously Variable Transmission，CVT）的种类很多，其中已经在汽车上应用的有带传动式与牵引传动式，它们均以摩擦力传递动力。流体式无级变速器和电动式无级变速器由于传动效率低，目前只有少量应用于特种汽车。本节以奥迪 01J 型无级变速器为例，介绍无级变速器的结构与工作原理。

1.2.1 无级变速器的结构与工作原理

奥迪的 Multitronic 变速器是在原有无级变速器的基础上安装了多片式链带的传动组件，这种组件大大拓展了无级变速器的使用范围，能够传递和控制峰值高达 280N·m 的动力输出，其传动比超过了以前各种自动变速器的极限值。该变速器耗能少，反应更快。从车辆的整体性能来看，装有 Multitronic 变速器的奥迪 A6 2.8L 乘用车的 0～100km/h 的加速时间比同级普通自动变速器车型快 1.3s，百公里油耗降低了 0.9L。Multitronic 变速器还采用了全新的电子控制系统，以克服原有无级变速器的不足。在上、下坡时，系统能自动探测坡度，并通过调整传动比增加动力输出或加大发动机的制动转矩来协助车辆行驶。相对于传统的自动变速器，Multitronic 变速器具有更高的灵活性，在增加或删除变速模式的时候，只需要更改电脑程序即可改变齿轮的比数和半径，因此可以和多台不同类型不同输出特性的发动机配合使用。

Multitronic R 代表奥迪公司的无级自动变速器，01J 代表无级自动变速器型号，CHL、CHJ 是无级自动变速器代码，2003 年以后产品带有 S 位（S 模式即动力模式，当变速杆选择 S 位时，变速器传动比转换延迟，同时发动机转速相对高于 D 位模式，但充分实现了发动机的加速性能）。

奥迪 01J 型无级变速器主要由减振器缓冲装置、动力装置、速比调节变换器、液压控制单元、电控单元组成。

1. 各系统的作用

1）飞轮减振装置

在往复式内燃机中，不均匀的燃烧会引起曲轴扭振，扭振传递到变速器中会引起共振，同时会产生噪声并容易使变速器部件过载，飞轮减振装置和双质量飞轮可减缓发动机与变速器之间因动力连接而产生的扭振，并保证发动机无噪声运转。奥迪 V6 2.8L 发动机转矩通过飞轮减振装置（图 1.41）传递到变速器。四缸发动机比六缸发动机具有更大的不均匀性，所以在四缸发动机上使用了双质量飞轮，图 1.42 所示为奥迪 A4 1.8L 四缸发动机的双质量飞轮，在急速区内发动机产生振动，通过刚性连接变速器吸收振动。

图 1.41 飞轮减振装置

图 1.42 双质量飞轮

2）行星轮系的结构

在奥迪 01J 型无级变速器中行星齿轮装置为反向齿轮装置，如图 1.43 所示，其功能是倒挡时改变变速器输出轴的旋转方向。

前进挡时行星轮系的传动比为 1∶1，作为输入元件的太阳轮与输入轴和前进挡离合器钢片相连接，作为输出元件的行星架与辅助减速挡齿轮组的主动齿轮和前进挡离合器摩擦片相连接，内齿圈和倒挡制动器摩擦片相连接，倒挡制动器钢片和变速器壳体相连接，如图 1.44 所示。

3）前进挡离合器/倒挡制动器

奥迪 01J 型无级变速器的起动装置是前进挡离合器和倒挡制动器（图 1.45），并配合使用反向行星架机构来实现前进挡和倒挡，它们只用作起动装置并不改变速比，而在液压

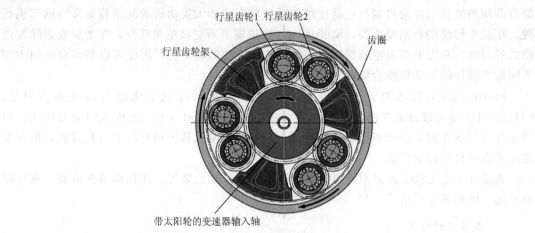

图1.43 行星齿轮结构

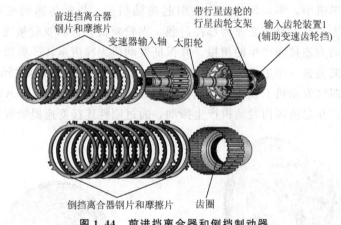

图1.44 前进挡离合器和倒挡制动器

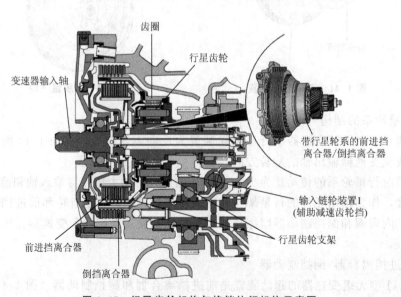

图1.45 行星齿轮机构与换挡执行机构示意图

或电控有级式自动变速器中它们的功能是实现各挡传动比。其特点为：质量轻，安装空间小，起动特性适应驾驶状态，爬行转矩适应驾驶状态，在过载或非正常使用情况下具有保护功能。起步和转矩传递过程由电子-液压控制单元监控和调整。

离合器压力与发动机转矩成正比，与系统压力无关。液压控制阀体中的输导压力阀（VSTV）始终为压力调节电磁阀（N215）提供一个常压。根据变速器控制单元计算的控制电流值，N215就会调节出一个控制压力，该压力的大小决定离合器控制阀（KSV）的位置。

KSV控制离合器的压力，同时也调整待传递的发动机转矩。KSV的压力由系统压力提供，KSV根据N215的触发信号（电流的大小）产生离合器的控制压力，高控制压力产生高离合器压力。离合器压力通过安全阀（SIV）传递到手动换挡阀（HS），HS的位置改变就会将转矩传递到前进挡离合器（D位）或倒挡制动器（R位）。当变速杆位于P位和N位时，HS切断供油，前进挡离合器和倒挡制动器的油路都与油底壳相通。离合器的液压控制如图1.46所示。

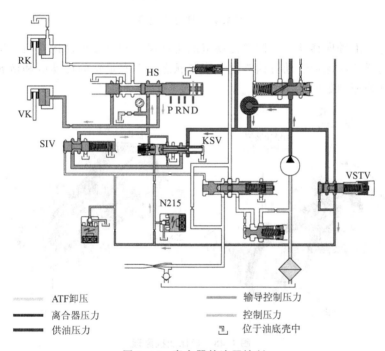

图1.46 离合器的液压控制

2. 速比系统

无级变速器的关键部件是速比变换器，如图1.47所示，奥迪01J型无级变速器由两组滑动锥面链轮和作用在其中间的V形传动钢链组成，其中每一组滑动链轮中又有一可沿轴向移动的链轮，由于链轮的轴向移动，改变了接触链轮与传动链之间的跨度半径，最终实现传动比的变化。

速比变换器由两个带锥面的链轮盘组成，即主动链轮装置和从动链轮装置及工作于两个锥形链轮组之间的V形槽内的专用传动链装置组成。主动链轮由发动机通过辅助减速挡齿轮驱动，发动机转矩传动链传递到从动链轮装置，并由此传给主减速器。每组链轮装置

图 1.47 速比变换器

中的一个链轮可沿轴向移动,以调整传动链的跨度尺寸和改变传动比,两组链轮装置必须同时进行,这样才能保证传动链始终处于张紧状态,并有足够的传动链和链轮之间的接触压力。速比变换原理如图 1.48 所示。

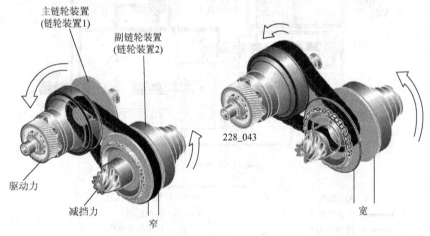

图 1.48 速比变换原理

1.2.2 CVT 传动路线分析

奥迪 01J 型无级变速器行星轮系前进挡和倒挡的工作状态如图 1.49 所示。

1. P/N 位时行星轮系的传动路线

如图 1.50 所示,发动机的转矩通过输入轴相连接的太阳轮传递到行星轮系并驱动行星齿轮 1,行星齿轮 1 再驱动行星齿轮 2,行星齿轮 2 与内齿圈相啮合。车辆尚未行驶时作为辅助减速挡输入部分的行星架(行星轮系的输出部分)是静止的,内齿圈以发动机转速的 1/2 怠速运转,旋转方向与发动机相同。

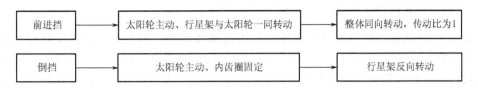

图 1.49　奥迪 01J 型无级变速器行星轮系前进挡和倒挡的工作状态

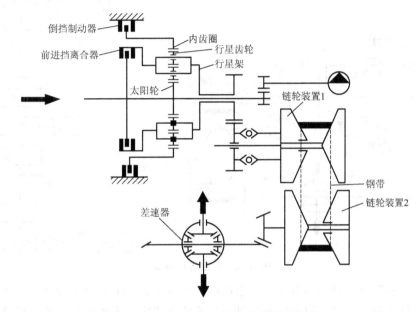

图 1.50　P/N 位时行星轮系的传动路线

2. 前进挡的传动路线

如图 1.51 所示,前进挡离合器钢片与太阳轮相连接,摩擦片与行星架相连接。当前进挡离合器工作时,太阳轮(变速器输入轴)与行星架(输出)相连接,行星轮系锁死,并与发动机运转方向相同,传动比 1∶1。

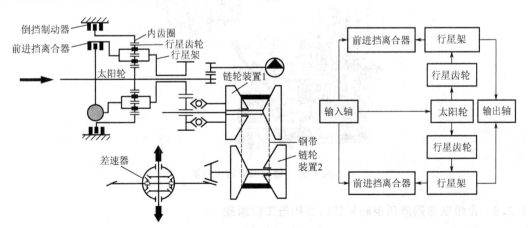

图 1.51　前进挡的传动路线

3. 倒挡的传动路线

如图1.52所示,倒挡制动器摩擦片与内齿圈相连接,钢片与变速器壳体相连接。当倒挡制动器工作时,内齿圈固定,太阳轮(输入轴)为主动元件,转矩传递到行星架,由于是双行星齿轮(其中一个为惰轮),所以行星架就会以与发动机旋转方向相反的方向运转,车辆向后行驶。

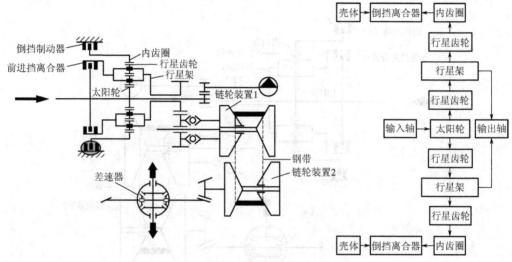

图1.52 倒挡传动路线

由于受空间限制,转矩通过辅助减速挡齿轮组(图1.53)传递到变速器。辅助减速挡齿轮组有不同齿数的传动比以适应发动机到变速器的变化,从而使变速器在其最佳转矩范围内工作。

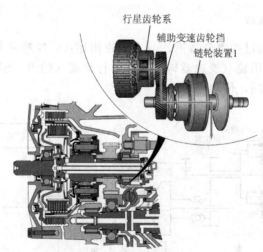

图1.53 辅助减速挡齿轮组

1.2.3 无级变速器液压控制系统的结构与工作原理

在Multitronic变速器中,动力传递是由动力供应和液压部分决定的,无级变速器液压控制系统也像自动变速器液压控制系统一样，担负着系统油压的控制、油路的转换控制、用油元件供油及冷却控制等。

1. 供油系统

油泵的位置如图1.54所示，为正常工作，油泵必须有电流和足够的润滑油供应。油泵是变速器中消耗动力的主要部件，因此其容量对于总效率是很重要的。油泵直接安装在液压控制单元上，避免了不必要的连接。油泵和控制单元形成一个整体，减少了压力损失。

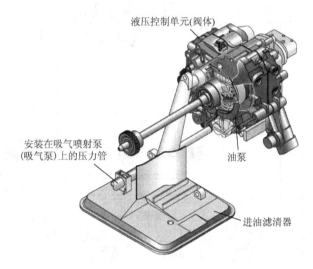

图1.54 液压控制单元和油泵

Multitronic装有高效率的月牙形泵。尽管该泵所需要的润滑油量相对较少，却可产生需要的压力。吸气喷射泵（吸气泵）还要额外供给离合器冷却所需的低压油。月牙形泵作为一个小部件集成在液压控制单元上，并直接由输入轴通过直齿轮和泵轴驱动。油泵要求内部密封良好，以便在发动机低速下产生高压。齿轮与壳体间的轴向间隙以及齿轮与月牙形泵叶片间的径向间隙取决于部件的公差带，间隙会使压力损失，效率下降。

2. 液压控制单元

液压控制单元由手动换挡阀、液压阀（9个）和电磁控制阀（3个）组成。液压控制单元和变速器控制单元直接插接在一起，如图1.55所示。

液压控制单元完成下述功能：

(1) 前进挡离合器/倒挡制动器控制。

(2) 调节离合器压力。

(3) 冷却离合器。

(4) 为接触压力控制提供压力油。

(5) 传动控制。

(6) 为飞溅润滑油罩盖供油。

图1.55 液压控制单元和变速器控制单元

为避免系统工作压力过高,限压阀 DBV1 将油泵产生的最高压力限制在 0.82MPa,并通过 VSTV 向 3 个压力调节电磁阀提供一个恒定的 0.5MPa 的输导控制压力。系统油路如图 1.56 所示。

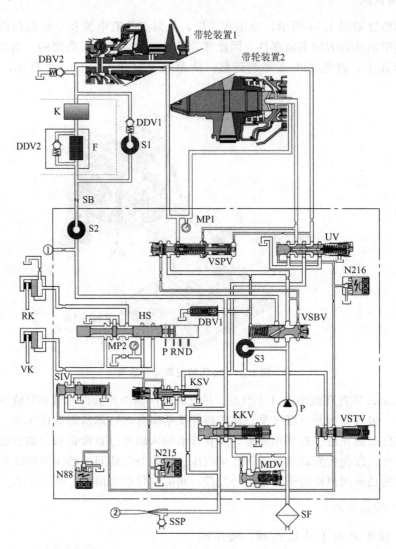

图 1.56 系统油路

压力阀(MDV)防止起动时油泵吸入空气。当油泵输出功率高时,MDV 打开,允许润滑油从油管流到油泵吸入侧,提高油泵效率。滑阀的位置如图 1.57 所示。

施压阀(VSPV)控制系统压力,在特定功能下,始终提供足够油压(应用接触压力或调节压力)。电磁阀 N88、N215 和 N216 在设计上称为压力控制阀,它们将控制电流转变成相应的液压控制压力,如图 1.58 所示。

3. 换挡和停车锁

变速杆 P、R、N 位和 D 位的机械连接(拉索)仍在变速杆通道和变速器之间。通过变速杆可完成下述功能:

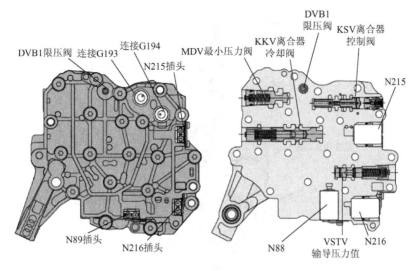

图 1.57 滑阀的位置

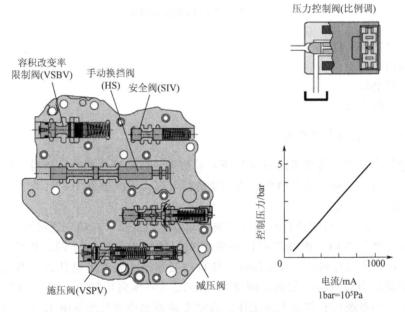

图 1.58 电磁阀的工作原理

(1) 触发液压控制单元手动换挡阀,即通过液压机械方式控制前进挡、倒挡、空挡。

(2) 控制停车锁。

(3) 钥匙触发多功能开关,电子识别变速杆位置。

当变速杆处于 P 位时,与锁止齿轮相连的连接杆轴向移动。停车锁架压向停车锁齿轮,停车锁啮合。停车锁齿轮与驱动齿轮永久性啮合,如图 1.59 所示。

4. 变速器壳体/通道和密封系统

Multitronic 装配了一种新型骨架式密封环系统。骨架式密封环密封压力缸和主链轮装置、副链轮装置及前进挡离合器活塞的可变排量缸。骨架式密封环系统的优点如下:

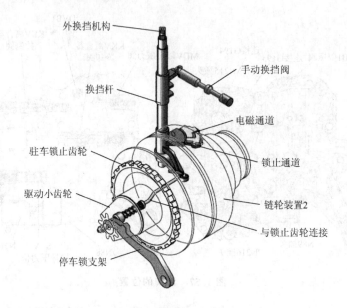

图1.59 换挡轴及驻车机构

(1) 优良的抗磨性。
(2) 分离压力小。
(3) 不易磨损。
(4) 高压压力合适。

5. 自动变速器油冷却系统

来自链轮装置的自动变速器油（ATF）最初流经自动变速器油冷却器，自动变速器油在流回液压控制单元前流经自动变速器油滤清器，在无级变速器中，自动变速器油冷却器集成在发动机冷却器中。

DDV1（差压阀）可防止自动变速器油冷却器压力过高（自动变速器油温度低），当自动变速器油温度过低时，供油管和回油管建立起的压力有很大不同。达到标定压差时，DDV1打开，供油管与回油管直接接通，使自动变速器油温度迅速升高。当自动变速器油滤清器的流动阻力过高时（如滤芯阻塞），DDV2（差压阀）打开，阻止DDV1打开，自动变速器油冷却系统因有背压无法工作。自动变速器油冷却系统如图1.60所示。

1.2.4 无级变速器电控系统的结构与工作原理

1. 电控系统的组成

奥迪Multitronic电控系统由3部分组成：控制单元、输入装置（传感器、开关）和输出装置（电磁阀）。

电控系统的特点是电控单元集成在变速器内，控制单元直接用螺栓紧固在液压控制单元上。3个压力调节阀与控制单元间直接通过坚固的插头连接（S形接头），没有连接线。控制单元用一个25针脚的小型插头与汽车相连。控制单元的组成如图1.61所示。

此电控系统更具特点的是集成在控制单元内的传感器技术，包括多功能开关F125，

自动变速器控制系统 第1章

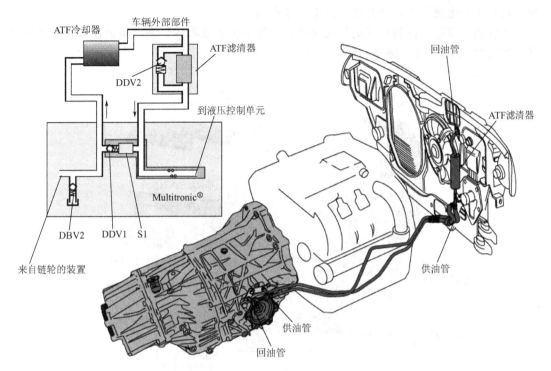

图1.60 自动变速器油冷却系统

图1.61 控制单元的组成

变速器输入转速传感器G182，变速器输出转速传感器G195和G196，变速器油温传感器G93，自动变速器液压传感器1（离合器压力）G193，自动变速器液压传感器2（接触压力）G194。

电器部件的底座为一个坚硬的铝板，壳体材料为塑料，并用铆钉紧固到底座上。壳体容纳全部的传感器，因此不再需要线束和插头。这种结构大大提高了工作效率和可靠性。

另外，发动机转速传感器和多功能开关设计成霍尔传感器。霍尔传感器没有机械磨损,信号不受电磁干扰,使其可靠性进一步提高。

传感器为变速器控制单元的集成部件,若某个传感器损坏,则必须更换变速器控制单元。控制单元J217及传感器如图1.62所示。

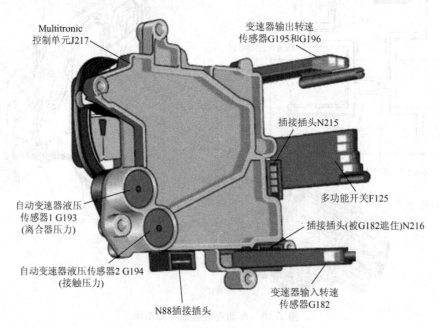

图1.62 控制单元J217及传感器

2. 控制单元J217

1) 动态控制程序

控制单元J217有一个动态控制程序(DRP),用于计算变速器目标输入转速,它是已存在的用于无级变速器动态换挡程序的升级版本。DRP的目标是将操纵性能尽可能与驾驶人输入信号相适应,以达到最佳完美组合,让驾驶人有驾驶机械手动变速器车辆一样的感觉。

为达到上述目的,控制单元J217接收驾驶人动作、车辆实际运行状态和路面状况信息,计算加速踏板动作频率和角度位置(驾驶人掌握)、车速和车辆加速情况,控制单元利用该信息和逻辑组合,在发动机转速范围内,通过改变传动比,将变速器输出转速设定在最佳动力性和最佳经济性之间,使汽车操纵性、驾驶性能与驾驶人输入信号尽可能相匹配。这里的逻辑组合和计算值由软件限定并且不能对每个偶发性数据进行计算,所以使用手动模式(Tiptronic)的机械输入信号仍然存在。

2) 强制降挡功能

当驾驶人把加速踏板踩到底时,激活强制降挡开关,并把该信息提供给控制单元,告知控制单元汽车要求最大加速度。为了满足这一要求,必须快速提供发动机最大输出功率,为此,发动机转速调整到最大功率处的转速,并保持到节气门开度减小为止。

发动机转速开始增加,但发动机不会立即表现出加速的现象。这种现象称为橡胶反应或离合器打滑。此影响可通过在获得最大发动机转速之前短时阻止发动机转速上升来缓解。

3) 根据行驶阻力自适应控制

与负荷有关的动力被控制单元计算出来以测定行驶阻力,如上坡、下坡或车辆处于牵引状态等。该行驶阻力用于与在平路上行驶(空载)时的牵引阻力做比较,指示是否需要提高或降低所需功率。

上坡或牵引车辆时,可能需要发动机提供较高功率,在这种情况下,控制单元J217通过减挡来增加发动机转速及输出功率。

在下坡时,情况稍有不同。若驾驶人想利用发动机的制动效果,则必须通过踩制动踏板(信号来自制动灯开关F47)来实现。若发动机处于超速阶段,并且踩下制动踏板后车速依然提高,则传动比会向减速方向调节,从而更有利于控制发动机制动效果。若下坡坡度减小,传动比再次向超速方向调节,车速稍有提高。这里应该注意,若驾驶人在下坡时踩下制动踏板,并保持住制动踏板,上述的下坡功能并不立即执行。若通过施加制动车速保持恒定,控制单元不能识别驾驶人的意图,因此不能帮助驾驶人提高发动机制动效果。然而若汽车超过标定的加速度,下坡功能将被自动激活。

4) 与车辆巡航控制系统(CCS)协调工作

当巡航控制系统开关打开,汽车下坡行驶时,由于巡航控制时传动比经常是很低的,导致发动机制动不足,在这种情况下,控制单元J217通过增加变速器目标输入转速来增强(传动比向减速方向调节)发动机制动效果。若达到最大超速转速,传动比不再向减速方向调节;如果这时发动机制动不足,车速自然上升,则驾驶人必须踩制动踏板施加制动。

由于巡航控制系统控制设定的节气门开度、车速与实际的差异和发动机在超速模式下工作的安全要求,一般设定的车速总是要稍高于巡航控制系统设定的车速。

5) 升级程序

控制单元可以通过软件进行升级。控制单元的程序、特性参数和数据(软件)及对输出信号进行的计算值,都永久性地存储于EEPROM(电可擦可编程只读存储器)中,并实时提供给控制单元。

以前的EEPROM在给定的安装条件下是不能进行编程的,若程序不能满足要求,可通过修改软件来排除,但必须要更换变速器控制单元。现在控制单元J217有一个可编程的存储器,在安装条件下是可以进行编程的,此过程称为闪光码编程或升级程序,它必须用配备新软件版本和最新闪光码进行编程。升级设备必须采用大众最新专用检测仪VAS 5051,将升级程序存储在CD光盘内,升级是通过VAS 5051连接自诊断接口(K线)进行编程的。

6) 起步和转矩传递过程

起步和转矩传递过程由电子-液压控制单元监控及调整。作为起步装置由电子-液压控制单元控制的离合器或制动器与利用液力变矩器作为起动装置相比,离合器或制动器具有质量轻、安装空间小、使起动特性适应驾驶状态、使爬坡转矩适应驾驶状态及在过载或非正常使用情况下具有保护功能等优点。

起步过程:变速器控制单元根据起动特性,识别出发动机标定转速,控制离合器压力并调整发动机转速。驾驶人输入信息和变速器控制单元内部要求是决定起动特性的参数。

在经济行驶模式下起步时,节气门开度小,离合器打滑时间短,发动机怠速转速到起步转速在低转速状态下完成，使燃油经济性提高；同时，在动力模式下行驶时，怠速转速到起步转速在高转速状态下完成，发动机转速相对较高，提高了汽车的加速性能。

7）对离合器或制动器的控制

控制单元通过接收发动机转速、变速器输入转速、加速踏板位置、发动机转矩、制动力及变速器油温等信号来控制离合器或制动器的工作。变速器控制单元通过这些参数计算出离合器或制动器所需要的额定压力，并且确定压力调节电磁阀 N215 的控制电流，这样调节离合器或制动器压力，离合器或制动器传递的发动机转矩相应地随控制电流的变化而变化。

8）最佳舒适模式控制

自动换挡模式下，在传动比变化范围内可获得任意变速比，传动比可完全无抖动地调节，换挡平滑，而且牵引力传递不会中断。在 Tiptronic 下，选择手动换挡时有 6 个或 7 个确定的挡位。其中当汽车在以 5 挡或 6 挡行驶时，可达到高动力的最高车速；以 6 挡或 7 挡行驶时，可获得最佳的经济性。同时，驾驶人可通过选择不同的低挡，获得不同的发动机制动效果，这一点在坡路上行驶非常重要。

9）最大动力特性

变速器输入转速的控制将发动机保持在最大功率输出状态。汽车加速时牵引力传递不会中断，并可获得最佳加速特性。

10）最佳燃油经济性

经济模式下行驶，通过对传动比的连续调节，使发动机总是处于最佳工作模式，这样提高了燃油经济性。

11）过载保护

利用内部控制程序，变速器控制单元计算出离合器打滑温度。若检测到的离合器温度因离合器过载而超出标定界限，发动机转矩将被减小。当发动机转矩减小到发动机怠速上限时，在一段时间内，发动机对加速踏板信号无反应，离合器冷却控制系统确保短时间内使离合器降温，降温后又迅速重新提供发动机最大转矩。一般情况下离合器过载是很少出现的。

12）爬坡控制功能

当变速器选择前进挡，发动机怠速运转时，爬坡控制功能将离合器设定到一个额定的打滑转矩（离合器转矩）。

爬坡控制功能的特点是当车辆静止制动起作用时，减小爬坡转矩。因此发动机也不必产生过大的转矩，同时离合器的间隙也相应增大。

由于降低了汽车的运转噪声（车辆静止发动机怠速运转时产生的嗡嗡声），并且只需稍加制动即可停住汽车，从而改善了燃油经济性和舒适性。

若汽车停在坡道上，当制动力不足车辆回溜时，离合器压力将增大，使汽车停住，即坡道停车功能。该功能是通过两个变速器输出转速传感器 G195 和 G196 区分汽车是向前行驶还是向后行驶来实现的。

13）微量打滑控制

微量打滑控制适应离合器控制，能够减缓发动机产生的扭转振动。在部分负荷下，离合器特性被调整到发动机输出转矩为 160N·m 时的状态。

当发动机转速上升到约 1880r/min 时，转矩可达到约 220N·m，此时离合器进入微量打滑模式。在此模式下,变速器输入轴和链轮装置 1 之间的打滑率(转速差别)保持在 5~20r/min 之间。

14)离合器匹配控制

因为离合器的摩擦系数经常发生变化,为了能在任何工作状态下且在其寿命内使离合器控制舒适性能保持不变,压力调节阀的控制电流及离合器转矩之间的关系必须不断优化。离合器的摩擦系数主要取决于变速器挡位、变速器油温、离合器温度、离合器打滑率等。为了补偿这些影响和优化离合器的控制,在爬坡控制模式和部分负荷状态下,压力调节阀的控制电流及离合器转矩要相互匹配。

爬坡模式下的匹配(施加制动):在匹配(设置新的输导控制值)模式中有一个额定的离合器传递转矩,变速器控制单元检测控制电流(来自 N215)和来自压力传感器 G194 的数据(接触压力)间的关系,并且将这些数据存储起来,实际数据用于计算新的特定参数。

部分负荷状态的匹配:在微量打滑控制模式下完成。在此模式下,变速器控制单元比较发动机转矩(来自发动机控制单元)与 N215 的控制电流的关系并存储此数据。实际数据用于计算新的特性参数。

离合器匹配控制功能的作用是保持恒定的离合器控制质量,控制合适的离合器压力,提高效率。

15)故障自诊断功能

变速器故障在很大程度上可通过自诊断功能识别。根据故障对驾驶安全性的影响程度,可通过仪表板上的变速杆位置指示灯显示给驾驶人。对故障自诊断识别的结果会有 3 种不同显示状态,如图 1.63 所示。

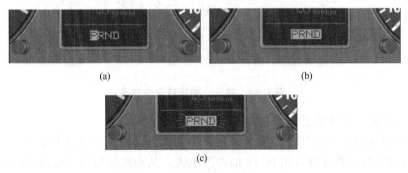

图 1.63 故障显示

如图 1.63(a) 所示,故障被存储,替代程序能够使汽车继续运行(某些功能可能会受到限制),此故障不会通过仪表指示灯显示给驾驶人,因为这对于驾驶安全性来说并不严重,驾驶人会根据汽车的实际运行状态感觉到该故障。

如图 1.63(b) 所示,变速杆位置指示灯通过倒置方式(挡位灯全亮)来显示现存故障。此故障对于驾驶安全性来说仍不严重,但是驾驶人应尽快去维修站进行故障排除。

如图 1.63(c) 所示,变速杆位置指示灯正在指示现存故障。此故障对于驾驶安全性来说是严重的,因此建议驾驶人立即去维修站将此故障排除。

16)换挡控制

换挡控制是通过电子控制单元和液压控制系统及驾驶人的输入信息,结合发动机输入转矩来共同完成速比转换的。根据边界条件，控制单元中的动态控制程序计算出变速器额定输入转速，变速器输入转速传感器 G182 用于监测主动链轮 1 处的变速器实际输入转速。变速器控制单元根据实际值与设定值之间的比较，计算出压力调节电磁阀 N216 的控制电流。N216 控制电流的变化就会产生换挡阀控制压力，该压力与控制电流几乎是成正比的。通过检查来自变速器输入转速传感器 G182 和变速器输出转速传感器 G195 及发动机转速信号来实现对换挡的监控。

3. 输入装置

奥迪 Multitronic 电控系统的输入装置主要包括各传感器和各信息开关。输入、输出转速传感器如图 1.64 所示。

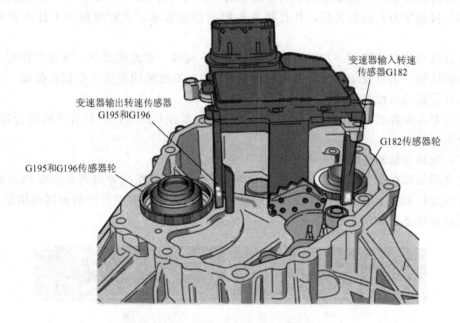

图 1.64　输入、输出转速传感器

1) 变速器输入转速传感器 G182

输入转速传感器 G182 用于监测主动链轮 1 的实际转速。变速器控制单元根据实际转速与设定转速进行比较并计算出 N216 的控制电流，从而控制换挡以实现不同速比。另外，变速器输入转速还与发动机转速一起用于离合器的控制和作为变速控制的输入变化参考量。

G182 电磁线圈匝数为 40，如果 G182 损坏，起步加速过程可利用固定参数来完成。这时微量打滑控制和离合器匹配功能将失效，发动机转速作为替代值并无故障码显示。当电磁线圈受到严重污染（因磨损产生的金属碎屑）时，会影响 G182 的正常工作。

2) 变速器输出转速传感器 G195 和 G196

G195 和 G196 用于监测从动链轮 2 的转速，通过它识别出变速器的输出转速。其中来自 G195 的信号用于监测实际输出转速，来自 G196 的信号用来区别输出旋转方向，因此可区别出汽车是向前行驶还是向后行驶。

变速器输出转速信号用于速比变换控制、爬坡控制、坡道停车功能和为仪表板组件提供车速信号。G195 和 G196 的电磁线圈匝数为 32，安装在传感器轮背面。传感器 G195 位置与 G196 位置有偏差，通过此种方式两个传感器间的相位角差 25%。

点火后，控制单元观察来自两个传感器的下降沿信号并记录其他传感器位置。当来自传感器 G195 的信号为下降沿时，传感器 G196 位置为"Low"；当来自传感器 G196 的信号为下降沿时，传感器 G195 位置为"High"，变速器控制单元将这种模式理解为前进挡。反之，当来自传感器 G195 的信号为下降沿时，传感器 G196 位置为"High"；来自传感器 G196 的信号为下降沿时，传感器 G195 的位置为"Low"，变速器控制单元将这种模式理解为倒挡。

如果 G195 损坏，变速器输出转速可从 G196 的信号获取，但坡道停车功能将失效；如果 G196 损坏，坡道停车功能失效；如果 G195 和 G196 两个传感器都损坏，可从轮速传感器信号获取代替值（通过 CAN 总线），坡道停车功能失效，无故障码显示。若电磁线圈受到严重污染（磨损产生的金属碎屑），会影响 G195 和 G196 的工作性能，因此粘结到电磁线圈上的金属碎屑在维修前应予以清除。

3）变速器压力传感器 G193

压力传感器 G193 如图 1.65 所示，用于监测前进挡离合器和倒挡制动器的实际压力，监控离合器功能。离合器压力监控有很高的优先权，因此在大多数情况下，G193 失效都会使安全阀被激活。若测得实际压力超出规定压力，会激活安全保护功能，用来监控离合器功能。

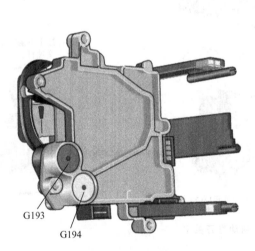

图 1.65 变速器压力传感器 G193、G194

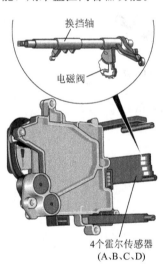

图 1.66 多功能开关 F125

4）变速器压力传感器 G194

压力传感器 G194 用于监测锥面链轮和传动链之间接触压力，此压力由转矩传感器来调节。因接触压力总是与实际变速器输入转矩成比例，利用 G194 的信号可十分准确地计算出变速器输入转矩。G194 的信号用于离合器控制（爬坡功能控制和匹配），若 G194 信号不正确，爬坡控制匹配功能失效。爬坡转矩由存储值来控制。

5）多功能开关 F125

多功能开关 F125 如图 1.66 所示，由 4 个霍尔传感器组成，霍尔传感器由换挡轴上的电磁阀通道控制。来自霍尔传感器的信号编排方式与手动式开关位置方式相同。

每个传感器可产生两个信号,即传感器信号有两种状态:高电位和低电位,且用二进制 1 和 0 表示。4 个传感器一共可产生 16 种工作组合,其中 4 个换挡组合用于变速杆位置识别,2 个换挡组合用于监测中间位置(P-R、R-N-D),10 个换挡组合用于故障分析。

6) 变速器油温传感器 G93

变速器油温传感器 G93 集成在变速器控制单元电子器件中(参见图 1.61)。G93 记录变速器控制单元铝制壳体的温度,即相应的变速器温度。变速器温度会影响离合器的控制和变速器输入转速控制,因此在控制和匹配功能中发挥着重要作用。

若 G93 损坏,发动机温度被用来计算出一个替代值,匹配功能和某些控制功能将会失效,故障指示灯显示为"倒置"。为了保护变速器内部部件,若变速器油温超过 145℃,发动机输出功率将下降。若变速器油温继续升高,发动机输出功率将逐渐减小,若有必要直至发动机以怠速运转。

7) 制动灯开关 F

制动灯开关 F 如图 1.67 所示。制动灯开关信号用于变速杆锁止功能、爬坡功能和动态控制程序(DRP)。

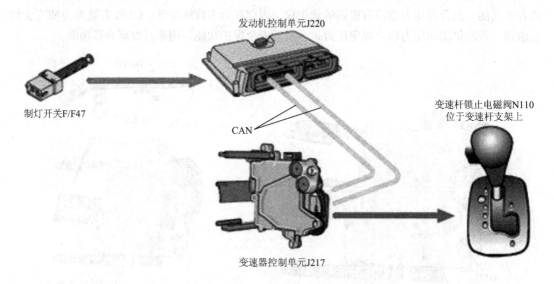

图 1.67 制动灯开关 F

8) 强制降挡信息

强制降挡信息不需要单独的开关,不像自动变速器具有强制降挡开关和强制降挡电磁阀。该信息由加速踏板组件上的簧载压力元件产生一个阻尼点,将强制降挡感觉提供给驾驶人。当驾驶人激活强制降挡功能时,传感器 G79 和 G185(加速踏板组件)的电压值超过节气门全开时的电压值。当超过与强制降挡点相对应的电压值时,发动机控制单元通过 CAN 总线向变速器控制单元发出一个强制降挡信号。

9) 手动模式(Tiptronic)开关

Tiptronic 开关 F189(图 1.68)集成在齿轮变速机构的鱼鳞板中,由 3 个霍尔传感器组成。霍尔传感器由位于鱼鳞板上的电磁铁激活。

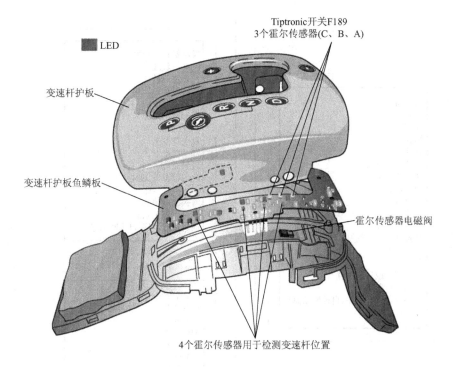

图 1.68　Tiptronic 开关 F189

10) CAN 总线

除少量接口外，信息都通过 CAN 总线在变速器控制单元和区域网络控制单元之间进行交换。由于传感器集成在变速器中，因此传感器信号不能再用传统的设备来测量，只能用自诊断接口进行检测，如图 1.69 所示。

11) 发动机转速信号

发动机转速信号是一个关键参数。为提高可靠性，发动机转速信号除了通过 CAN 总线外，还通过单独的接口传递到变速器控制单元。若出现故障或发动机转速信号接口失效，发动机转速信号可以通过 CAN 总线获取。发动机转速信号出现接口方式故障时，微量打滑控制功能失效。

12) 换挡指示信号

换挡指示信号为由变速器控制单元产生的方波信号（占空比信号）。方波信号高值（20ms）恒定，低值可变，即低位占空比可变。每个换挡位置或每个挡位（Tiptronic 功能）都被设计了一个标定低值（对应一个低位占空比）。变速杆位置或仪表组件的挡位指示通过低值延续时间识别出是何挡位或变速杆处于何位置，并相应地显示出挡位指示信号。

13) 车速信号

车速信号为变速器控制单元产生的方波信号（占空比信号），其占空比为定值 50%，频率与车速成正比变化。车轮每转一周产生 8 个信号，并通过单独接口传给仪表组件，此信号用于速度仪表显示车速，并通过仪表组件传到网络控制单元/系统（如发动机、空调系统、收音机系统等）。

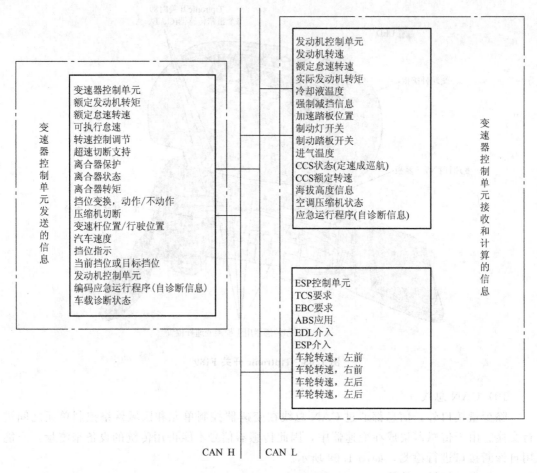

图 1.69　CAN 数据通信

4. 输出装置

输出装置主要指执行器电磁阀。在奥迪 Multitronic 变速器里只有 3 个电磁阀，分别是电磁阀 N88、N215 和 N216，在设计上统称为压力控制阀，它们将控制电流转变成相应的液压控制压力，最终实现不同的功能。

电磁阀 N88 有两个功能：控制离合器冷却阀（KKV）和安全阀（SIV），实现离合器冷却控制和变速器安全模式控制。

电磁阀 N215（离合器压力调节阀 1）激活离合器控制阀（KSV）。离合器压力控制实现坡道停车功能和离合器转矩控制匹配功能。

电磁阀 N216（换挡压力调节阀 2）激活离合器减压阀（UV），使之转换控制实现升降挡功能。

5. 控制系统电路

控制系统电路如图 1.70 所示。

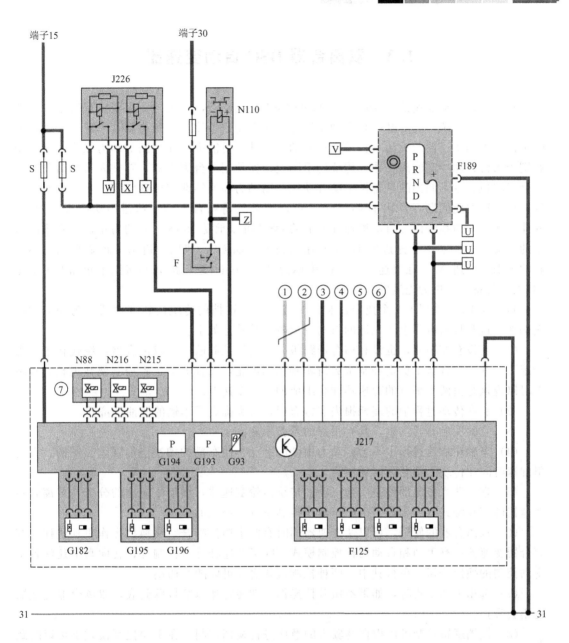

图 1.70 控制系统电路图

F—制动开关；F125—多功能开关；F189—手动模式开关；G93—变速器油温度传感器；
G182—变速器输入转速传感器；G193—变速器离合器压力传感器；G194—变速器接触压力传感器；
G195—变速器输出转速传感器1；G196—变速器输出转速传感器2；N88—电磁阀（离合器冷却/安全切断）；
N110—变速杆锁止电磁阀；N215—离合器压力控制阀；N216—接触压力控制阀；J217—变速器控制单元；
J226—起动锁止和倒车灯继电器；S—熔丝连接和辅助信号；U—到手动模式转向盘（选装）；
V—来自接线柱58d；W—到倒车灯；X—来自点火开关接线柱50；Y—来自起动机接线柱50；
Z—到制动灯；①—CAN（低）；②—CAN（高）；③—换挡指示信号；④—车速信号；
⑤—发动机转速信号；⑥—诊断信号

1.3 双离合器 DSG 自动变速器

双离合器自动变速器（DSG——Direct Shift Gearbox，直接挡变速器）有别于一般的半自动变速器系统，它的基础是手动变速器。手动变速器比自动变速器效率更高，而 DSG 除了拥有手动变速器的灵活及自动变速器的舒适外，更能提供无间断的动力输出，这完全有别于两台自动控制的离合器。传统的手动变速器使用一台离合器，驾驶人换挡时须踩下离合器踏板，令不同挡的齿轮做出啮合动作，而动力在换挡期间出现间断，令输出有所断续。奥迪针对此问题开发出 DSG，DSG 可以想象为将两台手动变速器的功能合二为一，并建立在单一的系统内。目前奥迪 TT 上的 DSG 可以承受 350N·m 的力矩，大众集团旗下的很多车型都采用了先进的 DSG 变速器技术，如 Q5、速腾、迈腾、新款高尔夫 A6、新款宝来、奥迪 A3（在奥迪 TT、A3 中称为 S-Tronic 变速器），超级跑车布加迪·威龙 EB16.4 装备的是更为先进的 7 挡 DSG。

新一代 DSG 采用了 2 个离合器和 6 个或 7 个前进挡的传统齿轮变速器作为动力的传送部件，这是目前世界上较先进的自动变速器，其特点如下：

（1）它没有变矩器，也没有离合器踏板。由液压控制的湿式双离合器系统代替了液力变矩器，其中离合器 1 负责控制奇数齿轮和倒挡齿轮，离合器 2 负责控制偶数齿轮，实际上可以说这是由两个平行的变速器配合组成的一个变速器。

（2）它在传动过程中的能耗损失非常有限，大大提高了车辆的燃油经济性。

（3）它的反应非常灵敏，具有很好的驾驶乐趣。

（4）车辆在加速过程中不会有动力中断的感觉，使车辆的加速更加强劲、圆滑。百公里加速时间比传统手动变速器还短。

（5）它的动力传送部件是一台三轴的传统齿轮变速器，增加了速比的分配，双离合器变速器的多片湿式双离合器是由电子液压控制系统来操控的。

（6）双离合器的使用，可以使变速器同时有两个挡位啮合，使换挡操作更加快捷。双离合器变速器也有手动和自动两种控制模式，除了变速杆可以控制外，转向盘上还配备了手动控制的换挡按钮，在行驶中，两种控制模式之间可以随时切换。

（7）选用手动模式时，如果不做升挡操作，即使将加速踏板踩到底，双离合器变速器也不会升挡。

（8）换挡逻辑控制可以根据驾驶人的意愿进行换挡控制，在手动控制模式下可以跳跃降挡。

（9）它有一个由两组离合器片集合而成的双离合器装置，同时有一个由实心轴及其外部套筒组合而成的双传动轴机构，并由电子及液压装置同时控制两组离合器及齿轮组的动作。在某一挡位时，离合器 1 接合，一组齿轮啮合输出动力，在接近换挡时，下一组挡段的齿轮已被预选，而与之相连的离合器 2 仍处于分离状态；在换入下一挡位时，处于工作状态的离合器 1 分离，将使用中的齿轮脱离动力，同时离合器 2 啮合已被预选的齿轮，进入下一挡。在整个换挡期间能确保有一组齿轮在输出动力，从而不会出现动力间断的状况。

1.3.1 双离合器自动变速器的结构与工作原理

本节以新款高尔夫、迈腾、速腾、大众 CC 等车型配置的 OAM 7 挡双离合器自动变速器为例，介绍其结构与工作原理、动力传递过程和控制系统原理。

大众 OAM 7 - DSG 具有 7 个前进挡和 1 个倒挡，采用自动一体的操作模式。该自动变速器首次采用了干式双离合器。除此之外，7 - DSG 还采用模块化设计（离合器、机械单元等），拥有独立循环双油路、电子驱动油泵，并且取消了热交换器，只采用了 4 个拨叉杆。

OAM 7 - DSG 的基本结构和驱动关系如图 1.71 所示，其基本工作原理如图 1.72 所示。双离合器变速器主要由两个相互独立的变速器传动部分组成。每个变速器的传动部分的功能结构都与手动变速器相同，且都有 1 个干式离合器。

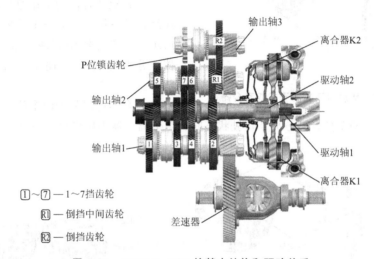

图 1.71 OAM 7 - DSG 的基本结构和驱动关系

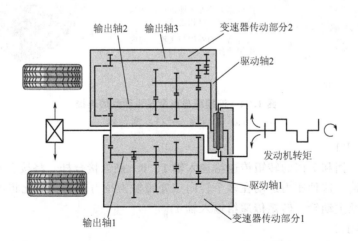

图 1.72 OAM 7 - DSG 的基本工作原理

离合器由机械电子单元根据待挂挡位进行控制接合和分离。通过离合器 K1，以及变速器传动部分 1 和输出轴 1 换到 1、3、5 挡和 7 挡。2、4、6 挡和倒挡由离合器 K2 及变速器传动部分 2 和输出轴 2、3 控制。原则上始终有一个变速器传动部分传递动力，而另一个变速器传动部分已经能够换到下一挡，因为该挡的离合器仍处于分离状态。每个挡位都有一个常规的手动变速器同步和换挡单元。

1. 干式双离合器

发动机转矩通过发动机曲轴、双质量飞轮和干式双离合器进行传递。为完成动力传递，双质量飞轮装配有内齿，与双离合器外壳上装配的外齿相啮合，实现发动机转矩到双离合器的传递，如图 1.73 所示。离合器外壳上的外齿通过连接环与离合器驱动盘相连接，如图 1.74 所示。

干式双离合器的工作原理：液压触动→压缩运动→拉近运动→压紧接合，如图 1.75 所示。双离合器中有两个独立的干式离合器，分别将转矩传递给一个变速器传动部分。

离合器可以处于两个位置：发动机停机和怠速运转时，两个离合器分离；行驶状态时，两个离合器中始终只有一个接合。

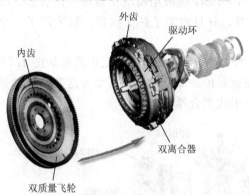

图 1.73 双质量飞轮和干式双离合器

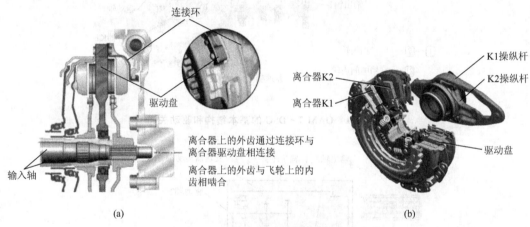

图 1.74 连接环与离合器驱动盘的连接
（a）转矩输入；（b）离合器

1）离合器 K1

将 1、3、5 挡和 7 挡的转矩传递给输入轴 1。K1 操纵接合杆，将接合轴承压向离合器压盘的盘形弹簧。这种压力运动在多个转向点处转换为拉力运动。因此将离合器压盘拉向离合器从动盘及主动轮，转矩传递给输入轴 1。

2）离合器 K2

将 2、4、6 挡和倒挡的转矩传递给输入轴 2。K2 操纵接合杆时，接合轴承压向离合器压盘的盘形弹簧。由于盘形弹簧支撑在离合器壳体上，因此离合器压盘压向主动轮，转矩传递给输入轴 2。

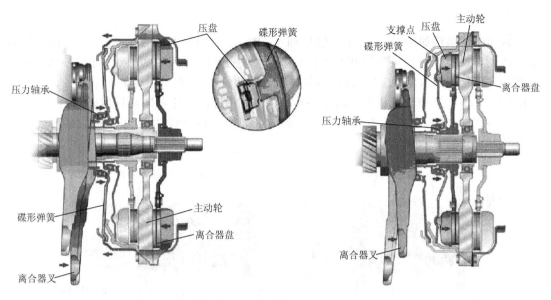

图 1.75　干式双离合器的工作原理

2. 输入轴

输入轴 1 的结构如图 1.76 所示。输入轴 1 为实心的，通过花键与离合器 K1 相连，用于驱动 1、3、5 挡和 7 挡齿轮。为了监测自动变速器的输入转速，输入轴 1 上有自动变速器输入转速传感器 1（G632）的磁性脉冲靶轮。输入轴 2 的结构如图 1.77 所示。输入轴 2 为空心的，安装在输入轴 1 的外侧，通过花键与离合器 K2 相连，用于驱动 2、4、6 挡和倒挡齿轮，轴上有自动变速器输入转速传感器 2（G612）的齿形靶轮。

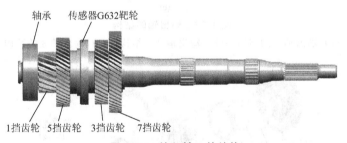

图 1.76　输入轴 1 的结构

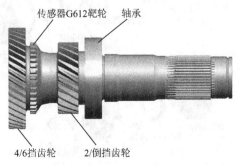

图 1.77　输入轴 2 的结构

3. 输出轴

输出轴的结构如图1.78所示。输出轴1 [图1.78(a)] 上装有1、2、3、4挡齿轮和输出齿轮，以及1/3挡同步器和2/4挡同步器。输出轴2 [图1.78(b)] 上装有5、6、7挡齿轮，倒挡中间齿轮1、2和输出齿轮，以及6/倒挡同步器和5/7挡同步器。输出轴3 [图1.78(c)] 上装有倒挡齿轮、输出齿轮、P位锁止机构齿轮和同步器齿套。1、2、3挡采用三件式同步器，4挡采用两件式同步器，5、6、7挡和倒挡则采用单件式同步器。同步器的结构如图1.79所示。

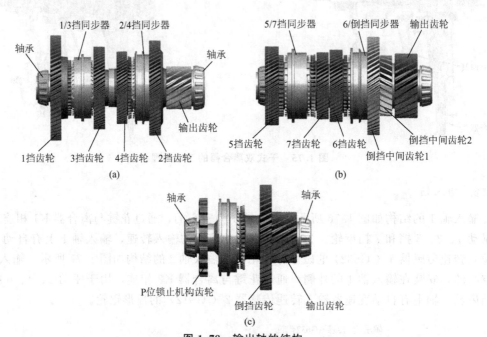

图1.78 输出轴的结构

（a）输出轴1的结构；（b）输出轴2的结构；（c）输出轴3的结构

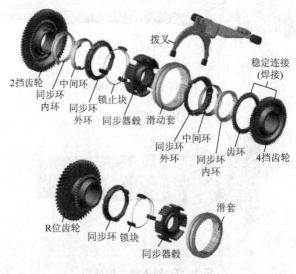

图1.79 同步器的结构

4. 换挡拨叉

如图1.80所示,DSG有4个换挡拨叉,分别为1/3挡换挡拨叉、2/4挡换挡拨叉、5/7挡换挡拨叉和6/倒挡换挡拨叉。换挡拨叉的结构如图1.81所示,换挡机构的活塞和换挡拨叉相连。为实现挡位的变换,油压被供应到换挡机构的活塞上,推动活塞移动;当活塞移动时,换挡拨叉和滑动齿套也随之移动,滑动齿套使同步器齿毂接合形成挡位。通过换挡机构位移传感器,滑阀箱控制单元便能精确地获得换挡机构的新位置信息。

图1.80 换挡拨叉

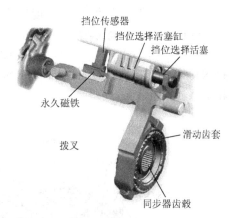

图1.81 换挡拨叉的结构

5. 电-液控制单元

电-液控制单元如图1.82所示,液压泵单元安装在电-液控制单元上,由1个液压泵和1个液压泵电动机组成,液压泵电动机是直流电动机,由电-液控制单元的电子控制单元根据压力要求按需驱动,液压泵电动机通过连接器驱动齿轮式液压泵(图1.83),向系统提供约7MPa的压力油。如果液压泵电动机不能工作,油液压力下降,离合器在压力盘弹簧的作用下断开,中断发动机转矩的传递。

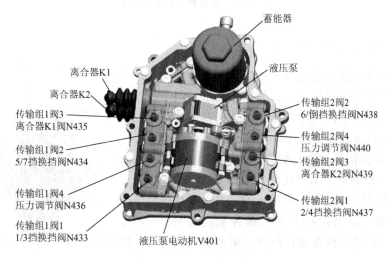

图1.82 电-液控制单元

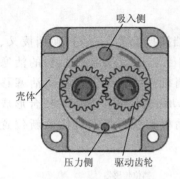

图 1.83 驱动齿轮式油泵

6. 控制系统

电子控制单元采集变速器输入转速传感器 G182、输入轴 1 转速传感器 G632、输入轴 2 转速传感器 G612、离合器 K1 位置传感器 G617、离合器 K2 位置传感器 G618、2/4 挡挡位选择传感器 G487、1/3 挡挡位选择传感器 G488、5/7 挡挡位选择传感器 G489、6 倒挡挡位选择传感器 G490、变速器系统压力传感器 G270、电子控制单元温度传感器 G510 等的信息（各传感器的安装位置如图 1.84 所示），控制液压泵电动机 V401、离合器 K1 阀 N435、离合器 K2 阀 N439、压力控制阀 N436 和 N440、1/3 挡换挡阀 N433、2/4 挡换挡阀 N437、5/7 挡换挡阀 N434、6/倒挡换挡阀 N438 实现 7 个前进挡和 1 个倒挡。

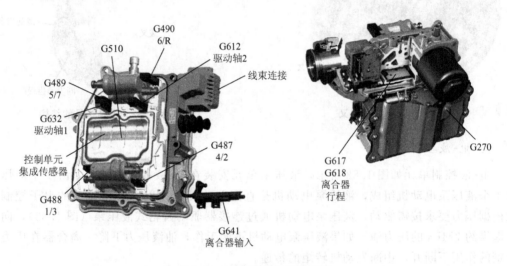

图 1.84 各传感器的安装位置

7. 变速杆总成 E313（F189）

变速杆位置传感器系统和变速杆锁止电磁阀控制系统集成在变速杆总成上，如图 1.85 所示。变速杆位置通过霍尔传感器进行监测，这些传感器集成在变速杆传感器系统中，变速杆位置信号和 Tiptronic 开关信号通过 CAN 总线传输给 J743 和 J285。电子控制单元基于此信号获知变速杆位置，使用此信号去执行驾驶人的 D-R-S 或 Tiptronic 指令，同时控制起动机的释放。如果电子控制单元监测不到变速杆位置，则所有的离合器将断开。

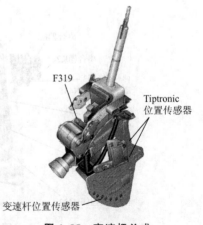

图 1.85 变速杆总成

1.3.2 双离合器自动变速器传动路线分析

下面以 OAM 7 挡干式双离合器自动变速器为例介绍动力传递路线。

1. 倒挡和 1 挡的动力传递路线

倒挡和 1 挡的动力传递路线如图 1.86 所示。

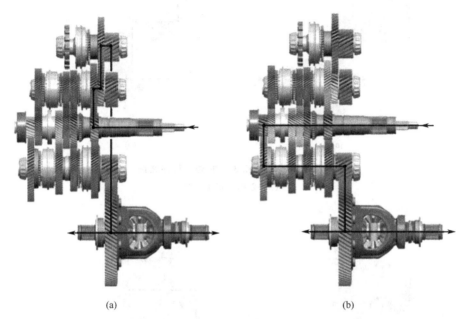

图 1.86 倒挡和 1 挡的动力传递路线
(a) 倒挡；(b) 1 挡

倒挡传递路线：发动机→双质量飞轮→离合器 K2→输入轴 2（倒挡主动齿轮）→输出轴 3（输出齿轮）→差速器主减速齿轮。

1 挡传递路线：发动机→双质量飞轮→离合器 K1→输入轴 1（1 挡主动齿轮）→输出轴 1（1 挡齿轮）→差速器主减速齿轮。

2. 2 挡和 3 挡的动力传递路线

2 挡和 3 挡的动力传递路线如图 1.87 所示。

2 挡传递路线：发动机→双质量飞轮→离合器 K2→输入轴 2（2 挡主动齿轮）→输出轴 1（2 挡齿轮）→差速器主减速齿轮。

3 挡传递路线：发动机→双质量飞轮→离合器 K1→输入轴 1（3 挡主动齿轮）→输出轴 1（3 挡齿轮）→差速器主减速齿轮。

3. 4 挡和 5 挡的动力传递路线

4 挡和 5 挡的动力传递路线如图 1.88 所示。

4 挡传递路线：发动机→双质量飞轮→离合器 K2→输入轴 2（4/6 挡主动齿轮）→输出轴 1（4 挡齿轮）→差速器主减速齿轮。

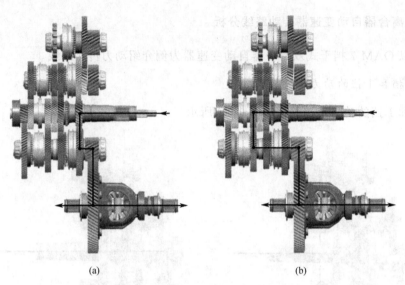

图 1.87　2 挡和 3 挡的动力传递路线
(a) 2 挡；(b) 3 挡

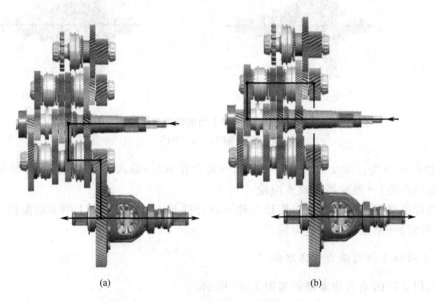

图 1.88　4 挡和 5 挡的动力传递路线
(a) 4 挡；(b) 5 挡

5 挡传递路线：发动机→双质量飞轮→离合器 K1→输入轴 1（5 挡主动齿轮）→输出轴 2（5 挡齿轮）→差速器主减速齿轮。

4. 6 挡和 7 挡的动力传递路线

6 挡和 7 挡的动力传递路线如图 1.89 所示。

6 挡传递路线：发动机→双质量飞轮→离合器 K2→输入轴 2（4/6 挡主动齿轮）→输出轴 2（6 挡齿轮）→差速器主减速齿轮。

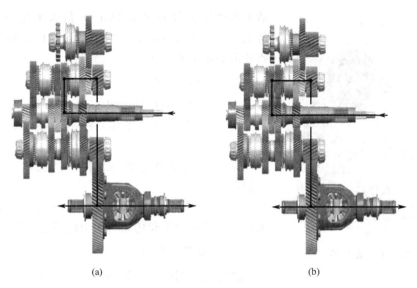

图 1.89 6 挡和 7 挡的动力传递路线

(a) 6 挡；(b) 7 挡

7 挡传递路线：发动机→双质量飞轮→离合器 K→输入轴 1（7 挡主动齿轮）→输出轴 2（7 挡齿轮）→差速器主减速齿轮。

1.3.3 双离合器自动变速器控制系统的结构与工作原理

1. 离合器操作机构的组成

离合器操纵机构如图 1.90 所示。

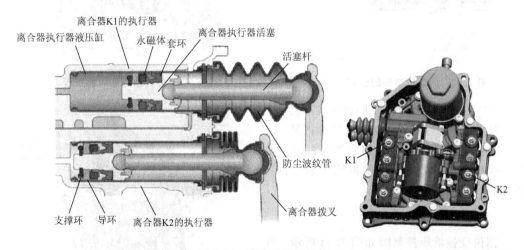

图 1.90 离合器操纵机构

2. 蓄能器

蓄能器设计上类似气压蓄能器，如图 1.91 所示，当液压泵被关闭时，保证液压系统有油压，能储存 0.2L 的液压油。蓄能器的基本形式有气囊式、膜片式、活塞式。气压式

图 1.91 蓄能器

活塞蓄能器氮气充注 2.4MPa,最大承受液压 10MPa。蓄能器处于压力状态下,不得打开。它能储存能量、减弱冲击和波动的影响。

3. 压力控制阀

压力控制阀的位置如图 1.92 所示。

N436:控制离合器 K1 和换挡操纵机构 1/3 挡、5/7 挡。

N440:控制离合器 K2 和换挡操纵机构 2/4 挡、6/倒挡。

如果一个电磁阀失效,则相应的齿轮传输组件被关闭,只有另外的齿轮传动机构上的指定挡位能够工作。

4. 离合器控制阀

离合器控制阀的位置如图 1.93 所示。

图 1.92 压力控制阀的位置

图 1.93 离合器控制阀的位置

N435:控制离合器 K1 的液压油流量。
N439:控制离合器 K2 的液压油流量。

无电流提供时,阀和离合器都断开。如果一个电磁阀失效,相应的齿轮传输组件被关闭。

5. 挡位变换液压控制阀

挡位变换液压控制阀如图 1.94 所示,用于控制挡位选择器的油流量。每个控制阀可使挡位选择器形成两个挡位;如果没有齿轮啮合,控制阀控制油压使挡位选择器保持空挡位置。变速杆位于 P 位、点火开关关闭,1 挡和倒挡齿轮啮合。

图 1.94 挡位变换液压控制阀

6. P位锁止机构

P位锁止机构如图1.95所示。

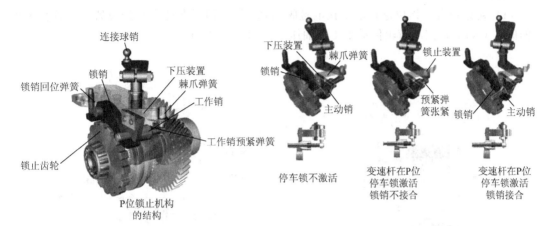

图 1.95 P位锁止机构

7. 液压泵电动机 V401

液压泵电动机V401是非接触式的小尺寸的直流电动机,由定子和转子组成。常规的定子由永久磁铁构成,转子由电磁铁构成。但V401恰恰相反,转子包含6对永磁体,定子包含6对电磁体,如图1.96和图1.97(轴承除外)所示。

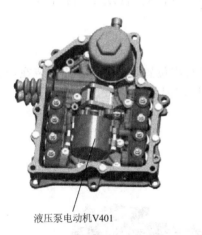

图 1.96 油泵电动机 V401

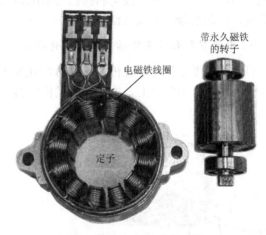

图 1.97 V401 工作原理图

信号失效影响:油液压力下降,并且离合器在压力盘弹簧的作用下断开。

V401工作原理:对于传统直流电动机,电磁场换向通过接触环进行。此直流电动机的换向则由滑阀箱单元的电子控制单元控制,在换向工作时无接触,直流电动机运转在无磨损状态下。

8. 挡位选择机构

滑阀箱单元控制挡位选择装置,如图1.98所示,换挡选择装置的活塞和换挡拨叉相连,为实现挡位的变换,油压被供应到换挡机构的活塞上,活塞移动,换挡拨叉和滑动齿套也随之移动,滑动齿套使同步器齿啮合形成挡位。

挡位选择:

(1)初始位置。挡位选择活塞在电磁阀 N433 的作用下保持在空挡位置,齿轮传输组 1 的阀 4(N436)控制齿轮传动组 1 的油压,如图 1.99 所示。

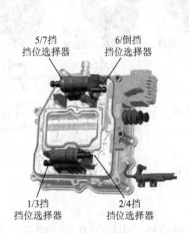

图 1.98 挡位选择机构

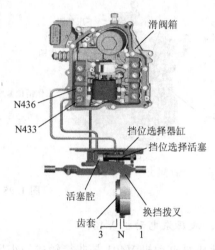

图 1.99 初始位置

(2)选择 1 挡。挡位选择电磁阀 N433 提升左侧活塞腔的油压,挡位选择活塞被推向右侧,与活塞连接的换挡拨叉和换挡滑套随换挡活塞一同向右侧移动,滑动齿套移动到 1 挡位置,齿轮啮合,形成挡位如图 1.100 所示。

9. 离合器行程位置传感器及速度传感器

(1)离合器 1 行程位置传感器 G617 和离合器 2 行程位置传感器 G618 安装在滑阀箱单元的离合器触动装置上,为非接触式传感器,如图 1.101 所示。

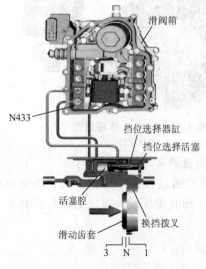

图 1.100 选择 1 挡

图 1.101 离合器行程位置传感器 G617、G618

信号作用：用于控制离合器的驱动电磁阀。

信号失效的影响：若 G617 损坏，变速器传输部分 1 被关闭，挡位 1、3、5、7 将无法接合；若 G618 损坏，变速器传输部分 2 被关闭，挡位 2、4、6 挡及倒挡将无法接合。

（2）离合器行程位置传感器的工作原理如图 1.102 所示。

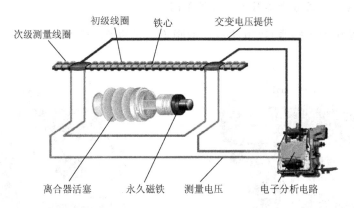

图 1.102　离合器行程位置传感器的工作原理

（3）离合器速度传感器 G641 如图 1.103 所示。它安装在变速器壳体内，是唯一在滑阀箱单元外的传感器，以电子方式监测起动齿圈，记录变速器的输入转速。

信号作用：控制单元要求变速器输入转速信号以控制离合器和计算滑移率。

信号失效：利用发动机转速信号替代。

10．输入轴速度传感器

输入轴 1 速度传感器 G632、输入轴 2 速度传感器 G612 都集成在滑阀箱单元上，都是霍尔传感器，如图 1.104 所示。

图 1.103　离合器速度传感器 G641

图 1.104　输入轴速度传感器 G632、G612

信号作用：控制离合器，计算离合器的打滑量。

信号失效影响：如果 G632 失效，齿轮传动组 1 关闭，车辆只能在 2、4、6 挡和倒挡驱动；如果 G612 失效，齿轮传动组 2 关闭，车辆只能在 1、3、5、7 挡驱动。

11. 控制单元温度传感器

控制单元温度传感器 G510 如图 1.105 所示。
信号作用：检查滑阀箱单元的温度。当温度达到 139℃ 时，发动机转矩减小。
信号失效影响：控制单元使用一个内在的替代值工作。

12. 变速器系统压力传感器及压力限制阀

变速器系统压力传感器 G270 集成在滑阀箱单元的液压油路中，是膜片式压力传感器，如图 1.106 所示。

图 1.105 控制单元温度传感器 G510

图 1.106 压力传感器 G270

信号作用：控制液压泵的电动机 V401 的工作。
信号失效：液压泵电动机持续运转；系统液压油压力由压力控制阀决定。
压力限制阀：液压泵泵送液压油通过滤清器到达压力限制阀、蓄能器和液压油压力传感器，如图 1.107 所示。当液压油压力在压力限制阀和压力传感器处达到约 7MPa 时，控制单元切断电动机，液压泵关闭。旁通支路确保滤清器油路堵塞时维持系统功能。

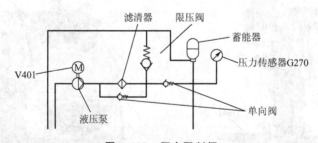

图 1.107 压力限制阀

13. 挡位行程传感器

挡位行程传感器 2/4 挡 G487、1/3 挡 G488、5/7 挡 G489、6/倒挡 G490 如图 1.108 所示。
信号作用：控制单元要求获知精确的换挡机构位置，用以控制换挡机构实现挡位的变换。换挡拨叉上的信号源产生信号,被传感器获得,从而使控制单元识别换挡执行机构的精确位置。

信号失效影响:如果挡位行程传感器中的一个失效,控制单元不能准确获知相应换挡机构的位置,因此,控制单元无法识别是否有挡位在齿轮选择机构和拨叉的作用下啮合,为了防止对变速器造成损坏,在这种情况下,关闭损坏的挡位行程传感器相关部分。

14. 离合器操纵执行机构

(1) 离合器操纵断开状态如图 1.109 所示。为了触发离合器,电子机械滑阀控

图 1.108 挡位行程传感器

制单元触发电磁阀:齿轮传输组 1 的阀 3 (N435) 操作离合器 K1;齿轮传输组 2 的阀 3 (N439) 操作离合器 K2。

(2) 离合器不工作:离合器触动活塞在空闲位置,电磁阀 N435 在回油方向打开,液压油从齿轮传输组压力控制阀 N436 流入滑阀单元的油底壳。

(3) 离合器操纵接合状态如图 1.110 所示。

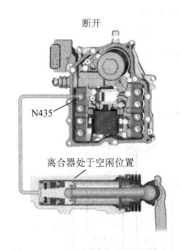
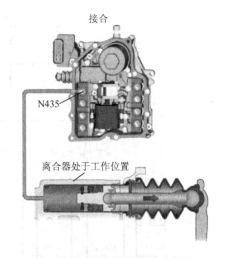

图 1.109 离合器操纵断开状态　　　　图 1.110 离合器操纵接合状态

离合器接合:当电子控制单元激活电磁阀 (N435 或 N439) 时,接通了到相应离合器触动器的油道,油压在离合器驱动活塞的后方建立,离合器驱动活塞移动并推动离合器接合杆,此离合器接合。

离合器打滑:变速器的输入转速和驱动轴的转速不同,此功能是通过电磁阀控制离合器驱动油压与回流油压来达到的。

(4) 液压循环控制如图 1.111 所示,工作油路如图 1.112 所示。

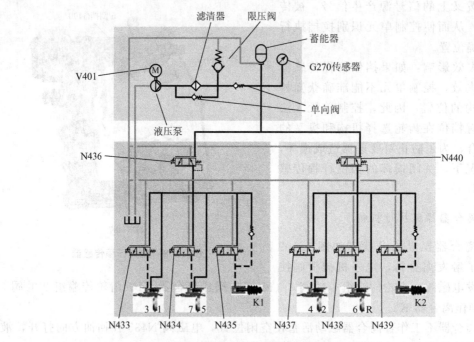

图 1.111　液压循环控制

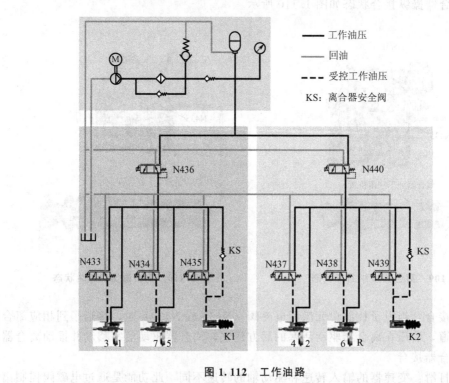

图 1.112　工作油路

（5）液压系统的构成如图 1.113 所示。

（6）系统概貌如图 1.114 所示。

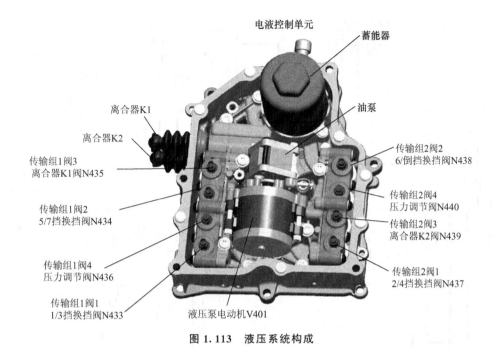

图 1.113 液压系统构成

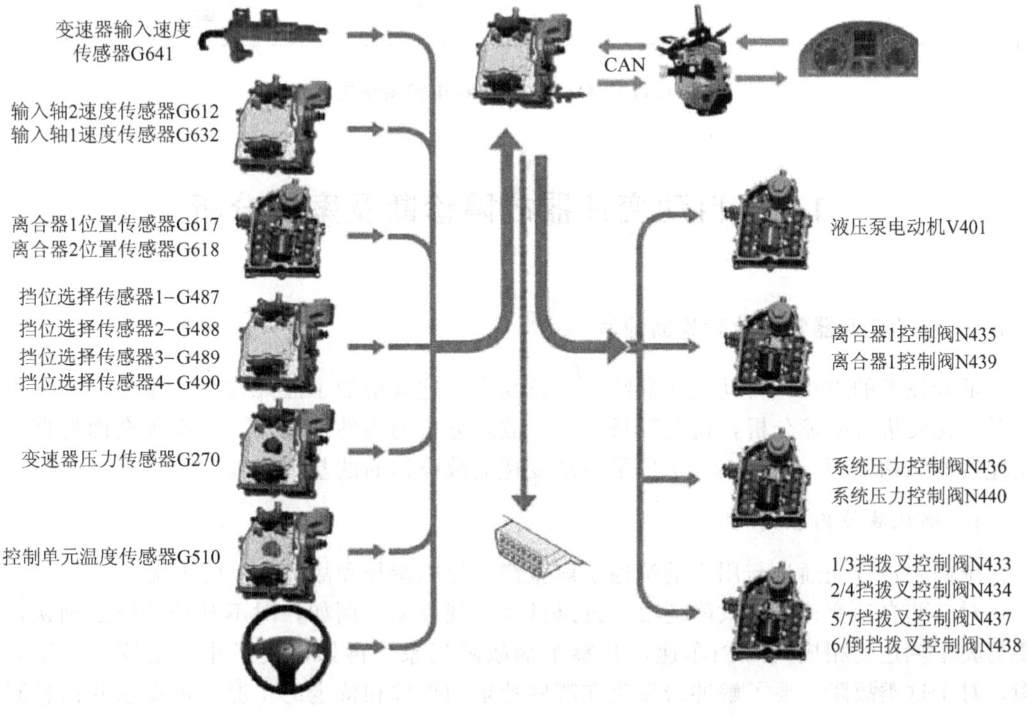

图 1.114 系统概貌

15. 电路图

OAM 7-DSG 电控系统电路如图 1.115 所示。

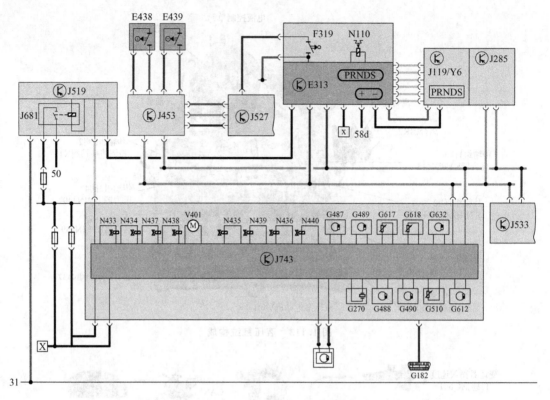

图 1.115　OAM 7-DSG 电控系统电路

1.4　自动变速器故障诊断及案例分析

1.4.1　自动变速器常见故障诊断流程

随着技术的进步,自动变速器结构日益复杂,这就增加了故障诊断的难度。当检查故障时,先要进行故障分析,避免盲目操作。故障分析的条件是检修人员必须全面把握自动变速器的结构原理。图 1.116 给出了自动变速器故障诊断的基本流程。

1. 确认故障内容

维修人员首先通过与用户的沟通了解报修的故障特征和故障发生的工况。

对一些自动变速器的故障还要经过路试来重现故障。例如,对不升挡故障的确认,就要驾驶车辆达到相应的升挡车速,观察车辆故障现象。再如,换挡冲击是较为常见的故障,对于这类故障,要了解冲击发生在哪些特定的挡位和特定的工况,依据这些信息制订可行的路试方案。

2. 基本检查与调整

基本检查的重点是自诊断检查和外观检查。

自诊断检查即通过连接故障分析仪读取故障码和动态数据流。当 ECU 中有故障存储时，读取故障信息对迅速排除故障会有直接帮助。动态数据流能够实时读取相关数据，当发现数据异常时，常常与一些故障相互联系。一些车辆的车载故障诊断系统（OBDⅡ或EOBD）自诊断功能更加完备，除了能够读取故障码和数据流，还具有执行元件测试的功能。通过操作故障分析仪，能够激活一些主要的执行器，这为检查执行器及相关线路提供了帮助。

3. 测试与故障分析

对于相对复杂的自动变速器故障，可能通过基本检查和调整不能够解决问题，这就要进行更深入的测试及试验。

常用的测试、试验手段包括失速试验、油压检测、道路试验、手动换挡试验、电控元件及电路测试等。

测试和试验的内容要依据故障特征科学确定。故障分析应贯穿故障排除过程的始终。只有对故障进行了客观分析，检测和试验才具有明确的目标，有的放矢。故障分析包括电路分析、油路分析、挡位动力传递路线分析等。

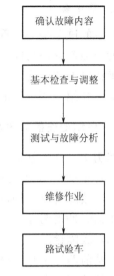

图 1.116　自动变速器故障诊断的基本流程

4. 维修作业

经过测试、试验与分析，确认故障部位后就要进入最终的维修作业环节。根据作业需要，必要时要将自动变速器拆下，解体检修。

1）机械、液压系统维修

当确认自动变速器为机械故障且经过外部的调整、换油或简单的机械检修仍不能够排除故障时，就应将自动变速器总成拆下进行彻底检修。自动变速器拆装应严格遵守操作规程，要保证拆装有序、清洗到位、检查彻底。拆卸时要注意观察部件之间的装配关系，防止在进行总装时出现漏装、错装、反装等情况。

2）电气方面的维修

自动变速器电控系统的故障可能发生在传感器、各类开关、执行器（电磁阀）、外部的线路和插接器、ECU 等。

电路的初步检查应以检查传感器、各类开关、执行器（电磁阀）、外部的线路和插接器为主。当认定或怀疑传感器、各类开关、电磁阀有问题时，可进行更换试验。如果外部线路出现短路、断路故障，应划定故障导线的最小区间，进而找到故障部位进行处理。电路维修不提倡更改线路走向，当彻底恢复困难时，应更换相关线束。当确认外部线路和元件均完好且工作正常时，才可怀疑 ECU 工作异常。在决定更换 ECU 之前，要检查 ECU 的电源供给是否正常（一些车辆 ECU 有多个电源）、接地情况是否完好。

插接器接触不良会引发一些偶发故障，而且这类故障诊断难度较大。在进行线路检测时要注意保护插接器，确保针脚和插孔间接触良好。

对于装有 CAN 总线的车辆，CAN 总线故障会影响自动变速器工作。当发现有总线故障时，应先排除总线故障，解决通信问题，如果故障不能排除再检查自动变速器电控系统。

5. 路试验车

修后的试车是一个重要的环节。路试验车的内容包括换挡点、换挡品质、换挡模式切换功能、强制降挡功能、变速器 TCC 锁止功能、时滞时间、运转噪声、变速杆锁止功能等。确认以上功能均正常且无故障码出现时就可以交车了。

下面介绍一些具体的维修案例，以供参考。

1.4.2 自动变速器故障案例分析

案例 1：2003 款奥迪 A8 汽车行驶在 3/4 挡时冲击明显，变速器有异常响声。

（1）车型：2003 款奥迪 A8，变速器型号 09E，行驶里程 86500km。

（2）故障现象：挡位灯有时亮；低速行驶时变速器内有嗡嗡响，高速行驶正常；行驶在 3/4 挡时冲击明显。

（3）故障诊断：2003 款奥迪 A8 汽车搭载电液控制的 6 挡行星齿轮式自动变速器，在进维修站前两三个月，该车出现 3/4 挡行驶有冲击和变速器有异常响声现象，挡位灯会闪亮甚至挂挡不走车。

由于这款自动变速器结构复杂，所以在对其解体之前先对其进行初步的分析，现将诊断思路整理如下：

① 举升车辆，仔细检查发动机与自动变速器的连接情况，发现正常，由此可以排除故障树中装配不当这一事件可能引起的故障。

② 由于带有锁止离合器的液力变矩器如果出现异响故障，车子会在高速时出现异响，但该车仅在低速行驶时变速器内出现嗡嗡响状况，这时锁止离合器未接合，说明该故障与液力变矩器应无关联。

③ 由于油泵工作是随压力变化而变化的，所以也可以排除油泵故障的可能。

④ 检查变速器油后发现液位偏低，油质发黑且有焦味，没有金属粉末等杂质，说明该故障应与行星齿轮机构故障或主减速器故障无关。

⑤ 此时借助电脑检测发现有故障码存储。

a. P0730。该故障码含义是，挡位/传动比监控传动比错误。

b. P2700。该故障码含义是，离合器 A 不可靠信号，偶发。

c. P2703。该故障码含义是，离合器 D 不可靠信号，偶发。

所以目前可以判定该故障应该为自动变速器油液位过低引起的自动变速器油温度过高，致使离合器或制动片过度磨损或烧蚀引起的换挡机构故障。

拆解自动变速器后仔细检查 ATF 油泵、液力变矩器、主减速器均正常没有磨损，进一步拆解检查发现 3、4、5 挡的离合器和制动器片有烧蚀（图 1.117），更换 3、4、5 挡的离合器和制动器片，并调整自动变速器油液位，试车故障排除。

（4）故障排除：更换 3、4、5 挡的离合器和制动器片，并调整自动变速器油液位，试车故障排除。

（5）故障总结分析：对于复杂结构的自动变速器，需在了解其组成结构和工作原理的基础上，结合诊断数据，才能进行拆解检查，分析排除故障。

案例 2：奥迪 A6 汽车行驶中出现打滑、抖动现象。

（1）车型：奥迪 A6 3.0T，变速器型号 09E，行驶里程 32 万 km，此故障经常发生。

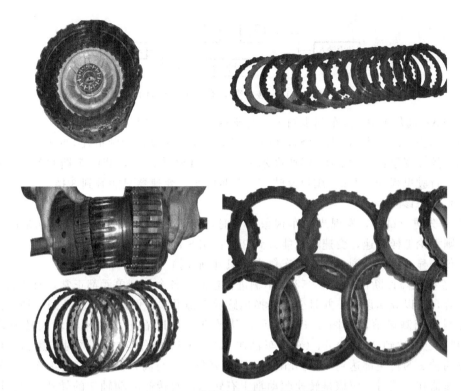

图 1.117 烧蚀的离合器和制动器片

（2）故障现象：车辆低速行驶正常，踩加速踏板，发动机空转，且有严重的打滑或抖动现象。

（3）故障诊断：根据故障诊断原则，进行以下诊断。

① 检查变速器油，发现变速器油液位、品质均正常，故可排除变速器油引起的打滑或抖动冲击故障。

② 借助诊断仪检测，发现踩加速踏板时，液压系统油压在正常值范围内，故可排除变速器内部泄漏引起的打滑或抖动冲击现象。

③ 耸车现象只发生在慢慢提速时，加速比较快时正常；速度一旦超过 30km/h，就会出现抖动，但无失火现象，将 ABS 插头脱开后试车，故障依然没有消失，且变速器数据说明抖动不是出现在升降挡时，故将问题锁定在机械部件过度磨损，由于抖动现象不是出现在升降挡时，所以怀疑液力变矩器打滑，引起耸车现象。

④ 经过反复试车，将故障原因锁定在变速器区域。为了保证换挡行驶舒适性和减少冲击，在汽车提速的瞬间，液力变矩器会在转速差较大时有短暂的打滑现象；当车辆达到一定速度后加速时，由于此时转速差较小，液力变矩器锁止离合器起作用。

但该车出现耸车现象时，发现发动机转速与变速器输入转速差较大，即此时发动机空转，车速没有什么变化，怀疑液力变矩器打滑（此时锁止离合器应锁止）。

（4）故障排除：更换液力变矩器，故障现象排除。

（5）故障总结分析：液力变矩器上的锁止离合器将泵轮和涡轮通过机械方式连接起来，传递发动机动力（图 1.118）。变矩器以接近 1∶1 比例将发动机输入转矩传递至变速器，但由于泵轮和涡轮之间有 4%～5% 的转速差，因此有一定的能量损失。

图 1.118　液力变矩器动力流示意图

案例 3：高尔夫 A6 汽车起步闯车，变速器只能升到 3 挡。

（1）车型：高尔夫 A6 1.4TSI，OAM 双离合器变速器，行驶里程 5900km。

（2）故障现象：一辆 2010 年产高尔夫 A6 1.4TSI 乘用车，装配 7 挡 OAM 双离合器变速器，行驶里程 5900km。用户反映该车起步闯车，变速器只能升到 3 挡。

（3）故障诊断：

① 首先进行试车，发现当闯车现象严重时，变速器偶尔能升到 7 挡；如果闯车现象较轻，则无论怎样加速，变速器只能升到 3 挡；用 S 位试车只能升到 2 挡；在手动模式下试车，仪表显示可以升到 7 挡，但车辆实际只升到 3 挡。

② 连接故障诊断仪 VAS 5052 对车辆进行检测，各个控制单元都正常，对变速器进行基本设置，可以成功设置，并且变速器换挡感觉变得平顺，但还是只能升到 3 挡。读取变速器控制单元测量值，如图 1.119 所示，从数据中可以看出，变速器输入转速传感器 G641 转速已经达到 2625r/min（正常车辆在 1700r/min 左右换挡），同时转速驱动轴 1 与转速驱动轴 2 的转速都达到 339r/min，这说明离合器 1 与离合器 2 都参与工作。正常情况下，变速器在 3 挡时，应该是转速驱动轴 1 有转速，而转速驱动轴 2 的转速为 0。据此分析，变速器控制单元无法正常控制两个离合器的切换，初步判断为机电单元的控制存在问题。

引导性功能		FAW_VW	V16.03.00 26/10/2010
功能检查		高尔夫	
读取变速箱控制单元测量值		2011(11)	
		CDF 1.6L Motronic/77KW	
读取测量值			
测量值	结果	规定值	
5.1 G641 变速器输入转速传感器3	2625/min		
5.2 转速驱动CAN	2564/min		
5.3 变速箱输入转速传感器1–G632	2563/min		
5.4 变速箱输入转速传感器2–G612	3702/min		
6.1 转速驱动轴1	339/min		
6.2 转速驱动轴2	339/min		
6.3 转速驱动轴CAN	340/min		
6.4 转速驱动	340/min		

图 1.119　变速器控制单元测量值

③ 首先怀疑由于变速器控制单元内部问题，导致没有执行换挡。经过长时间试车，该车的冲击、抖动现象越来越明显，并且在一次抖动后，变速器控制单元与 VAS 5052 通信中断。重新连接故障诊断仪进行测试，发现多个控制单元存储了与变速器控制单元无通信的故障码。此外，变速器控制单元中还存储了故障码 P177C 003，含义为"离合器 2 达到公差极限"。继续试车，在严重抖动的情况下，变速器可以升到 7 挡，此时读取油压 4665kPa（正常）。重新进行基本设置后，换挡变得平顺，但仍只能升至 3 挡。

④ 结合其他控制单元的故障提示，怀疑变速器控制单元工作不稳定。对变速器控制

单元插头的电源与搭铁端进行测量,均正常,用示波器检查控制器局域网总线工作状态,显示正常。

⑤ 检查离合器 1 的工作状态,如图 1.120 所示。在 6.8mm 的位置,离合器 1 的输出转矩是 0N·m,以此类推,在 20.6mm 位置时,离合器 1 的最大输出转矩是 149.5N·m(而正常车在 18.5mm 时,离合器 1 的输出转矩为 219.6N·m)。

⑥ 检查离合器 2 的工作状态,如图 1.121 所示。在 25.2mm 时,离合器 2 的最大输出转矩只有 100.8N·m。对比离合器 1 与离合器 2 的工作位置与转矩,转矩都无法达到 220N·m(最大 250N·m)。结合故障码分析离合器 2 已经快达到匹配最大行程 26.2mm 时,其输出转矩才 100.8N·m,控制单元认为离合器 2 公差过大。据此怀疑离合器 1 也有问题。但对双离合器 K1、K2 离合器间隙检查均正常,故怀疑变速器机电控制单元损坏。

95_1离合器1匹配	6.8mm
95_2离合器1匹配	0.0N·m
95_3离合器1匹配	11.0mm
95_4离合器1匹配	15.0N·m
96_1离合器1匹配	14.9mm
96_2离合器1匹配	63.0N·m
96_3离合器1匹配	20.6mm
96_4离合器1匹配	149.5N·m
97_1离合器1匹配	1.9mm
97_2离合器1匹配	26.6mm
97_4离合器1匹配	26.6mm

图 1.120　离合器 1 状态

115_1离合器2位置0	7.1mm
115_2离合器2转矩0	0.0N·m
115_3离合器2位置1	12.7mm
115_4离合器2转矩1	15.0N·m
116_1离合器2位置2	21.9mm
116_2离合器2转矩2	50.5N·m
116_3离合器2位置3	25.2mm
116_4离合器2转矩3	10.8N·m
117_1离合器2匹配	2.2mm
117_2离合器2匹配	26.2mm
117_4离合器2匹配	26.2mm

图 1.121　离合器 2 状态

(4) 故障排除:更换变速器机电控制单元,故障排除。

(5) 故障总结分析:掌握标准数据的情况下,学会以数据为依据,这样才能找到故障根源,顺利排除故障。

案例 4:奥迪 A3 汽车行驶异响,伴有冲击抖动。

(1) 车型:奥迪 A3,变速器型号 7 挡 OAM 双离合器变速器,行驶里程 8948km。

(2) 故障现象:车辆在高、低速行驶均正常,在车辆降挡停车(似停非停)时,变速器换挡冲击明显且发出"吱吱"异响声。

(3) 故障诊断:

① 借助诊断仪的检测,发现控制单元中无故障码存储,并查阅相关奥迪汽车技术产品信息(TPI),未发现相关 TPI,所以排除电控液压控制单元的故障。

② 根据故障诊断原则,先举升车辆,仔细检查,发现发动机与自动变速器的连接情况良好,故可排除装配不当引起的故障。

③ 由于变速器的油泵随着压力的变化而变化,所以可以排除机油系统故障,且故障出现在降挡过程中,故也可判断故障与差速器无关。

④ 车辆只有在似停非停时,会出现冲击抖动现象,并能听到"吱吱"的异响声,说明该故障可能出现在双离合器上而不是齿轮变速机构的故障,因为齿轮变速机构故障一般为齿轮敲击声,而非"吱吱"声,所以故障可能为双离合器故障。

拆解双离合器自动变速器,针对性地进行排查,发现双离合器本身间隙(图 1.122)过大。

(4) 故障排除:更换双离合器总成,并参照 ELSA,调整间隙。

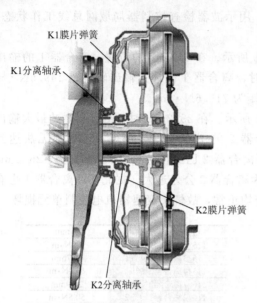

图 1.122　离合器 K1、K2 间隙

（5）故障总结分析：故障可能是离合器脱挡不彻底或离合器本身间隙过大造成的。根据 ELSA 的维修步骤，更换双离合器总成，并适当调整离合器 K1、K2 的间隙。最后试车匹配后故障排除。

案例 5：奥迪 A4L 汽车挂挡后无法起步行驶。

（1）车型：奥迪 A4L，变速器型号 01J，行驶里程 63251km。

（2）故障现象：变速器故障灯报警，挂挡不走车。

（3）故障诊断：根据故障诊断原则，进行以下诊断。

① 因为变速器故障灯报警，故用电脑检测，发现有故障码存储。

a. P0750。该故障码表示，开关电磁阀 N88 故障，如图 1.123 所示。

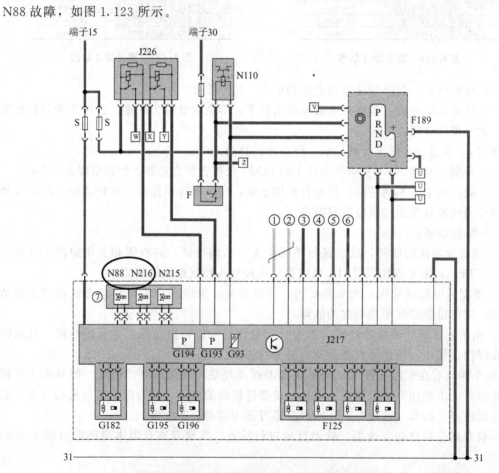

图 1.123　电磁阀 N88、N216 电路示意图

b. P1757。该故障码表示,电压供应开路。

c. P1818。该故障码表示,压力控制阀 N216 线路电气故障。变速器控制单元电源测量电压为 14.2V,根据故障码分析为变速器控制单元故障,更换变速器控制单元,但故障依旧。

② 诊断仪检测还是相同的故障码,电磁阀 N88 和压力控制阀 N216 都集成在变速器内部,但更换变速器控制单元,故障码还是存在,而故障码 P1757 表示电压供应开路,这表明不仅控制单元本身有故障,还有可能和外部线路有关系。

③ 拆检排水槽左侧电控箱后发现电源主线松动,固定主线的螺母没有拧紧出现烧蚀,而继电器 J271 是由此主线获得供电的,如图 1.124 所示。

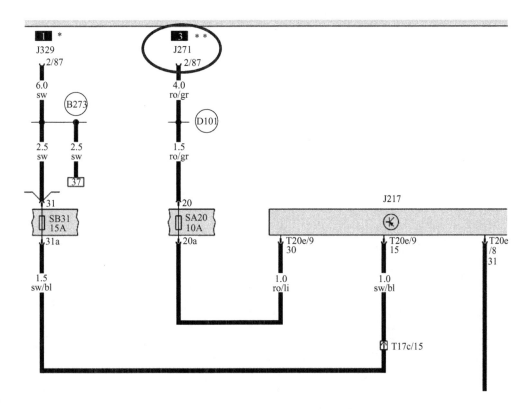

图 1.124 继电器 J271 电路示意图

(4) 故障排除:更换接线支座。

(5) 故障总结分析:控制单元的故障不仅与控制单元本身有关,还与外部电路相关联。

习 题

1. 画出 A341E 辛普森式自动变速器的内部原理简图,并简述 D1 位、R 位的动力传递路线。

2. 什么是无级变速器？有何特点？
3. 简述无级变速器 D 位、R 位传递路线。
4. 简述奥迪无级变速器电控系统的组成及各主要元件功能。
5. 比较双离合器自动变速器与无级自动变速器，各自优缺点是什么？
6. 简述 7 速 DSG 自动变速器 D1~D7 位的动力传递路线图。
7. 画出大众车系 7 速 DSG 电控系统控制原理图，并简述主要传感器及执行器的作用。

第 2 章 电子控制制动系统

教学目标

熟悉电子控制制动系统的组成，了解并掌握 ABS、ESP、ASR 等制动子系统的结构、工作原理，了解电子感应式制动与电子驻车制动的结构、工作原理。

教学要点

知识要点	能力要求	相关知识
电子控制制动系统的组成	熟悉电子控制制动系统的基本组成	各子系统的相同点与不同点、各子系统之间的配合关系
ABS、ESP、ASR、电子感应式制动与电子驻车制动	掌握各制动子系统的结构、工作原理之间的差异及作用过程的区别	电子系统制动力与常规人力制动力在分配上的区别
典型车型的电子控制制动系统的结构	了解一些典型汽车上电子制动系统的组成及结构特点	了解大众、奥迪及宝马汽车的电子制动系统的特点

2.1 电控防抱死制动系统

2.1.1 概述

汽车防抱死制动系统（Anti-lock Brake System，ABS）是汽车上的一种主动安全装置，用于汽车制动时防止车轮抱死拖滑，以提高汽车制动过程中的方向稳定性、转向控制能力和缩短制动距离，充分发挥汽车的制动效能。

随着电子技术的进步，以及数字电子技术、大规模集成电路的发展和微机的应用，ABS控制技术日趋成熟，成本不断下降，体积小、质量轻、控制精度高，为其迅速普及创造了条件。20世纪80年代初期，部分乘用车开始装用ABS。进入90年代，欧、美、日、韩等国家ABS的装车率大幅度提高，加之法规的推动作用，ABS已成为汽车上的标准装备。近年来，国产汽车ABS装车率迅速提高，目前ABS已在国产乘用车上得到了普及。

2.1.2 汽车制动过程中的影响因素

汽车制动时，影响车轮旋转的主要因素是制动力矩和车轮转矩，如图2.1所示。当制动力矩大于车轮转矩时，轮速降低，车轮减速度与制动力矩和车轮转矩之差成正比。当制动力矩小于车轮转矩时，轮速增加，车轮加速度与车轮转矩和制动力矩之差成正比。

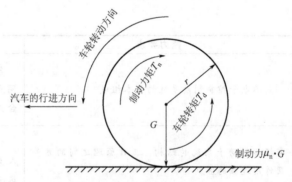

图 2.1 制动时车轮受力情况

（1）纵向附着力：作用在路面，使驾驶人通过加速踏板将汽车加速。
（2）制动力：使汽车减速，与驱动力方向相反。
（3）轮胎正压力或重力：由汽车质量及其载荷确定。
（4）侧向附着力：将转向运动传到路面上，并使汽车按曲线运动。

汽车制动时，如果汽车的左边车轮在干燥的路面上行驶，而右边车轮在冰面上行驶，左、右轮不同的制动力导致汽车绕垂直轴线转向运动。影响各力的主要因素有路面状况、轮胎磨损状况和轮胎类型。

（5）静摩擦：在轮胎表面和路面之间没有相对运动，轮胎在路面上做纯滚动。
（6）滑动摩擦：在轮胎接触表面之间有相对运动，轮胎在路面上滑动。

(7) 附着系数：不同的路面对轮胎的附着性能，决定着制动力的大小。

影响附着系数的主要因素：①道路种类，如混凝土、沥青、鹅卵石等；②道路状态，如干、湿、雪冰等；③轮胎状态，如胎纹的深度等；④轮胎的结构，如夏季轮胎、冬季轮胎等；⑤车速；⑥制动时的车轮滑动状况。

2.1.3 车轮滑移率

1. 滑移率 S 的定义

汽车在制动过程中，车轮在路面上的运动是一个边滚边滑的过程，汽车未制动时，车轮处于纯滚动状态；当车轮制动抱死时，车轮在路面上的运动处于纯滑动状态。为定量描述汽车制动时车轮的运动状态，引入车轮滑移率来反映车轮滑动的成分。滑移率计算公式为

$$S = \frac{v_F - v}{v_F} \times 100\% = \frac{v_F - r\omega}{v_F} \times 100\%$$

式中，v_F——车速（m/s）；

v——车轮速度（m/s）；

ω——车轮转动角速度（rad/s）；

r——车轮半径（m）。

车轮在路面上纯滚动时，$v = v_F$，$S = 0$；车轮抱死时即在地面上纯滑动时，$\omega = 0$，$S = 100\%$；车轮在路面上边滚边滑时，$v > v_F$，$0 < S < 100\%$。车轮滑移率越大，说明车轮在运动中滑动成分所占的比例越大。

2. 影响 S 的因素

影响 S 的因素包括车轮载客人数或载货量，前、后轴的载荷分布，轮胎、道路附着系数，路面种类和路面状况，制动力大小及其增长率。

3. 车轮滑移率与纵向附着系数的关系

随着车轮制动力的增大，S 增大，则纵向附着系数迅速增大，达到峰值后，则逐渐减小，如图 2.2 所示。

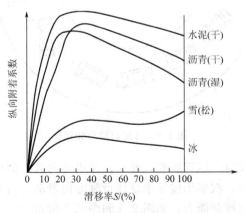

图 2.2 S 与纵向附着系数的关系

4. 侧向附着力与侧向附着系数

当汽车行驶在弯曲路面时,离心力必须由路面侧向附着力来平衡,以保证汽车在弯曲路面上行驶,如图2.3所示。

横向附着系数是研究汽车行驶稳定性的重要指标之一。横向附着系数越大,汽车制动时的方向稳定性和保持转向控制的能力越强。当S为零时,横向附着系数最大;随着S的增加,横向附着系数逐渐减小,如图2.4所示。横向附着力最大时,S接近于零;横向附着力最小时,S接近100%。

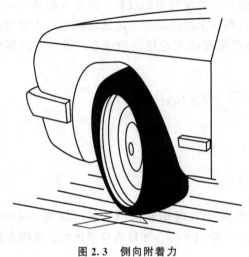

图2.3 侧向附着力

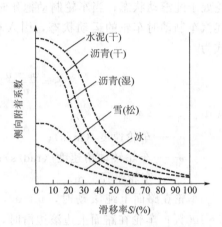

图2.4 S与横向附着系数的关系

5. 横向附着系数过小的危害性

当车轮抱死时,横向附着系数几乎为零,其危害主要是方向稳定性差和失去转向控制能力。

由于横向附着力很小,汽车失去抵抗横向外力的能力,后轮很容易产生横向滑移、甩尾、旋转等状况,使汽车失去方向稳定性,如图2.5所示。

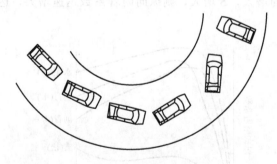

图2.5 弯道制动后轮抱死

在汽车进行转弯行驶时,尽管驾驶人此时在操纵转向盘,但由于前轮维持汽车转弯运动能力的横向附着力丧失,汽车仍按原来惯性行驶方向滑动,汽车很可能冲入其他车道或冲出路面,从而失去转向控制能力,如图2.6和图2.7所示。

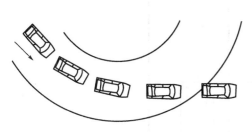

图 2.6 弯道制动前轮抱死

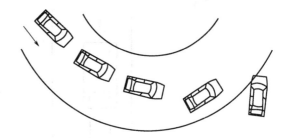

图 2.7 弯道制动四轮抱死

6. 理想滑移率

纵向附着系数最大时的滑移率称为理想滑移率或最佳滑移率。当滑移率超过理想滑移率时,纵向附着系数减小,产生的地面制动力随之下降,制动距离将增长。滑移率大于理想滑移率后的区域称为非稳定制动区域或非稳定区。综合各种路面,理想滑移率在10%～30%,如图2.8所示,应将车轮滑移率控制在此范围内。

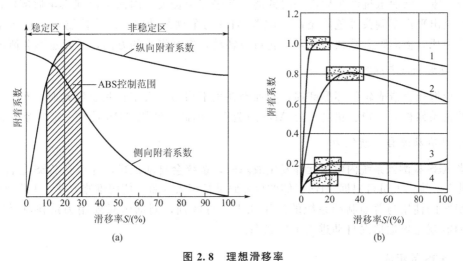

图 2.8 理想滑移率

1—干混凝土路面;2—湿沥青路面;3—雪路面;4—结冰路面

2.1.4 ABS 的功能

汽车制动过程中,ABS能自动调节车轮制动力,防止车轮抱死,从而获得最佳制动性能,减少交通事故。

1. 缩短制动距离

紧急制动,车辆未配置 ABS 时,车轮容易抱死(S 为 100%),纵向附着系数大大减小,附着力减小,制动距离增大;车辆配置 ABS 时,可以将 S 控制在 20% 左右,从而获得最大的附着系数和最大的纵向制动力,即制动距离最短,如图 2.9 所示。

2. 提高制动时汽车的方向稳定性和转向能力

未配置 ABS 的车辆制动时,汽车前轮先抱死,驾驶人则不能控制汽车的行驶方向,

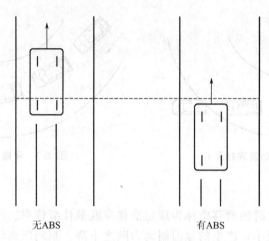

图 2.9　有无 ABS 时车辆的制动距离

非常危险，尤其是转弯时进行制动，车辆容易驶出路面；若汽车后轮先抱死，则横向附着系数降至零，路面抵抗汽车后部侧滑的能力几乎完全丧失，因而会出现汽车后部侧滑、甩尾，甚至出现汽车调头等危险情况。配置 ABS 的车辆制动时，S 被控制在 20% 左右，车轮不会抱死，横向附着系数较大，前轮可以转动，控制汽车的方向，后轮也不会侧滑。

3. 减缓和改善轮胎磨损

车轮抱死会造成轮胎杯形磨损，胎面磨耗也不均匀。汽车在紧急制动时，车轮抱死所造成的轮胎累积磨损费已超过一套 ABS 的造价。因此，装用 ABS 具有一定的经济效益。

4. 具有故障自诊断能力

当 ABS 检测到系统内电子元件发生故障时，系统会自动记录，并点亮 ABS 警告灯，提示驾驶人。维修人员可根据 ABS 存储的故障码进行深入诊断。使用维修方便，工作可靠。

ABS 的使用与普通制动系统的使用几乎没有区别，制动时只要用力踏住制动踏板即可，ABS 就会根据情况自动进入工作状态。

2.1.5　ABS 的组成

如图 2.10 所示，ABS 主要由以下部件组成：

（1）轮速传感器：检测车轮速度，给电子控制单元提供轮速信号，用于计算滑移率。

（2）电子控制单元：接收轮速传感器的信号，计算出轮速、滑移率和车轮的减速度，并将这些信号加以分析、判别、放大，输出控制指令，控制各执行元件工作，当 ABS 出现故障时将相应的故障码存入内部存储器中，便于利用诊断仪通过诊断接口（OBD）进行读取。

（3）液压控制单元：接收电子控制单元的指令，通过其中电磁阀的动作实现制动系统压力的增加、保持和降低。

（4）液压泵（含电动机）：受电子控制单元控制，在制动压力调节器的控制油路中建立油压；同时将由轮缸流出的制动液经蓄能器泵回主缸，以防止 ABS 工作时制动踏板行程发生变化。

（5）ABS 警告灯：ABS 出现故障时，由 ECU 控制将其点亮，向驾驶人发出报警。

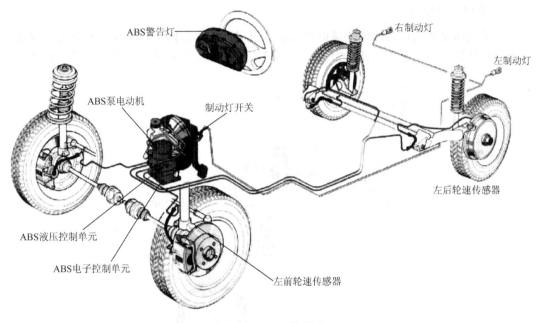

图 2.10 ABS 的组成

2.1.6 ABS 的工作过程

1. 建立压力阶段

制动时，通过总泵/助力器建立制动压力，此时常开阀打开，常闭阀关闭，制动液流向车轮制动器的制动轮缸，制动器的制动力增大，车轮速度迅速降低，直到电子控制单元通过轮速传感器得到的信号识别出车轮有抱死的倾向时为止，如图 2.11 所示。

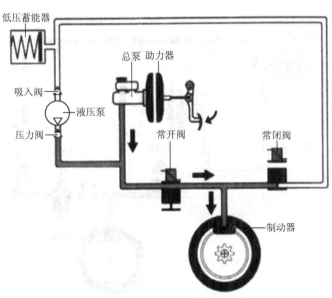

图 2.11 ABS 建立压力阶段

2. 保持压力阶段

电子控制单元通过转速传感器得到的信号识别出车轮有抱死倾向时,ABS 电子控制单元控制常开阀关闭,常闭阀此时仍关闭,制动器轮缸内的压力保持不变,如图 2.12 所示。

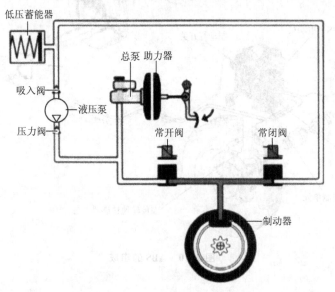

图 2.12　ABS 保持压力阶段

3. 降低压力阶段

如果在保持压力阶段,车轮抱死倾向进一步加大,则进入降低压力阶段。此时,电子控制单元控制常闭阀打开,常开阀仍然关闭,液压泵开始工作,制动液经低压蓄能器被送回到制动总泵。制动压力降低,制动踏板出现抖动,车轮抱死程度降低,车轮转速增大,如图 2.13 所示。

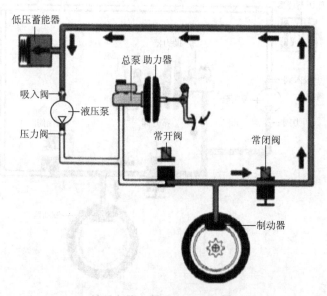

图 2.13　ABS 降低压力阶段

4. 再增加压力阶段

为达到最佳制动效果,当车轮达到预定转速后,ABS电子控制单元令常开阀打开,常闭阀关闭,制动主缸与制动轮缸相通,随着制动轮缸中制动压力的增加,车轮再次被制动和减速,车轮又将出现即将抱死的情况,如图2.14所示。

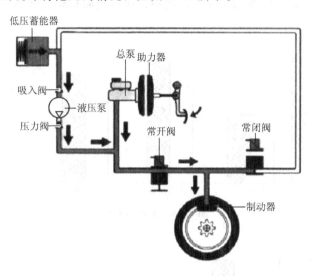

图 2.14　ABS 再增加压力阶段

之后,ABS再次进入保持压力阶段及降低压力阶段,上述过程在不断循环过程中,其频率可以达到每秒60次,直至驾驶人放松制动踏板或者汽车停稳。

2.2　电控驱动防滑系统

2.2.1　概述

ABS用于防止汽车制动过程中车轮抱死,将车轮的滑移率控制在理想滑移率附近,以缩短制动距离,提高汽车制动时的方向稳定性和转向控制能力。随着对汽车性能要求的不断提高,不仅要求在制动过程中防止车轮抱死,而且要求在驱动过程中(尤其是起步、加速和转弯过程中)防止驱动车轮滑转,以保持汽车驱动过程中的方向稳定性、转向控制能力和加速性能,因此采用了汽车驱动防滑系统(Acceleration Slip Regulation,ASR)。由于驱动防滑系统是通过调节驱动车轮的牵引力实现对驱动车轮滑转的控制,因此也称为牵引力(或称驱动力)控制系统(Taction Control System,TCS)。ASR是ABS功能的补充和完善,ASR可独立设立,但大多数与ABS组合在一起,常用ABS/ASR表示,统称为防滑控制系统。

2.2.2　ASR的功能

有经验的驾驶人,为了避免汽车起步时驱动轮滑转,会尽力使发动机保持低速运转并缓慢松开离合器踏板,以避免作用在驱动轮上的驱动力过大,防止驱动力超过附着力而导致滑转。但再有经验的驾驶人要想在各种情况下做到适时、快速地控制，以达到防滑转的目的是十分困难的。ASR 能在驱动轮滑转时自动调节滑转率，充分利用驱动轮的最大附着力，具体的功能如下：

（1）在汽车起步、行驶过程中提供最佳驱动力，如图 2.15 所示，从而提高汽车的动力性，尤其是在附着系数较小的路面上，起步、加速性能和爬坡能力良好。其加速性能如图 2.16 所示。

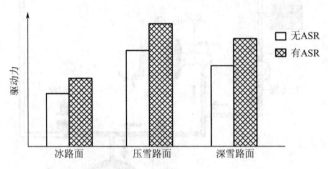

图 2.15　驱动力对比

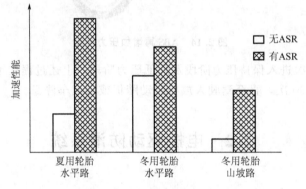

图 2.16　加速性能对比

（2）能保持汽车的方向稳定性和前轮驱动汽车的转向控制能力。

（3）减少轮胎磨损和降低发动机油耗。

2.2.3　ASR 与 ABS 的区别

ASR 与 ABS 的主要区别见表 2-1。

表 2-1　ASR 与 ABS 的区别

项　目	ABS	ASR
控制原理	防止制动时制动力大于附着力引起车轮抱死"拖滑"，以提高制动效能，确保行车安全	防止车轮驱动力大于附着力时出现车轮"滑转"，以提高汽车起步、加速及在湿滑路面上行驶的牵引力，确保汽车行驶的方向稳定性

(续)

项 目	ABS	ASR
控制车轮个数	对所有车轮都实施控制	只对驱动轮实行制动控制，并有选择开关，当该开关关闭时，系统不进行控制
作用时间	在制动时工作，在车轮即将抱死时起作用，当车速很低（8km/h）时不起作用	在行驶过程中一直工作，在驱动轮出现滑转时起作用，当车速很高时（大于60km/h）不起作用
反应时间	反应时间近似一定的制动控制单循环系统	由反应时间不同的制动控制和发动机控制等组成多循环控制系统

2.2.4 ASR 的控制方式

1. 滑转率

汽车行驶时，驱动力的增大受到地面附着力的限制，当驱动力超过附着力时，驱动轮将在地面上滑转。因此，汽车行驶时应满足下面的附着条件

$$F_t = \frac{M_n}{r} \leqslant F_z \cdot \varphi$$

式中，F_t——汽车驱动力（N）；

M_n——作用在驱动轮上的转矩（N·m）；

r——车轮半径（m）；

F_z——车轮与地面之间的附着力（N）；

φ——车轮与地面之间的附着系数。

随着驱动轮转矩的不断增大，汽车的驱动力也随之增大，当驱动力超过地面附着力时，驱动轮开始滑转。当车轮与地面之间的附着系数非常小时，尽管驱动轮不停地转动，但汽车原地不动，即驱动轮滑转。驱动轮的滑转程度用驱动轮滑转率 S_d 表示。

$$S_d = \frac{v - v_F}{v} \times 100\% = \frac{r\omega - v_F}{r\omega} \times 100\%$$

式中，v_F——车速（m/s）；

v——车轮速度（m/s）；

r——车轮半径（m）；

ω——车轮转动角速度（rad/s）。

当车轮在地面上纯滚动时，汽车速度完全由车轮滚动产生，$v_F = r\omega$，滑转率 $S_d = 0$；当车轮在地面上完全滑转时，$v_F = 0$，$S_d = 100\%$；当车轮在地面上边滚边滑时，$r\omega > v_F$，$0 < S_d < 100\%$。在车轮转动过程中，滑转所占的比例越大，S_d 也越大。当 S_d 为 $10\% \sim 20\%$ 时，纵向附着系数达到最大值，此时侧面附着系数也较大。为防止驱动时车轮滑转，应将 S_d 控制在 $10\% \sim 20\%$ 的目标值范围内。

2. 控制方式

（1）对发动机输出转矩进行控制。合理地控制发动机转矩输出，可以使汽车获得最大驱动力。发动机输出转矩的控制手段如下：

① 调节燃油量,如减少或中断供油。
② 调整点火时间,如减小点火提前角或停止点火。
③ 调整进气量,如调整节气门开度和辅助空气装置。

上述方法中,调整进气量(如调整节气门开度)方法最好,但调整节气门反应速度较慢。调整点火时间和燃油喷射量反应速度较快,能补偿调整节气门的不足,但推迟点火时间控制不好易造成失火、燃烧不完全、增加排气净化装置中三元催化转化器的负担。如果只减少燃油喷射量,因受燃烧室内废气的影响,又会使燃烧过程延迟。

(2) 对驱动轮进行制动控制。通过对发生滑转的驱动轮直接实施制动(增加车轮制动轮缸的压力),历时时间短,可迅速、有效地防止驱动轮滑转。但为了制动过程平衡,出于舒适性考虑,其制动力应缓慢升高。该控制方式一般都作为调整进气量、改变发动机输出转矩方式的补充。

对驱动轮进行制动控制还能起到差速锁的作用。对滑转的驱动车轮施加一定的制动力,能使处于高附着系数路面的车轮产生更大的驱动力。当右驱动轮行驶在高附着系数路面上,左驱动轮行驶在低附着系数路面上时,若汽车加速,尽管高附着系数侧车轮能够产生较大的驱动力 F_H,但在没有 ASR 装置时,由于差速器的作用,高附着系数侧车轮与低附着系数侧车轮只能产生很小的驱动力,都等于低附着系数侧车轮产生的驱动力 F_L,如图 2.17 所示。

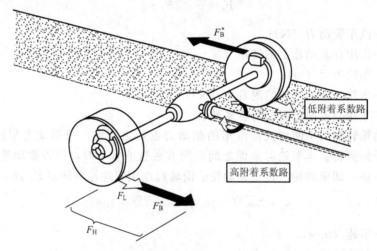

图 2.17 制动控制产生的差速锁效果

如果这时对低附着系数侧车轮施加制动,则会在制动圆盘的有效半径上产生作用力 F_B,通过差速器在高附着系数侧车轮上产生作用力 F_B^* ($F_B^* = F_B \times$ 制动盘有效半径/驱动车轮有效半径)。此时作用于驱动轮上的全部驱动力可增大到最大值 F_T,其中 $F_T = F_H + F_L = 2F_L + F_B^*$。

为防止制动过热,该方法只在车辆低速行驶时短时间(1~2s)使用。

2.2.5 ASR 的特点

ASR 的特点如下:

(1) ASR 可以由驾驶人通过 ASR 开关对其是否进入工作状态进行选择,在 ASR 进行防滑转调节时,ASR 警告灯会自动点亮。如果通过 ASR 关闭开关将 ASR 关闭,ASR

关闭指示灯会自动点亮。

（2）ASR 通常只在一定的车速范围内进行防滑转调节，当车速达到一定值后（60km/h 或 80km/h），ASR 自动退出防滑转控制。

（3）如果 ASR 在防滑转调节过程中，驾驶人踩下制动踏板进行制动，ASR 自动退出防滑转调节，而不影响制动过程的进行。

（4）ASR 处于关闭状态时，ASR 制动压力调节器不会影响制动系统的正常工作。

（5）ASR 在其工作车速范围内通常具有不同的优先选择性。在车速较低时，以提高牵引力为优先选择，此时对两驱动车轮施加的制动力矩可以不同，即对两后制动轮缸的制动压力进行分别调节。车速较高时，以提高行驶方向稳定性为优先选择，此时对两驱动车轮施加的制动力矩相同，即对两制动轮缸的制动压力进行分别调节。

（6）ASR 具有自诊断功能，一旦发现存在影响系统正常工作的故障时，ASR 将自动关闭，并向驾驶人发出警示信号。

（7）装备 ASR 的汽车，当 ASR 工作时，组合仪表上 ASR 警告灯点亮或蜂鸣器鸣响，以提示驾驶人注意此时汽车正在易滑路面上行驶。

2.3　电子稳定程序控制系统

2.3.1　概述

汽车电子稳定程序（Electronic Stability Program，ESP）针对不同车型，其缩写有所不同。沃尔沃公司称其为 DSTC（Dynamic Stability Tracing Control），宝马公司称其为 DSC（Dynamic Stability Control），丰田公司称其为 VSC（Vehicle Stability Control），其原理和作用基本相同。ESP 属于汽车主动安全系统，又称为行驶动力控制系统。ESP 用于实时监控汽车的行驶状态，在紧急躲避障碍物或转向出现不足转向、过度转向时，使车辆避免偏离理想轨迹，驾驶人能轻松控制汽车，并减少交通事故。

ESP 能自动地向一个或多个车轮施加制动力，在某些情况下每秒可进行 150 次制动，以确保汽车行驶在选定的车道内。目前，ESP 基本为四通道，即能自动地向 4 个车轮独立施加制动力。

2.3.2　ESP 的组成

ESP 由四部分组成，即用于检测汽车状态和驾驶人操作的传感器部分、用于估算汽车侧滑状态和计算恢复到安全状态所需的旋转动量和减速度的 ECU 部分、用于根据计算结果来控制每个车轮制动力和发动机输出功率的执行器部分、用于提示驾驶人汽车失稳的信息部分，如图 2.18 所示。

ESP 主要通过设置在车身的传感器获得信号，并由 ECU 进行处理后反馈给控制系统。ESP 传感器还向控制装置提供汽车在任何瞬间的运行状态信息。ESP 主要传感器及其功能见表 2-2。

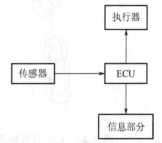

图 2.18　ESP 的组成

表 2-2 ESP 主要传感器及其功能

传 感 器	功 能
转向角传感器	监测转向盘旋转角度，帮助确定汽车行驶方向是否正确
轮速传感器	监测每个车轮速度，确定汽车是否打滑
偏转率传感器	记录汽车绕垂直轴线的运动，确定汽车是否打滑
横向加速度传感器	检测汽车转弯时产生的离心力，确定汽车通过弯道时是否打滑

ESP 主要部件在车上的安装位置如图 2.19 所示。

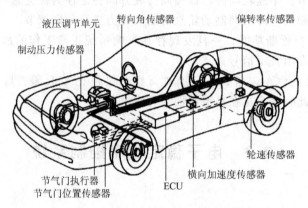

图 2.19 ESP 主要部件在车上的安装位置

2.3.3 ESP 工作原理

ESP 依靠一套计算机程序，通过对各传感器传来的车辆行驶状态信息进行分析，进而向 ABS 和 ASR 发出纠偏指令，帮助车辆维持动态平衡。工作时，ESP 不需要驾驶人对其操作，而是根据实际情况做出反应，从而不再盲目服从驾驶人，使汽车行驶安全性大大提高。最重要的信息由偏转率传感器提供，负责测定汽车围绕纵轴的旋转运动（偏转率），其他传感器负责记录偏转角速度和横向加速度，ESP ECU 计算出保持车身稳定的理论值，与偏转率传感器和横向加速度传感器测得的数据进行比较，发出平衡纠偏指令。转向不足产生向理想轨迹曲线外侧的偏离倾向，过度转向产生向理想轨迹曲线内侧的偏离倾向。ESP 自动纠正驾驶人的过度转向和不足转向，如图 2.20 所示。

（1）车辆行驶在路滑的左弯道上，由于转向不足，车速较快使前轮驶离路面而丧失地面附着力时，左后轮制动，由此产生逆时针方向的力矩，使汽车回

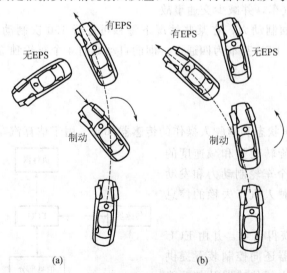

图 2.20 ESP 对两种不稳定工况的干预
(a) 过度转向；(b) 不足转向

到正确的轨道上。

（2）在同样弯路中行驶，当过度转向使车辆向右甩尾时，ESP 传感器测得车轮滑动，信息被迅速送入 ECU，通过 ASR 限制发动机动力输出，通过 ASR 对外侧前轮进行有限的制动，由此产生顺时针方向的力矩，使汽车保持在原来的行驶轨道内。

2.3.4　BOSCH 公司的 ESP

BOSCH（德国博世）公司生产的 ESP 被很多汽车公司采用，如大众、宝马、奔驰等。ESP 主要由信号传感部分、ECU 和执行元件组成。BOSCH ESP 的组成如图 2.21 所示。

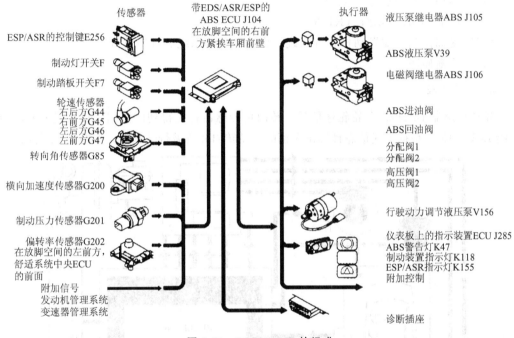

图 2.21　BOSCH ESP 的组成

1. 信号传感部分

信号传感部分包括 ESP/ASR 的控制键 E256、制动灯开关 F、制动踏板开关 F47、轮速传感器、转向角传感器 G85、横向加速度传感器 G200、制动压力传感器 G201、偏转率传感器 G202（在放脚空间的左前方，舒适系统中央 ECU 的前面），附加信号（如发动机管理系统、变速器管理系统）。

2. ECU

ESP 与 ABS、ASR 和 EDS 共用一个 ECU，代号为 J104。

3. 执行元件

（1）液压泵继电器（ABS J105），在 ECU 保护罩内，发动机舱左前方。
（2）ABS 液压泵（V39）。
（3）电磁阀继电器（ABS J106），在 ECU 保护罩内，发动机舱左前方。
（4）ABS 进油阀（N99、N101、N133 和 N134）。

(5) ABS 回油阀（N100、N102、N135 和 N136）。

(6) 分配阀 1：行驶动力调节 N225。

(7) 分配阀 2：行驶动力调节 N226。

(8) 高压阀 1：行驶动力调节 N227。

(9) 高压阀 2：行驶动力调节 N228。

(10) 行驶动力调节液压泵（V156）。

(11) 组合仪表的指示装置 ECU（J285）。

(12) ABS 警告灯（K47）。

(13) 制动装置指示灯（K118）。

(14) ESP/ASR 指示灯（K155）。

(15) 附加控制，如发动机管理系统、变速器管理系统和导航管理系统。

(16) 诊断插座。

4．工作原理

轮速传感器不断提供车轮轮速信号，转向角传感器将它得到的数据直接通过 CAN 总线传给 ECU。ECU 根据上述信息计算出车辆的所需转向和所需行驶状态，如图 2.22 所示。

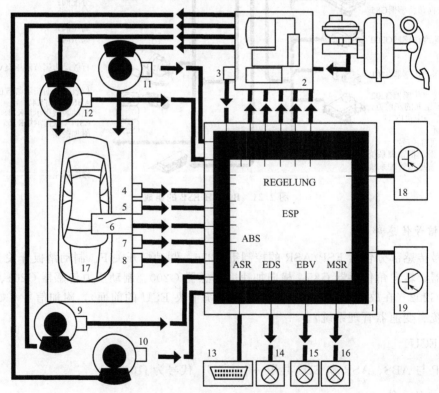

图 2.22　BOSCH ESP 工作原理

1—带 ABS/ASR/EDS 的 ESP ECU；2—带液压泵的液压调节单元；3—制动压力传感器；
4—横向加速度传感器；9～12—轮速传感器；13—诊断插座；14—制动装置指示灯；
15—ABS 警告灯；16—ESP/ASR 指示灯；17—车辆驾驶人状态；18—接入发动机管理系统；
19—接入变速器控制系统

横向加速度传感器向 ECU 传送侧向的偏转信息，偏转率传感器传送车辆的离心趋势，ECU 根据该信息计算出车辆实际状态。若计算出所需的值和实际值有偏差，控制系统进行调节。确定应该制动或加速的车轮，发动机转矩是否该减小，在装配自动变速器的车辆上是否需要使用变速器 ECU。然后根据传感器传输的数据，系统检查调节作用是否有效。如果有效，则 ESP 停止工作，并继续观察车辆的运行状态；如果无效，则调节系统重新工作。调节系统工作时，ESP 指示灯亮，提示驾驶人注意。

2.4 感应式制动控制系统

2.4.1 概述

电子感应制动控制系统简称 SBC 系统，是一种电子线性液压制动系统。2001 年第一次随奔驰 230 系列 SL 车型面世，除此之外还装配在车型改进前的 211 系列 E 级车和 CLS 级车上。

与 ESP 和 ASR 一样，SBC 系统也是一个功能强大的制动控制系统，它提供了所有基本的行驶辅助功能。SBC 系统与其他制动控制系统的根本区别是它的线控制动逻辑回路。所有线控系统都有一个典型特征，那就是用一个纯电子的连接代替驾驶人操作机构和作动器之间的机械或液压连接。与 ESP 和 ASR 一样，SBC 系统也具有带高压泵和车轮专用进气控制阀的液压单元，但也存在明显区别，因为液压制动系统的线动控制意味着在正常情况下，驾驶人通过制动踏板不再影响制动分泵，后部制动回路完全从操作单元分离。前部制动回路在正常情况下通过隔离阀与操作单元隔开，取而代之的是一个传感器，即 SBC 踏板值传感器，记录驾驶人的制动转矩请求。系统据此计算出所需要的制动力，然后在车轮制动器上通过作动器实施制动。为此，需要借助高压泵和液压调节系统，以便更迅速地实现最大制动压力。

SBC 系统通过电子脉冲将驾驶人的制动指令传输给一个微型计算机，该计算机会对不同传感器信号进行分析处理，并根据行驶状况为每只车轮计算出最佳制动压力。因此，当在弯道或光滑路面上制动时，SBC 系统所具有的主动安全性会在常规制动系统之上。SBC 系统可通过多种唤醒途径激活，如释放驻车制动器等。该系统在激活后每隔一段时间便进行一次自检，换而言之，该系统会自动进行功能检测。

2.4.2 工作原理

SBC 系统与 ESP 和 ASR 系统在其他方面也存在区别。它具有两个控制单元，除 ESP 控制单元外还有 SBC 控制单元。SBC 控制单元主要负责传感器和作动器。它探测大多数系统自身传感器的测量值，如踏板值传感器和压力传感器；也促动液压单元的作动器及高压泵、隔离阀、平衡阀和控制阀。

ESP 控制单元主要负责计算，它通过一条专用的 SBC 总线获取 SBC 控制单元的传感器数据。此外，它还读取转速和横向加速度传感器数据。ESP 控制单元计算各个制动分泵的标准制动压力，并把这些数据作为动作请求发送给 SBC 控制单元。另外，ESP 控制单元通过 CAN 总线与其他控制单元进行通信，以获取其他数据，必要时报告请求。SBC 系统正常制动时的工作原理如图2.23所示。在行驶中，SBC系统可以控制从蓄能器持续调用高压，只要不操作制动器，隔离阀就会保持打开状态。驾驶人踩下制动踏板，SBC控制单元根据踏板值传感器、预压传感器和制动灯开关的信号，识别制动转矩请求。

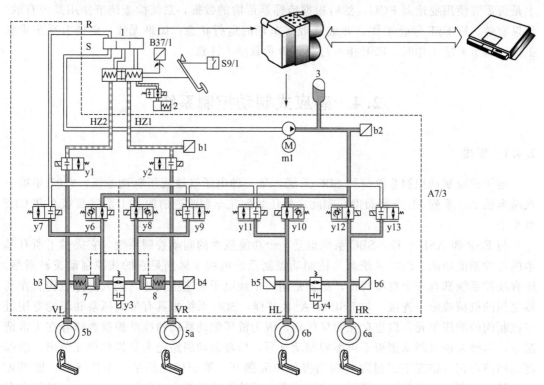

图2.23 SBC系统正常制动时的工作原理

SBC控制单元首先使用作动器关闭两个隔离阀，从而将制动总泵与前部车轮制动器隔开；SBC控制单元将其传感器数据传送给ESP控制单元。同时，它读取车轮转速传感器信息，并发送给ESP控制单元。ESP控制单元从相应的传感器上读取转速和横向加速度信息，并根据全部数据计算4个车轮的各个标准制动压力，将标准制动压力通知SBC控制单元。SBC控制单元有差别地打开4个进气控制阀，以便有针对性地释放各个车轮制动器上的存储压力。SBC控制单元从车轮压力传感器上读取实际制动压力，将实际压力通知ESP控制单元，ESP控制单元将实际值与标准值进行比较，必要时将新的标准压力通知SBC控制单元。

SBC系统可由多种唤醒事件激活，如正极15号线接通，制动灯开关（S9/1）被促动，驻车制动指示器开关（S12）被促动，开启任意一扇车门，通过中央锁止系统（ZV）锁止车辆。激活后，SBC系统控制单元立即开始执行自测，只要车辆摇晃或操作行车制动器，系统就不会停用。SBC系统停用的顺序：整车锁止20s后，正极15号线断电2min后，释放行车制动器。

2.4.3 结构组成

（1）制动踏板、制动灯开关（S9/1）：制动踏板与普通的液压制动系统一样，配备了一个制动灯开关。

(2) SBC 踏板值传感器（B37/1）：用于记录驾驶人的制动转矩请求。

(3) 制动总泵：在正常情况下，制动总泵在制动时不工作，它只在系统故障时作为备用，并用传统的方式作用在前轮回路上。

(4) 踏板压力模拟器（2）：负责为驾驶人提供一个正常的踏板压力，虽然它实际上根本没有对制动回路施加作用力，在紧急情况下，ESP 控制单元通过关闭阀将其脱开。

(5) 高压泵（m1）、蓄能器（3）、储存压力传感器（b2）：自吸式高压泵（图 2.24）集成在 SBC 系统液压装置（A7/3）中，它为系统提供 160bar（1bar＝10^5Pa）的制动压力，并储存在蓄能器中，各自的系统压力是通过储存压力传感器探测的。

(6) 预压传感器（b1）：与踏板值传感器一样，用来探测驾驶人的制动转矩请求。

(7) 隔离阀（y1/y2）：两个隔离阀将前部车轮制动器与操作单元隔开，它们只在系统故障时保持打开，允许制动总泵直接液压操作前部车辆制动器。

(8) 进气控制阀（y6、y8、y10、y12）：利用 4 个车轮专用的进气控制阀可以有针对性地将制动压力传输到各个制动分泵上。

(9) 排气控制阀（y7、y9、y11、y13）：当对应的车轮制动器上不再需要制动压力时，通过 4 个车轮专用的排气控制阀降低压力。

(10) 车轮制动压力传感器（b3、b4、b5、b6）：4 个车轮专用的制动压力传感器测量实际施加在制动分泵上的制动压力。

(11) 平衡阀（y3、y4）：当汽车直线行驶时，在正常制动过程中，平衡阀打开。这些阀门平衡左、右车轮之间的压力。如果驾驶人在转弯时进行制动，阀门将关闭以允许单独地对每个车轮施加制动。

(12) 制动分泵（5b、5a、6b、6a）：制动分泵（图 2.25）是液压制动系统中最后一个工作的作动器。

图 2.24 自吸式高压泵

图 2.25 制动分泵

(13) 车轮转速传感器：制动控制系统主要利用 4 个车轮专用的转速传感器识别制动打滑和牵引打滑。

2.4.4 附加功能

SBC 系统带有一系列功能辅助驾驶人操作汽车制动系统，从而提高汽车的安全性。

1. 预加压（克服间隙）

这项功能可在正常使用情况下有效降低制动压力建立的时间并缩短制动距离。此功能总处于激活状态,为缩短紧急制动时的响应时间,一旦松开加速踏板,车轮制动器的气隙便被关闭,并在制动器摩擦片上施加不大于 3bar 的压力。如果驾驶人在此后踩下制动踏板,则即刻可以产生制动效果,从而缩短制动距离。在此过程中,加速踏板的松开速度可用于评估快速制动的要求,如果驾驶人未操作制动器,则短时间后预加压功能即被中断。预加压功能由 ESP 系统主控制单元执行,并分为两个功能。

1) 持续检测制动器预加压的触发阈值

如果满足边界条件,则踏板位置传感器将在每次完全松开加速踏板后确定相应的松开速度。触发阈值不会改变确定值。如果松开速度超过此范围,则触发阈值也会相应地调整(敏感度降低),该做法的目的是达到驾驶人规定的触发阈值。

2) 对制动系统进行预加压

一旦超过触发阈值,实际预加压功能立即启动,功能的强度取决于车速和松开的速度。处于规定阈值范围内时,适用以下情况:车速越高或加速踏板松开的速度越快,预加压功能的强度越大。但是该强度始终限制在最大范围内,以防驾驶人不适。在下列情况下预加压功能无法激活:ESP 系统故障(系统失效);速度大于 200km/h;ESP 系统控制单元初始化未完成;操作系统干预(ABS、ESP 系统、防加速打滑控制);电控多点顺序燃油喷射/点火系统(ME.SFI)控制单元(N3/10)发生故障;控制区域网络发生故障;变速杆位于 N 位;静止或加压脉冲持续为 800ms。

2. 干式制动

此项功能通过对制动盘进行短期干燥,使汽车在制动盘潮湿的情况下有效缩短制动响应时间。若风窗玻璃刮水器处于激活状态则说明制动盘处于潮湿状态。SBC 系统控制单元通过控制区域网络接收风窗玻璃刮水器工作频率。

为了控制干式制动,ESP 系统控制单元通过风窗玻璃刮水器外侧停止位置触点(电路 31b)读取风窗玻璃刮水器的位置信息。干式制动功能在 600 个刮水循环,即每 7~14min 触发一次,具体时间取决于所选择的刮水器的间歇速度级别。但是,如果驾驶人在达到 600 个刮水循环之前进行制动,则计数器重新从第 200 个循环起开始计数。

干式制动仅作用在前轴制动器上,且制动压力为 1.5bar,工作时间为 3s,制动压力以斜坡式的形式增大或减小。干式制动功能达到 600 个刮水循环时,只有横向加速度低于 $1m/s^2$,车速介于 30~200km/h 且加速踏板位置传感器的踏板值大于 5%时,才会施加干式制动。

3. 防溜车功能

此项功能防止汽车在斜坡或交通指示灯前长时间怠速时向后滑动,从而提供了启动辅助。防溜车功能可通过"过度制动"启动,也就是说,当汽车静止并且驾驶人的脚位于制动踏板上时,驾驶人可以用稍大的力短时间踩下制动踏板,由此激活防溜车功能。成功激活此功能后,将在仪表板多功能显示屏上一直显示"SBC H"。

SBC 系统控制单元使用制动踏板的行程计算并设置延迟超过的数值,产生一个修正制动压力。当汽车开始移动时,压力根据与路面倾斜度相关的舒适级别逐级降低。这项功能可提高驾驶舒适性,因为此时驾驶人可将脚由制动踏板上移开。

满足下述条件,防溜车功能将被激活:车辆在踩下制动踏板的情况下静止;驾驶人侧车门和发动机机罩关闭;驻车制动器松开;发动机运转(电路 61 接通);电子变速杆模块控制单元(N15/5)未处于 P 位。

满足下述条件，防溜车功能将被停用：驾驶人踩下加速踏板，汽车开始移动；自动变速器变速杆被移动到 P 位；再次用规定的制动压力踩下制动踏板，直到多功能显示屏上的"SBC H"消失。

为使驾驶人在离开车辆之前强制停用 SBC 防溜车功能，不同阶段都会发出视觉和声讯报警信息。

第一阶段（电路 15 接通且车门打开）：仪表板多功能显示屏（A1p15）上显示信息"将变速杆移至 P 位"。

第二阶段（电路 15 断开，且车门打开或车门已打开）：除显示第一阶段的信息外，乘客侧信号采集及促动控制模块（SAM）还会促动左侧高音扬声器（H2）和右侧高音扬声器（H2/1）。

第三阶段：根据其他情况，会进一步增大扬声器声音，以引起驾驶人注意。驾驶人一旦停用防溜车功能，扬声器即停止鸣响。

4. 辅助制动

当此功能打开时，汽车在驾驶人松开加速踏板后以恒定速率主动减速，直到汽车完全停止。由于在完全停下前制动压力保持恒定，驾驶人不需要踩下制动踏板以保持汽车静止。如果驾驶人踩下加速踏板，制动程序将自动中断。

由于在拥挤的城市路况下，驾驶人只需踩下加速踏板，而不需通过踩下制动踏板使汽车保持静止，因而达到了减轻驾驶人负担的目的。在车速高于 15km/h 时，辅助制动功能可通过对巡航定速操作杆进行以下 3 种操作方法打开：①朝驾驶人方向拉（恢复）；②向上压（设置并加速）；③向下压（设置并减速）。打开此功能后，仪表板多功能显示屏上会显示"SBC S"的信息。在下述情况下，辅助制动将被停用：移开定速巡航控制杆时；挂入倒挡，然后起步时；当自动变速器变速杆被移动到 P 位时。

5. 柔式制动

当车速低于 6km/h 时，通过短时间降低制动压力，柔式制动减小，汽车立即停止了颠簸。这项功能将在紧急制动或完全制动时停用，以使制动距离最合理。

2.4.5 系统主要部件

1. 驾驶人信息显示部件

ESP 系统和 SBC 系统的各种指示灯显示位于仪表板上，如图 2.26 所示，当打开点火开关（点火开关位于 2 挡）时，仪表板上的警告灯都应亮起，发动机运转后都应熄灭。

驾驶时，ABS 或 ESP 系统一旦工作，ABS 警告灯 A1e41 就会闪烁，以告知驾驶人控制系统已激活且车轮开始打滑及车辆接近物理操作极限。ABS 出现故障时，A1e17 指示灯亮起。此时 ABS、ESP 系统和 SBC 系统不再起作用，保持基本制动功能。在车辆系统电压低于 10V 时，A1e17 指示灯同样也会亮起且系统关闭，一旦电压恢复，指示灯就会熄灭。

如图 2.27 所示，ESP 系统关闭开关（N72/1s1）位于中控台空调控制面板下方，左侧座椅加热开关右侧。如果车辆在雪地路况行驶并且安装了防滑链，应该关闭 ESP 开关，因为敏感的 ESP 控制系统会影响车辆行驶。当 ESP 系统关闭开关工作时，仪表板上的警告灯 A1e41 会始终点亮，以提醒驾驶人 ESP 系统已关闭。

汽车底盘控制系统

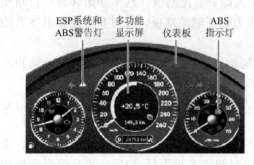

图 2.26　仪表板信息显示

图 2.27　ESP 系统开关

2. SBC 系统控制单元

SBC 控制单元如图 2.28 所示，位于右前照灯后方。其任务是通过 SBC 系统加速踏板传感器（B37/1）和前轴预加压传感器（A7/3b1）识别驾驶人的制动意图，如图 2.29 所示；为 ESP 系统提供关于驾驶人希望以多快的速度进行制动，以及各车轮的制动压力的数据（通过自身控制器区域网络）；为 ESP 系统提供车速信号（直接和通过自身控制器区域网络）；在正常制动过程中实现所有控制功能；执行 ABS、ASR 系统、ESP 系统及制动辅助系统（BAS）控制的所有压力控制功能；传输制动灯信号给带有熔丝和继电器模块（N10/2）的后部信号采集及促动控制模块（SAM），直接进一步促动制动灯及通过 ESP、速度感应助力转向（SPS）和 BAS 控制单元（N47.5）或 ESP 系统控制单元（使用控制器区域网络传输信号）。SBC 控制单元工作过程如图 2.30 所示。

图 2.28　SBC 控制单元

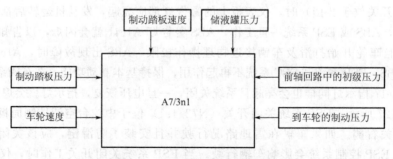

图 2.29　识别驾驶人制动过程

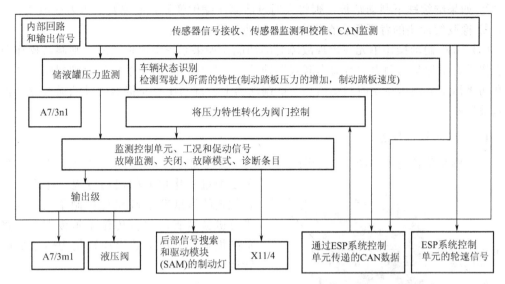

图 2.30　SBC 控制单元工作过程

3. SBC 制动操作单元

(1) SBC 制动操作单元（图 2.31）位于前风窗玻璃左下角的发动机防火板后方。

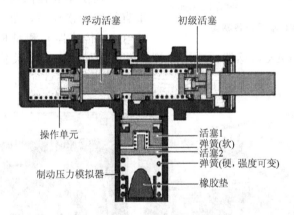

图 2.31　SBC 制动操作单元

(2) SBC 制动操作单元的任务是将制动踏板处的制动压力传递给驾驶人。将制动踏板位置（制动踏板行程）传递到 SBC 控制单元。如果系统出现故障，则像制动总泵一样工作。

(3) SBC 制动操作单元设计带有制动液储存容器的串联式制动总泵，该总泵是工作单元的基本部件。制动压力模拟器和 SBC 加速踏板传感器被安装在操作单元上。

(4) SBC 制动操作单元在正常制动过程中的功能如下：在正常制动过程中，通过关闭液压单元中的分离阀，将制动操控单元与车轮制动器隔离，主要作用是为驾驶人提供踏板的感觉。对踏板感觉的模拟通过制动压力模拟器在初级回路中实现，此过程包括 3 个阶段：

① 制动液通过活塞被压向软弹簧，作用力方向与弹簧力方向相反。

② 如果继续踩下制动踏板，则将会通过活塞压缩硬弹簧，此弹簧的压力逐渐增长。

③ 橡胶缓冲垫的背压仍会在每次大力制动时发生作用。

（5）SBC制动操作单元在出现故障时的功能：如果系统中出现故障，则制动操作单元将会像没有附加制动助力的普通串联式制动总泵一样作用于制动系统的前轴回路。浮动活塞和初级活塞分别压在左前制动器和右前制动器上。制动压力模拟器的进油通过移开浮动活塞被切断。

4. SBC踏板值传感器

SBC踏板值传感器如图2.32所示，安装于发动机舱左侧的SBC操作单元上。它的任务是测量工作单元的促动行程，并将制动踏板位置的信息发送到SBC控制单元。其设计带有机械装置的双重传输霍尔传感器，将制动踏板垂直方向上的运动转化为传感器的旋转运动。

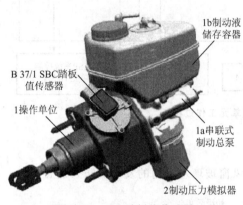

图2.32　SBC踏板值传感器

5. 横摆率和横向加速度传感器

横摆率和横向加速度传感器如图2.33所示，位于行李舱右下方的SAM控制单元下部。横摆率和横向加速度传感器测量车辆垂直轴线的横摆率，集成式横向加速度传感器（AY传感器）测量横向加速度，集成式纵向加速度传感器（AX传感器）确定车辆的纵向俯仰运动，相关信号由ESP控制单元读取。

图2.33　横摆率和横向加速度传感器

6. 加速踏板位置传感器

加速踏板位置传感器位于加速踏板模块的顶部，如图2.34所示，用于根据加速踏板位置将加速踏板的机械操作转化成电压信号。加速踏板位置传感器由带有环形磁铁的轴组成，环形磁铁在带有定子的印制电路板上转动，定子位于两个固定霍尔元件中，由此产生电压变化。如图2.35所示，加速踏板位置信息以两个信号电压的形式传送至控制单元。

如果一个霍尔元件的信号电压出现问题，则使用另一个霍尔元件的信号电压，且发动机进入应急运行模式。

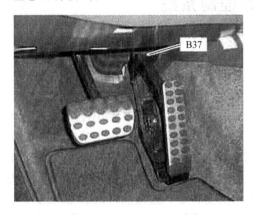

图 2.34　加速踏板位置传感器

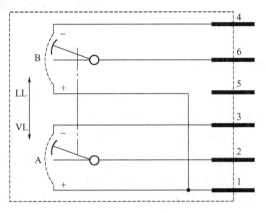

图 2.35　加速踏板位置传感器内部电路

1—电源（5V）；2—信号电压 1（0.40～4.50V）；
3—接地霍尔元件 1；4—接地霍尔元件 2；5—未使用；
6—信号电压 2（0.20～2.25V）；
A—霍尔元件 1；B—霍尔元件 2

7. 车轮转速传感器

车轮转速传感器位于各转向节上。ESP 控制单元根据左右侧车轮转动的信号类型来识别车辆的行驶方向。该信号由 ESP 控制单元的动态控制系统接收并通过 CAN 传递。由多极磁阻式分电器产生一个外部磁场，它由一个含有金属微粒的弹性体塑料组成。它们通过特殊的磁化方法排列以产生各种磁场，且外周磁极在 N 极和 S 极之间转换。外部磁场的力量和方向使传感器中的内阻发生变化，根据多极环的位置（S 极或 N 极）可以测得 7mA 或 14mA 的电流强度，经过传感器中的电子处理电路可以产生一个方波，其振幅水平固定不变而频率会发生变化，以反映转速速度的波动。ESP 控制单元根据此方波计算出车轮转速和方向。传感器也能检测到安装位置错误并将该信息传递至 SBC 控制单元。车轮转速传感器的安装位置如图 2.36 所示。

图 2.36　车轮转速传感器的安装位置

2.5 电子驻车控制系统

2.5.1 概述

随着汽车电子技术的蓬勃发展,电子控制技术在汽车上的应用越来越广泛,传统的手动机械驻车系统也开始发展为电子驻车系统(Electrical Park Brake,EPB)。它是继 ABS、EBD、ESP 广泛应用于汽车制动控制系统之后,发展起来的一种汽车电子制动控制技术。

电子驻车制动系统是在传统手动机械驻车制动系统的基础上发展起来的由电子控制方式实现停车制动的一种技术。传统的手动机械驻车系统是通过驾驶人操纵驻车制动手柄,再由拉索等机械连接带动制动蹄片张开或制动卡钳活塞移动,进而实现两后轮的抱死来完成驻车。电子驻车系统的工作原理与手动机械驻车制动系统一样,只不过是把控制方式用电子按钮和电动机动作来替代原来手动操作和机械联动,故该系统全称为电子控制式机械驻车制动系统。

目前在汽车上应用的电子驻车制动技术主要有两种形式,一种是拉索式电子驻车制动系统,另一种是卡钳集成式电子驻车制动系统。拉索式电子驻车制动系统由于保留了传统机械驻车制动系统的拉索,所以它只是早期应用的一种过渡产品,在汽车上应用较少,目前在汽车上应用最多的是卡钳集成式电子驻车制动系统。该系统用电子开关、电动机组件替代了传统的驻车制动手柄、机械杠杆、拉索等控制件。电动机组件被集成到了左右制动卡钳上,电子控制单元(ECU)和电动机组件直接通过电气线束进行连接。驻车时,当驾驶人操作电子驻车制动系统电子开关后,电子控制单元将控制集成在左右制动卡钳中的电动机动作,并带动制动卡钳活塞移动产生机械夹紧力从而完成驻车。

与传统的手动机械驻车制动系统相比,电子驻车制动系统具有以下优点:①由于车厢内取消了驻车制动手柄,为整车内饰造型的设计提供了更大的发挥空间;②停车制动由一个按键替代了驾驶人用力拉驻车制动手柄,简单省力,尤其降低了女性驾驶人的操作强度;③随着汽车电子控制技术的不断发展,该系统不仅能够实现静态驻车、静态释放、自动释放等基本功能,还增加了自动驻车和动态驻车等辅助功能,如大众车系上安装的 Auto Hold 键,它就能够完成上述功能,由于它将 ESP 集成到电子驻车制动系统,使得驾驶更安全、更方便。本章以大众迈腾及帕萨特乘用车的电子驻车控制系统为例进行分析。

2.5.2 电子驻车控制系统的结构原理

电子驻车控制系统的组成如图 2.37 所示,其结构原理如图 2.38 所示,电子驻车控制系统电路如图 2.39 所示,传感器包括 G476、E538 及 E540,制动执行元件包括 V282、V283、K213、K118、K214 及 K237。

1. 制动执行元件

制动执行元件是电子控制机械定位单元,并集成在后轮的制动钳上。借助一个驻车制动电动机、一套多级齿轮机构和一个丝杆传动装置,它们将"起动驻车制动"的指令转化为所需的驱动力,从而使制动摩擦片与制动盘接触。制动执行器的结构如图 2.40 所示。

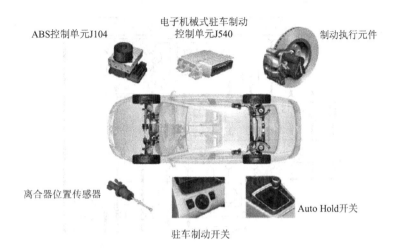

图 2.37 电子驻车控制系统的组成

图 2.38 电子驻车控制系统的结构原理

E538—电子驻车制动开关；E540—Auto Hold 开关；G476—离合器位置传感器；J104—ABS 控制单元；
K118—制动系统指示灯；K213—电子驻车制动指示灯；K214—电子驻车制动故障信号灯；
K237—自动驻车指示灯；V282—左后轮驻车制动电动机；V283—右后轮驻车制动电动机；
J540—电子机械式驻车制动控制单元

制动器活塞只需要移动很小的行程，即可启动电子机械式制动。将电动机的旋转运动以总减速比 1∶150 分 3 级转化为直线运动，即电动机旋转 150 圈，丝杆传动装置转动 1 圈。

1）第 1 级齿轮机构

第 1 级齿轮机构的作用在于将电动机的输出转速，按照第 1 级齿轮减速比（1∶3）传输到斜盘式齿轮。该齿轮机构由一个小齿轮（电动机输出）和一个大齿轮（斜盘式齿轮输入）组成。两个齿轮通过同步带连接，齿轮的尺寸决定了变速比，如图 2.41 所示。

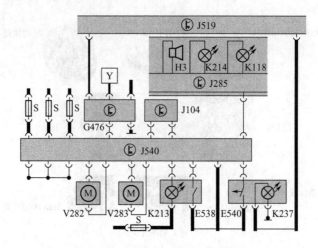

图 2.39 电子驻车控制系统电路

E538—电子驻车制动开关；E540—Auto Hold 开关；G476—离合器位置传感器；H3—报警蜂鸣器；
J104—ABS 控制单元；J285—组合仪表中带显示单元的控制单元；J519—车载网络控制单元；
K118—制动系统指示灯；K213—电子驻车制动指示灯；K214—电子驻车制动故障信号灯；
K237—自动驻车指示灯；S—熔丝；V282—左后轮驻车制动电动机；V283—右后轮驻车制动电动机；
Y—通往发动机控制单元 J623；J540—电子机械式驻车制动控制单元

图 2.40 制动执行器的结构

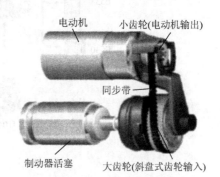

图 2.41 齿轮减速机构

2）第 2 级斜盘式齿轮

斜盘式齿轮作用在第 2 级齿轮减速比（1∶50）的过程中。它由一个大齿轮、斜盘和输出齿轮组成。安装在壳体上的斜盘带 2 个凸耳，这 2 个凸耳用于防止斜盘转动，此类型的安装仅允许摇摆运动。轴和输出齿轮紧固连接，大齿轮安装在该轴上，斜盘推压至大齿轮的轮毂上，轮毂的结构使得轮毂和轴之间形成一个偏角，偏角促使斜盘做摇摆运动，如图 2.42 所示。

3）第 3 级丝杆传动装置

第 3 级丝杆传动装置将电动机的旋转运动转化为直线运动，斜盘式齿轮直接驱动丝杆，丝杆旋转的方向决定丝杆上的止推螺母向前或向后移动。止推螺母在制动器活塞中有纵向定位件，这意味着它只能做轴向运动，制动器活塞的内部结构和止推螺母的外部结构可防止螺母发生扭转，如图 2.43 所示，丝杆机构是一个自锁结构，一旦启动电子驻车制动，即使没有供给电流，系统也会保持锁止。

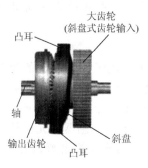

图 2.42 斜盘式齿轮机构

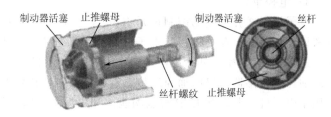

图 2.43 丝杆传动机构

2. 离合器位置传感器

1) 离合器位置传感器的结构

离合器位置传感器用卡箍固定在主缸上,该传感器监测离合器踏板的动作。主缸通过一个卡扣,安装在轴承支撑架上。当踩下离合器踏板时,推杆推动主缸的活塞。离合器踏板及位置传感器如图 2.44 所示。离合器位置传感器的结构如图 2.45 所示。

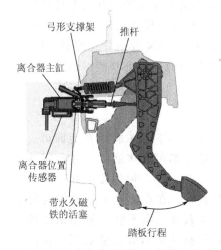

图 2.44 离合器踏板及位置传感器

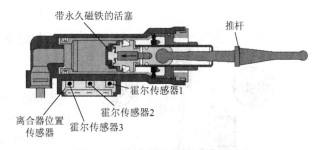

图 2.45 离合器位置传感器的结构

2) 离合器位置传感器的原理

当踩下离合器踏板时,推杆头和推杆一起沿离合器位置传感器方向被推动。在活塞的最前端是一块永久磁铁。集成在离合器位置传感器极板中的是一排 3 个霍尔传感器。永久磁铁一经过霍尔传感器,电子机构就会向相应的控制单元发送信号。

(1) 霍尔传感器 1 是一个数字传感器,它将电压信号发送到发动机控制单元,该信号用于关闭巡航控制系统。

(2) 霍尔传感器 2 是一个模拟传感器,它将一个频宽可调脉冲信号(PWM 信号)发送到电子驻车控制单元。这样就可监测到离合器踏板的准确位置,控制单元可在动态起步时计算出驻车制动的最佳解除时间点。

(3) 霍尔传感器 3 是一个数字传感器,它将电压信号发送到车载电网控制单元。

控制单元监测是否踩下了离合器踏板。仅在踩下离合器踏板后，才可起动发动机（互锁功能）。

3) 电控单元

电子机械式驻车制动控制单元J540位于车内的中央通道上，电子驻车制动的所有控制和诊断任务都在此处进行。电子驻车控制单元有两个处理器，并通过一条专用的CAN数据总线与ABS控制单元相连接。在电子驻车控制单元中集成了一个传感器单元，它由横向加速度传感器、纵向加速度传感器以及偏转率传感器组成。来自传感器单元的信号被应用于电子驻车制动和ESP控制功能。利用纵向加速度传感器信号来计算出倾斜角度。

3. 制动踏板位置传感器

当汽车采用自动变速器时，由于取消了离合器，由制动踏板位置传感器来代替离合器位置传感器，驻车制动控制单元根据制动踏板的位置信号、加速踏板的位置信号及发动机转矩来进行控制。

2.5.3 电子驻车控制系统的功能

迈腾汽车的电子驻车制动系统根据车速可将其制动模式分为两种。一种是静态制动模式（车速低于7km/h时），在静态模式下，电子驻车制动系统的接通和断开为电控机械式的，控制的是两只后轮并且使两后轮抱死。另一种是动态制动模式（车速高于7km/h时），在动态制动模式下，由电子驻车制动系统控制单元通过CAN数据总线控制ABS系统使车辆减速，也就是说，所有车轮的制动由液压控制并且具有防抱死功能。迈腾汽车的电子驻车制动系统具有下列4种功能。

1. 驻车制动

如需要驻车时按一下驻车制动开关即可。无论点火开关是否接通都可以接通电子驻车制动系统。只要车速低于7km/h，短促按下驻车制动开关即可实现驻车制动。在点火开关接通的情况下接通电子驻车制动系统，电子驻车制动系统指示灯及组合仪表中的制动指示灯就会点亮；在点火开关断开的情况下接通电子驻车制动系统，两个指示灯只点亮大约30s，然后熄灭。

如图2.46所示，如需要解除驻车制动，只有在点火开关接通的情况下才可以用以下两种方式断开电子驻车制动系统。

(1) 脚踩制动踏板，同时按下驻车制动开关。

(2) 当驾驶人系上安全带关上车门并起动发动机后，挂入挡位（不论手动变速器还是自动变速器），放松离合器踏板并踩下加速踏板使车辆起步时，电子驻车制动系统会自动断开。这时，电子驻车制动系统控制单元会根据车辆倾斜角度和发动机转矩计算出何时断开电子驻车制动系统。

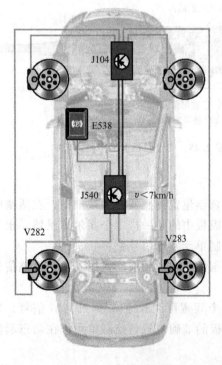

图 2.46 驻车制动功能

同时驻车制动开关和组合仪表中的制动指示灯熄灭。

驻车制动功能的工作流程如下:

(1) 驾驶人按下驻车制动开关把信号通过信号线输入电子驻车制动系统控制单元。

(2) 电子驻车制动系统控制单元通过专用 CAN 数据总线与 ABS 控制单元互通信息并确定车速低于 7km/h。

(3) 电子驻车制动系统起动两个后车轮制动器制动电动机,电控机械式制动过程完成。

(4) 驾驶人再次按下驻车制动开关并同时踩动制动踏板,后轮驻车制动器松开或电子驻车制动系统控制单元满足一定条件后自动松开。

2. 坡道起步辅助

如图 2.47 所示,在电子驻车制动系统接通的情况下,坡道起步辅助功能可确保车辆在倾斜道路上起动时车轮不会向前或向后猛冲。只有在下列情况下,该功能才能起效:①所有车门关闭;②安全带已经系上;③发动机已经起动。

电子驻车制动系统控制单元根据下列参数决定何时接通电子驻车制动系统:车辆倾斜角度(由电子驻车制动控制单元中的纵向加速度传感器来获悉)、发动机转矩、加速踏板位置、离合器操纵(在手动变速器车辆中会分析离合器位置传感器的信号)、所期望的行驶方向(在自动变速器车辆中,通过选择的行驶方向来获悉;在手动变速器车辆中,则通过倒车灯开关来获悉)。

坡道起步辅助功能的工作流程如下:

(1) 车辆静止,接通电子驻车制动系统。驾驶人想要起动车辆,选择1挡并且踩下加速踏板。

(2) 分析完所有参数(车辆倾斜角度、发动机转矩、加速踏板位置、离合器操纵或选择的前进挡)后,电子驻车制动系统控制单元计算出斜坡输出转矩。

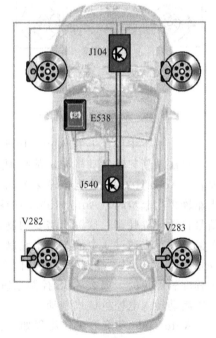

图 2.47 坡道起步辅助功能

(3) 如果车辆输入转矩大于由电子驻车制动系统控制单元计算出的斜坡输出转矩,电子驻车制动系统控制单元起动两个后车轮制动器制动电动机。

(4) 后车轮驻车制动器电控机械式制动解除,车辆起步,且起步过程中车轮不会向后滚。

3. 动态紧急制动

如图 2.48 所示,若制动踏板失灵或锁住,可以通过电子驻车制动系统的动态紧急制动功能强行制动车辆。车辆行驶时,通过长按驻车制动开关可以制动车辆,车速超过 7km/h,通过建立液压制动压力,可以在所有 4 个车轮上实现动态紧急制动。ABS/ESP 系统根据行驶状况调节制动过程,这样就确保了制动期间车辆的稳定性。如果成功制动且车辆静止后，可以采用前述方法解除驻车制动。

动态紧急制动功能的工作过程如下：

（1）驾驶人按住驻车制动开关。

（2）电子驻车制动系统控制单元通过专用 CAN 数据总线与 ABS 控制单元互通信息并获悉车速是否超过 7km/h。

（3）ABS 控制单元起动液压泵，并在液压管路中建立液压制动压力，液压管路与 4 个车轮制动器连接，车辆被制动。

（4）如果松开驻车制动开关或操纵加速踏板，电子驻车制动系统控制单元将解除车辆驻车制动。

4. 自动驻车

自动驻车（Auto Hold）功能是一个辅助功能，它在车辆静止和起步过程中（向前行驶或向后行驶时）辅助驾驶人驻车。只有当下列条件满足时，Auto Hold 功能才可激活。

（1）驾驶人侧车门关闭。

（2）安全带已经系上并且发动机已经起动。

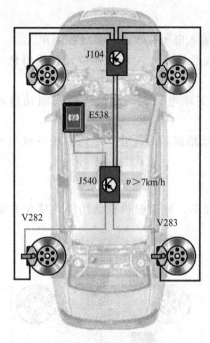

图 2.48 动态紧急制动功能

（3）按下中控台上的 Auto Hold 开关。

每次重新起动发动机时，都必须通过按 Auto Hold 开关来重新激活该功能。只要车辆停止，Auto Hold 功能能够确保车辆自动驻车，即无需再踩住制动踏板，就能实施驻车。当车辆再次起步时，Auto Hold 功能则会根据发动机转矩、加速踏板位置、离合器操纵的信号自动解除驻车。这里所需要的制动压力是由 ABS（带 ESP 功能）控制单元来控制的，车辆总是首先通过 4 个液压式车轮制动器进行制动。如果汽车是由驾驶人踩制动踏板使其停止的，那么 ABS 控制回油的阀门会保持液压压力，使汽车驻车。如果汽车是滑行到一定程度后停止的，那么 ABS 控制系统中由液压泵来建立制动压力。3min 后，车辆由 ABS 液压制动转入电控机械式制动。

Auto Hold 功能的工作流程如下：

（1）Auto Hold 功能接通。车辆静止，并且通过 4 个车轮制动器液压制动。根据车辆倾斜度，ABS 控制单元计算出必需的液压压力并进行调整。

（2）3min 后，制动方式由液压式转换成了电控机械式。ABS 控制单元将计算出的制动转矩传递给电子驻车制动系统控制单元。

（3）电子驻车制动系统控制单元起动两个后轮制动器制动电动机，使制动方式转为电控机械式，同时制动压力自动降低。

（4）车辆需要起步时，电子驻车制动系统控制单元会根据发动机转矩、加速踏板位置、离合器操纵的信号自动解除驻车。

5. 功能特点

（1）一旦按下电子驻车制动开关，发动机转矩就会被设定到怠速输出，驾驶辅助如巡航控制系统、自动距离控制系统或者自动驻车功能就会被关闭。

(2) 即使断开了点火开关,动态紧急制动功能也可用。

(3) 当驻车完毕并在制动器(制动摩擦片和制动盘)完全冷却之后,制动器按需要进行自动调节。

(4) 电子驻车制动仅可在接通点火开关后才可以解除(儿童安全功能)。

(5) 所有动态起步辅助的重要参数都不断地与驾驶人和驾驶工况相匹配。

2.6 典型车型电控制动系统

2.6.1 大众 ABS/ESP 系统

一汽大众速腾(Sagitar)乘用车是以德国大众公司在北美地区销售的第五代 Jetta 为原型开发的一款面向中国市场的全新的中级乘用车。基于德国大众公司新一代 PQ35 平台开发的速腾乘用车,在车身尺寸、配置、制造工艺、技术含量上全面超越了上一代车型,性能优异的前麦弗逊式、后多连杆式独立悬架,以及先进的电子液压助力转向系统、电子稳定系统,为速腾乘用车提供了出色的操控性能。速腾乘用车采用的电子稳定系统为德国大陆特维斯(Continental Teves)公司的产品 MK60。电子稳定系统又称 ESP 系统,综合了 ABS、BAS 和 ASR 3 个系统,功能更为强大。目前,ESP 有 3 种类型:①对 4 个车轮独立施加制动力的四通道系统;②对 2 个前轮独立施加制动力的双通道系统;③对 2 个前轮独立施加制动力、对 2 个后轮同时施加制动力的三通道系统。速腾乘用车采用的是四通道系统。

1. 系统的组成

速腾乘用车 ESP 系统由液压控制单元、转向传感器、车轮传感器、侧滑横向加速度传感器等组成,通过对这些传感器传来的车辆行驶状态信息进行分析,向 ABS、ASR 发出纠偏指令,帮助车辆维持动态平衡。它可以使车辆在各种状况下保持最佳的稳定性,尤其是在转向过度或转向不足的情形下效果更加明显。

1) 液压控制单元

如图 2.49 所示,制动分泵通过液压控制单元电磁阀的控制,通过对制动分泵的入口阀和出口阀的控制,建立 3 个工作状态,即建压、保压、卸压。当电磁阀功能出现不可靠故障时,整个系统关闭。

2) 转速传感器

如图 2.50 所示,ESP 系统共有 4 个转速传感器,即前右转速传感器、前左转速传感器、后右转速传感器、后左转速传感器。转速传感器传递车轮速度信息给 ESP 系统,供 ESP 系统计算车轮的附着条件。

图 2.49 液压控制单元

3) 转向传感器

如图 2.51 所示，转向传感器位于转向灯开关与转向盘之间，是 ESP 系统独有的一个元器件。转向传感器向控制单元传送转向盘转角信号，该信号供 ESP 电控单元计算转向盘的旋转方向，通过高速网络将转向盘转动方向、旋转速度和旋转角度信息传递给 ESP 计算机。当转向传感器信号中断时，车辆无法确定行驶方向，ESP 功能失效。

图 2.50　转速传感器

图 2.51　转向传感器

4) 传感器组合单元 G419

如图 2.52 所示，传感器组合单元 G419 安装在前排乘客侧座椅下的车身底板处，组合单元包括横向加速度传感器 G200、横摆率传感器 G202，如果是四轮驱动的车辆，还包括纵向加速度传感器 G251。将两个传感器放到一起，不仅可以使安装尺寸减小，还可以精确配合数值。纵向加速度传感器的作用是确定车辆是否受到使车辆发生滑移作用的侧向力，以及侧向力的大小。当该信号中断时，控制单元将无法计算出车辆的实际行驶状态，ESP 功能失效。横向加速度传感器的作用是确定车辆是否沿垂直轴线发生转动，并提供转动速率。当没有横摆率测量值时，控制单元无法确定车辆是否发生转向，ESP 功能失效。

图 2.52　传感器组合单元 G419

2. 作用与原理

当汽车处在非常极端的操控状态下，如高速躲闪障碍物或在多变的路面上高速行驶，ESP 系统会在极短的时间内收集包括 ABS、ASR 和 EDL（电子差速锁）系统的庞大数据，并接收转向盘转向角度、车速、横向加速度及车身滚动信息，在与电脑记忆体中的基准值进行对比后，指示 ABS、ASR 等有关系统做出适当的应变动作，目的就是要使汽车遵从驾驶人的意愿方向行驶。这时即使驾驶人不断改变行驶路径，电脑也能持续运算，并以对个别车轮增加或降低制动力的方式维持车身动态平衡。

为了使主动控制系统的悬架保持更好的稳定性，需要新的系统和传感器密切配合。ABS、ASR 和 ESP 共用的传感器为轮速传感器。ASR 和 ESP 共用所有横向加速度传感器，而 ESP 系统本身固有的横摆率传感器用来监测车辆后部因侧滑发生的甩尾。一般转向角度传感器与安全气囊的线圈制作在一起，用来探测驾驶人欲操控汽车的方位。还有一种横向加速度传感器，用来测量将汽车推向偏移方向的力。该传感器出故障时，一般 ASR 和 ESP 灯会一起点亮。

ESP 系统根据转向角速度、侧向力和轮速差异等信号来判别汽车失去控制的时刻，不管驾驶人如何操作，通过对单个车轮施加制动和控制发动机的输出功率来保持车辆的稳定性。ABS 和 ASR 此时协同工作，一起准确地控制车轮的滑移率，使车身前部和后部都能保持稳定。角速度传感器可使汽车保持相对于垂直轴线的稳定性。ASR 系统减少轮胎无谓的磨损和功率消耗，ESP 则使汽车即使在湿滑的路面上仍能保持稳定的驾驶性能。该传感器出故障时，一般也跟 ABS 灯同时点亮。ESP 系统控制流程如图 2.53 所示。

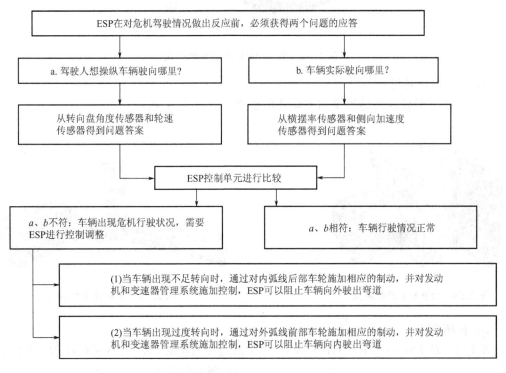

图 2.53　ESP 系统控制流程

2.6.2　奥迪 ABS/ESP 系统

1. 系统组件

1) ESP 控制单元

奥迪 A5 所采用的 ESP 控制单元包括 4 种：除了标准型的 ESP 控制单元外，还安装了一个具有一系列扩展功能的 ESP 控制单元，全驱车型和前驱车型所安装的 ESP 控制单元略有区别。奥迪 A5 ESP 系统的构成如图 2.54 所示。

ESP 8.1 控制单元（图 2.55）和 ESP 8.0 控制单元的外圈直径相同。控制阀闭合时的紧密度已经过优化处理，ESP 控制单元具有连续运行能力，可通过 CAN 驱动总线保持持续激活状态。因此，在维修时严禁将 ESP 8.1 控制单元与液压单元断开。

汽车底盘控制系统

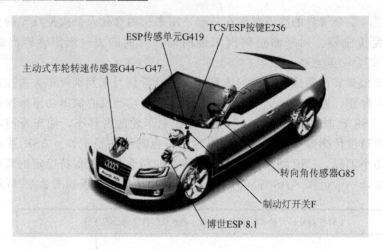

图 2.54　奥迪 A5 ESP 系统的构成

2) 车轮转速传感器

奥迪 A5 车轮转速传感器采用主动式传感器，如图 2.56 所示。

图 2.55　ESP 8.1 控制单元

图 2.56　车轮转速传感器

3) 传感单元

奥迪 A5 的 ESP 传感单元 G419（图 2.57）通过传感器的 CAN 总线来接收和发送数据。

4) 制动灯开关

制动踏板上装有电子制动灯，踩下制动踏板，便能推动传感器里的推杆（附带永久磁铁），磁场强度可以用霍尔传感器测量。分析电子系统为制动灯（BLS）和制动测试开关（BTS）提供两种相反的信号。奥迪 A5 汽车上只有 BLS 信号，该信号属于输入信号，可以通过测量制动压力来判断是否失真。而制动压力由 ESP 液压单元的压力传感器 G201 进行测量。通过旋转止挡片将传感器拧紧在踏板支架座上，永磁体会随着止挡片的旋转而旋转。推杆位于外壳内，而且始终保持位置不变。按推杆相反方向旋转永磁体，这两个组件便互锁在一起。旋转止挡片将永磁体固定在推杆上，这样便完成了制动踏板传感器的安装，如图 2.58

图 2.57　ESP 传感单元 G419

所示。制动灯开关（图2.59）发送的信号首先由发动机控制单元J220进行读取，然后传输至CAN总线，最后由ESP控制单元J104进行二次读取，如图2.60所示。

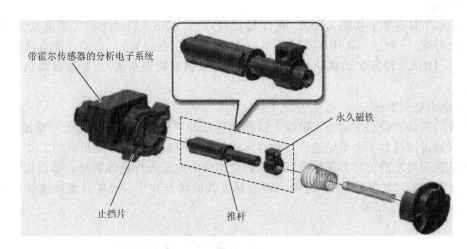

图2.58 制动踏板传感器的安装位置

图2.59 制动灯开关F

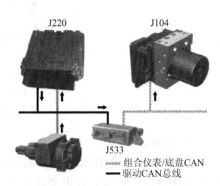

图2.60 制动灯开关的信号发送

5）转向角传感器

转向角传感器（G85）与转向柱电子控制单元一起，集成安装于开关模块内。如图2.61所示，奥迪A5汽车的开关模块通过安装键固定在转向柱的套筒上，这样可以尽量减少安装空隙。奥迪A5汽车转向角传感器上的码盘可以直接由转动转向盘"驱动"。之前，转向盘转动力会先传送到转向柱套筒，然后传送到码盘上。直接"驱动"的方式可以保证测量的精确度。

图2.61 转向角传感器G85

2. 系统功能

1)功能

ESP 8.1 具有如下功能：ESP（电子稳定程序）、ABS（制动防抱死系统）、EBD（电子制动力分配）、TCS（牵引力控制系统）、EDL（电子差速锁）、EBC（发动机阻力矩控制系统）、HBA（液压制动辅助系统）、FBS（衰减制动辅助系统）、紧急制动信号、制动盘清洗。

2)牵引稳定系统

车身的晃动主要是车辆垂直轴线上的摆动转矩即"往复转矩"引起的。博世 ESP 8.0 控制单元通过同时对 4 个车轮进行制动将车速降低到非临界等级，而最新的 ESP 8.1 控制单元则是轮流对左前轮和右前轮进行制动。对相应的前轮进行特殊制动，可以抵消车身垂直轴线上产生的"往复转矩"。这种全新控制方式的优点在于，无需过度减速就可以稳定牵引平衡，如图 2.62 所示。

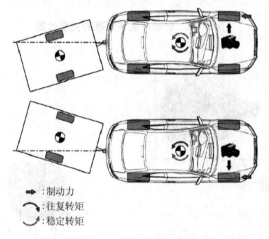

➡：制动力
↻：往复转矩
↻：稳定转矩

图 2.62 牵引力稳定控制

3)坡道起步辅助功能

奥迪 A5 汽车上首次采用了坡道起步辅助功能，其主要功能是当车辆停在斜道上时，保持车身稳定。这样，ESP 系统需要主动对所有的车轮同时进行制动（产生制动力）。如果车辆停在坡道上的时间过长，ESP 的电磁阀就会发热。当电磁阀的温度超过 200℃，电子驻车制动器就会代替 ESP 继续保持车辆稳定。这样设计的目的是保护电磁阀线圈。

坡道起步辅助功能由下列事项决定制动力的释放：①发动机转矩；②倾斜角度（由控制单元的倾斜传感器决定）；③所选挡位；④离合器踏板状态（离合器位置传感器）或所用的变流器。

4)离合器位置传感器

离合器位置传感器的作用是切断定速巡航，控制换挡时减少喷油，保证换挡平顺，识别离合器的接合状态。对于安装手动变速器的车型，要启动坡道起步辅助功能，必须事先确定离合器踏板的位置。离合器位置传感器的控制单元要综合下列因素才能确定制动启动点的位置，即离合器踏板位置、所选挡位、道路坡度及发动机转矩等，如图 2.63 和

图 2.64 所示。同样，在具备奥迪坡道辅助功能的车型中，离合器位置传感器的控制单元要确定何时释放系统中的电磁阀及已降低的制动力。这两种情况下，为了防止翻车，在降低制动力之前都必须达到足够的发动机转矩。

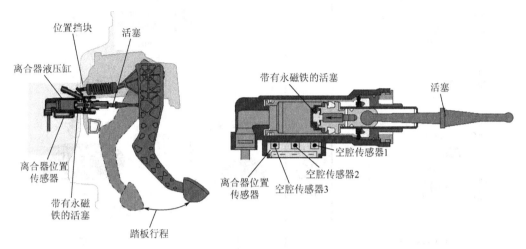

图 2.63　离合器位置传感器 G476

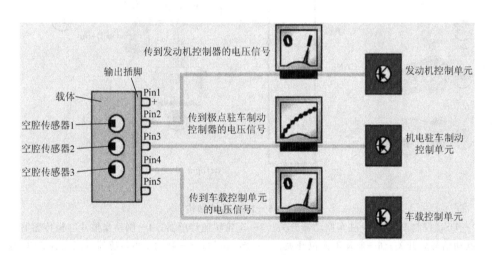

图 2.64　离合器的内部结构

2.6.3　宝马 DSC 系统

宝马汽车的动态稳定控制（Dynamic Stability Control，DSC）系统的性能类似德国博世公司的 ESP（电子稳定系统），可在汽车高速运动时提供良好的操控性，防止车辆发生甩尾或者漂移现象，从而获得精准的操控性，其系统结构如图 2.65 所示。

1. ABS

（1）ABS 全系统：系统完好时的 ABS，除利用车轮速度信息外，还会通过偏转率和转向角信息产生车速参考数据。特别是车速小于 60km/h 时，通过按需单独调节（调节滑差率较大的车轮）可以在附着系数不同时降低制动距离。

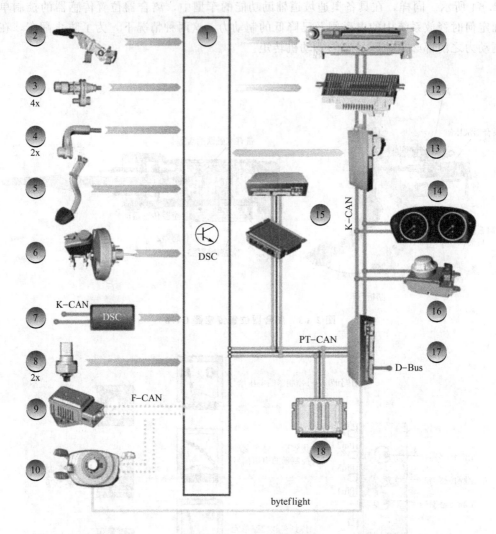

图 2.65 DSC 系统结构

1—DSC 控制单元；2—驻车制动器开关；3—车轮转速传感器；4—制动摩擦片磨损传感器；
5—制动信号灯开关；6—制动液液位开关；7—DSC 按钮；8—制动压力传感器（仅在有 ACC 时）；
9—DSC 传感器；10—转向角传感器（SZL）；11—多音频系统控制器；12—车灯开关模块；
13—便捷登车及起动系统；14—组合仪表；15—电子变速器控制系统或自动换挡控制的手动变速器控制单元；
16—控制器；17—安全和网关模块；18—数字式发动机电子伺控系统；
K-CAN—车身 CAN；byteflight—BMW 安全总线系统；
D-Bus—诊断总线；PT-CAN—动力传动系统 CAN

（2）ABS 安全工作模式：偏转率、横向加速度或转向角信号失灵时或 CAN 有故障时，ABS 进入安全工作模式。

在这种情况下，系统只能通过车轮转速传感器获得车辆行驶速度。与全系统的不同之处是，驾驶人踩下制动踏板时系统不会辅助进行主动制动。因缺少附加传感器的信息，系统会在后桥上采用弱调节方式来提高车辆稳定性。

2. ASC（自动稳定控制）

ASC 的作用是，在所有路面状态下防止加速时车轮打滑。其调节根据控制单元内设置的调节阈值进行。该系统除了控制发动机管理系统以降低驱动力外，还会对车轮制动。ASC 功能可通过按住 DSC 按钮（3s）关闭。

3. MSR（发动机阻力矩控制系统）

在某些特殊情况（如在高速时换挡或在低附着系数路面上行驶时突然松开加速踏板）下，发动机会产生较大的阻力矩导致车辆不稳定，这时 MSR（Motor control Slide Retainer）能自动降低发动机阻力矩（其方式为通过短时提高发动机转矩来减弱负荷剧烈变化而造成的影响），保证车辆行驶的稳定性。这是防止发动机突然出现较大阻力后驱动轮路面附着系数突然下降的功能，例如，在雪地里突然收油，MSR 会控制发动机不让牵引力下降太快，保证车辆行驶稳定性。行驶速度超过 15km/h 时，MSR 才开始工作。

4. DBS（动态制动支持系统）

DBS 可在紧急制动时为驾驶人提供支持。踩下制动踏板的速度很快（6bar/ms，$1bar=10^5 Pa$）时即可打开 DBS 功能。驾驶人踩下踏板而产生的制动压力通过这个液压系统进一步提高，从而使前后桥进入 ABS 调节状态。即使踏板力很小，驾驶人也可以实现最大减速。

5. MBS（最大制动支持系统）

MBS 可在正常制动时为驾驶人提供支持。如果前桥达到 ABS 调节范围，那么 MBS 将提高后桥制动压力，直至后桥也达到 ABS 调节限值。这样后桥也可达到最佳的制动减速，因为在这种情况下驾驶人通常会踩住踏板不动。

6. FBS（制动衰退支持系统）

如果驾驶人因制动摩擦片摩擦系数较低（如因热负荷较大）而无法使车辆实现最大减速，此时 FBS 功能将为驾驶人提供支持，在车辆减速度较低且制动盘温度较高时提供较大的制动压力。FBS 功能在于补偿因制动温度上升而造成的制动力损失。制动器较热时制动作用衰退，因此要求驾驶人用更大的力操纵脚踏板。现在，提高制动压力通过控制液压泵实现。制动盘温度不是通过测量方式得到，而是通过下列输入参数计算得出：车轮速度、单个车轮的制动压力及环境温度。

7. CBC（转弯制动控制）

在车辆转弯制动时，CBC（Curving Braking Control）系统与 ABS 配合工作，从而减小过度转向和转向不足的危险。即使在恶劣的驾驶条件下，也能确保汽车的稳定性。有些高版本的 ABS 中包含 CBC 功能。

如果检测到汽车可能正在滑行，CBC 系统降低发动机功率，必要时对特定的车轮施加额外的制动力，从而对汽车采取必要的纠正措施。CBC 在 ABS 或 DSC 工作前进行调节。DSC 退出工作后也可进行调节，只有在 ABS 失灵时才会关闭。

8. ECD（电子减速控制系统）

ECD 对 ACC（自适应巡航控制系统）的请求信号做出反应。如果 ACC 请求减速，那么 DSC 将执行制动功能。此时将根据车辆行驶速度、与前车的距离和前车的速度，自动在 4 个盘式制动器上执行制动作用（最大减速度 $3m/s^2$）。在下坡行驶且预先选择了行驶速度时，ECD 通过自动制动作用持续调节行驶速度至预设值。使用新型制动压力传感器可保证前后桥均匀制动，这样就可在不降低舒适性或造成制动器过热的情况下使控制时间较长。在进行自动制动时，制动信号灯的控制方式符合法规要求。自减速度大于 $1m/s^2$ 起，灯光模块（LM）才开始实施制动信号灯的控制，这样就避免了制动信号灯频繁亮起及提前亮起。

9. EBV（电子制动力分配）

EBV 装置能够根据汽车轴荷（由于汽车制动时产生轴荷转移）的不同，而自动调节前、后轴的制动力分配比例，提高制动效能，并配合 ABS 提高制动稳定性。

EBV 可在系统完好（后桥抑制功能，HAB）时及 ABS 失灵（EBV 应急运行）时防止后桥制动力过大。HAB 的功能是，在车辆直线行驶及转弯行驶且制动减速度很大时，使后轮不先于前轮进入 ABS 调节状态，这样即可保证车辆拥有较高的稳定性。

EBV 应急运行功能可在以下情况时防止因 ABS 失灵而导致制动力过大：

（1）最多 2 个车轮转速传感器失灵时起作用，失灵顺序无任何影响。

（2）泵电动机控制完好时起作用（后桥压力保持功能或按需减压）。

（3）在预压传感器失灵时起作用。系统失灵或附加传感器损坏时，会通过组合仪表内的红色制动指示灯警告驾驶人。

10. FLR（行驶动力性降低系统）

FLR 用于防止因滥用制动器而造成其过载。如果系统测得的温度超过 600℃，就会将发动机功率降低到一个设定值（取决于车型），这样就可相应限制车辆的加速性能。制动器温度低于某一下限（典型温度 500℃）后，降低后的发动机转矩随时间推移，再次以斜线形式提高到最大转矩。FLR 系统在车速超过 60km/h 时才能工作。发动机转矩的降低将作为故障存储（FLR 系统已激活）。如果客户抱怨发动机功率不足，可由修理厂进行确认并向客户解释其原因是制动过载。

11. DTC（动态牵引力控制系统）

DTC（动态牵引力控制系统）功能可通过 DSC 按钮激活。激活后的 DTC 功能会将改善牵引力的 ASC 滑移阈值，将其提高至车速 70km/h。理论上允许的滑转率加大一倍，但是它还要受滑转特性曲线的制约。在坏路上和刚下过大雪的路面上行驶时即可体现这项功能的优点。该功能不是针对安全性，而是针对牵引力的。出于安全考虑，如果横向动态运动趋势增大（通过偏航角速率传感器测量），则滑转阈值将重新返回到标准模式。如果激活了 DTC 牵引力模式，那么组合仪表中会显示 DTC 字样。

12. BTM（制动器温度模块）

BTM 的功能是根据输入变量（车轮速度、单个车轮的制动压力、环境温度），通过以软件方式集成在 DSC 控制单元内的计算模块来求出所有 4 个制动盘的温度。

某个车轮上超过制动盘的临界温度（$t>600℃$）时，系统将根据当前行驶状态限制 DSC 功能：①对单个车轮的制动力降为零；②禁止在相应车桥上施加对称的制动力矩；③通过行驶动力性降低算法临时限制发动机转矩。低于另一个温度界限（$t<500℃$）时，这些限制再次取消。

13. RPA（轮胎失压显示）

RPA 功能集成在 DSC 控制单元内。该系统根据车轮转速比较车轮滚动周长的偏差。如果对角轮胎的压力损失相同，那么车轮转速变化程度相同，系统不识别这种压力损失。RPA 系统不监控所有 4 个轮胎是否均匀地自然泄气，客户必须自己定期检查轮胎充气压力。

14. HDC（坡道控制）

HDC（Hill Descent Control）系统能主动感测坡道的斜度及路面状况，自动控制抓地力、制动力及速度，以便在前进、后退时完全控制速度、稳定性及安全性，驾驶人无须分心斟酌加速及制动，只要操纵好转向盘即可安全通过险恶地形。HDC 系统在陡峭的坡段上可以维持最佳的速度控制，对于新手而言，可以让越野的驾驭变得更简单而安全。

15. SDR（滑行差动控制）

SDR（Slide Differential Regulate）系统是 DSC 的一项特殊功能，SDR 在车辆状况突然发生改变时将 DSC 调节状态从不足转向切换到过度转向，或反向切换。车辆状况突然改变（如负荷变化时）在转弯行驶时出现，调解室在 SDR 控制下直接跳过中性转向，转到适合的控制方式。

16. BBV（制动摩擦片磨损指示灯）

在 DSC 控制单元内集成了 2 级制动摩擦片磨损传感器的分析装置。

2.6.4 丰田 VSC 系统

1. 概述

随着近年来中国汽车市场的迅速扩大及乘用车进入普通家庭，社会越来越关注汽车的安全性能。汽车的制动力控制技术作为汽车主动安全性能控制中的关键技术，已在中高档乘用车上普遍采用。一汽丰田公司旗下的 CROWN2.5、CROWN3.0、REIZ3.0、LS300、LS430 等车型都配备了该系统，从而让驾驶人放心享受车辆的巨大动力所带来的乐趣。丰田汽车制动力控制系统的主要功能包括坡上起动辅助控制、带电子制动力分配（EBD）、辅助制动（BA）、牵引力控制（TRC）和车辆稳定性控制（VSC）功能时的防抱死制动（ABS）控制及失效保护控制。本文着重介绍该系统的工作原理。

2. 制动力控制系统的构成

丰田汽车制动力控制系统的结构及在车上的布置如图 2.66 和图 2.67 所示。

3. 制动力控制系统的工作原理

1）系统通信过程

制动力控制系统通信过程见表 2-3。

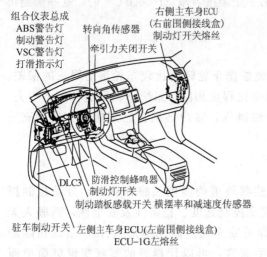 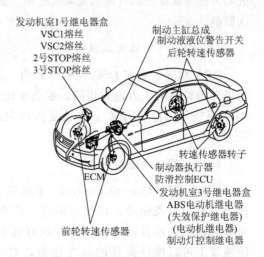

图 2.66 制动力控制系统的结构   图 2.67 制动力控制系统在车上的布置

表 2-3 制动力控制系统的通信

变速器 ECU（发射器）	接收 ECU	信号	通信方法
ECM	防滑控制 ECU	变速杆位置信号 节气门位置信号 发动机转速信号 进气温度信号 发动机转矩请求信号 HAC 禁止请求信号 加速踏板位置信号	CAN 通信系统
防滑控制 ECU	横摆率和加速度传感器	横摆率和加速度请求信号	CAN 通信系统
防滑控制 ECU	转向角传感器	转向角传感器请求信号	CAN 通信系统
防滑控制 ECU	ECM	车轮转速信号 VSC 数据信号	CAN 通信系统
防滑控制 ECU	网关 ECU	ABS 警告灯 ON 信号 制动警告灯 ON 信号 VSC 警告灯 ON 信号 打滑指示灯 ON 信号	CAN 通信系统

2）系统工作过程

防滑控制 ECU 位于制动器执行器总成内。横摆率传感器和加速度传感器组合在一个单元内，该单元通过 CAN 与防滑控制 ECU 通信。

ABS 的组成和工作原理如图 2.68 所示，在紧急制动或在光滑路面上制动时，ABS 有助于防止车轮抱死。其原理如下：防滑控制 ECU 通过接收来自各转速传感器的车速信号检测车轮抱死状态，并向泵电动机和电磁阀发送控制信号。泵电动机和电磁阀通过控制各轮缸的制动液压力来避免车轮抱死。当 ABS 出现故障时，ABS 警告灯点亮。

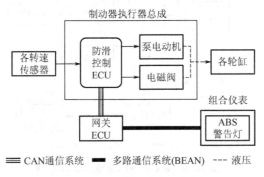

图 2.68　ABS 的组成和工作原理

EBD 系统的组成和工作原理如图 2.69 所示，利用 ABS，EBD 系统根据车辆行驶状态合理分配前、后轮之间的制动力，车辆转弯时采取制动。它还控制左、右车轮的制动力，以帮助稳定车辆的行驶。其原理如下：防滑控制 ECU 通过接收各转速传感器的速度信号，检测车轮的打滑情况，并向电磁阀发送控制信号。电磁阀控制各轮缸的液压，并合理分配前、后车轮和左、右车轮之间的控制力。制动警告灯亮起表示 EBD 系统出现故障。

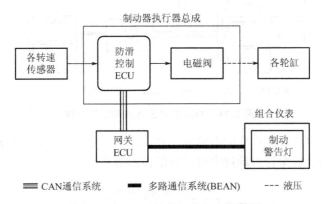

图 2.69　EBD 系统的组成和工作原理

BA（紧急辅助）系统的组成和工作原理如图 2.70 所示，在紧急制动时，驾驶人无法施加足够大的制动力。BA 系统的首要目的是在此时向驾驶人提供辅助的制动力，使车辆的制动性能达到最佳。其原理如下：防滑控制 ECU 通过接收来自各转速传感器的转速信号和主缸压力传感器的液压信号，决定是否需要制动助力。如果需要制动助力，防滑控制 ECU 向泵电动机和电磁阀发送控制信号，泵和电磁阀控制施加到各轮缸上的压力。ABS 警告灯点亮表示 BA 系统出现故障。

TRC（主动牵引力控制）系统的组成和工作原理如图 2.71 所示，起动或在打滑的路面上加速时，如果驾驶人过度踩下加速踏板，TRC 系统有助于防止驱动轮打滑。利用转速传感器和 ECM 的信号，检测车辆打滑状况。防滑控制 ECU 通过 ECM 经由 CAN 通信控制发动机转矩，并通过泵电动机和电磁阀控制油压。系统工作时打滑指示灯闪烁。VSC 警告灯和打滑指示灯都亮表示 TRC 系统出现故障。

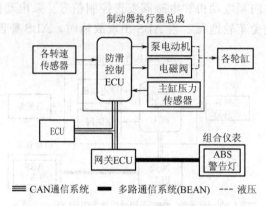

图 2.70　BA 系统的组成和工作原理

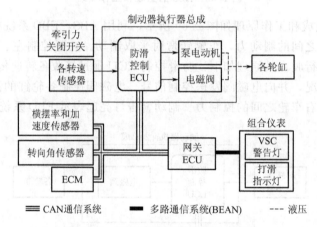

图 2.71　TRC 系统的组成和工作原理

VSC（车身稳定控制）系统的组成和工作原理如图 2.72 所示。车辆转弯时，VSC 系统用于防止由于前、后车轮滑动过大而导致的横向滑移。

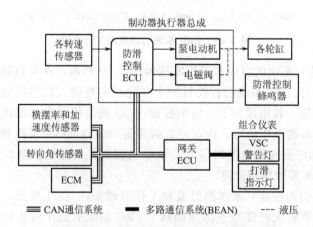

图 2.72　VSC 系统的组成和工作原理

防滑控制 ECU 通过接收来自转速传感器、横摆率传感器、加速度传感器和转向角传感器的信号，确定车辆状况。防滑控制 ECU 通过 ECM 经由 CAN 通信控制发动机转矩，并通过泵电动机和电磁阀控制液压。系统工作时，打滑指示灯闪烁且防滑控制蜂鸣器鸣响。VSC警告灯和打滑指示灯都亮表示TRC系统出现故障。

坡上起动辅助控制过程包括：

(1) 坡上起动中，检测到车辆向后移动时，系统自动增加4个车轮的制动器液压，以减小车辆的倒退速度。

(2) 当驾驶人将脚从制动踏板移到加速踏板，试图在陡坡或打滑的坡上起动时，车辆会有向后倒退的倾向。在起动困难的情况下，坡上起动辅助控制功能很有效。

(3) 最长5s后，液压逐渐被释放，完成控制。

3) 带EBD、BA、TRC和VSC功能的ABS

(1) 防滑控制ECU根据来自转速传感器、横摆率和加速度传感器及转向角传感器的信号计算车辆稳定趋势，并对计算结果进行评估，以决定是否执行控制操作（通过电子节气门控制发动机输出转矩，通过制动器执行器总成控制车轮制动压力）。

(2) 打滑指示灯闪烁且防滑控制蜂鸣器鸣响，以通知驾驶人VSC系统正在运行。牵引力控制工作时打滑指示灯也闪烁，并显示正在执行的操作。

4) 失效保护

(1) 当带BA、TRC和VSC系统的ABS失效时，ABS和VSC警告灯、打滑指示灯将亮起，带BA、TRC和VSC系统的ABS将被禁止。此外，当出现使EBD停用的故障时，制动警告灯也会亮起且EBD操作被禁止。

(2) 运行过程中，如果由于故障而导致控制被禁止，控制将逐步被停用，这是为了避免突然出现车辆不稳定情况。

2.7 电子控制制动系统常见故障及排除案例

2.7.1 电子控制制动系统常见故障

常见故障有车轮容易锁住、制动警告指示灯错亮、制动不良或控制操作反常等。其故障现象、产生原因如下：

1. 车轮容易锁住

故障现象：汽车在紧急制动时，车轮被锁住。

故障原因：①ECU电源电路故障；②电池电压低于12V；③制动警告灯开关或线路故障；④车速传感器和电磁控制阀导线束破损、搭铁；⑤电磁控制阀故障。

2. 制动指示灯错亮

故障现象：放开驻车制动器或行驶中制动警告指示灯亮。

故障原因：①制动液液面低于规定范围最低刻度；②电磁控制阀故障；③制动控制ECU故障；④传感器失效；⑤驻车制动器开关、制动液量开关、制动警告灯线路故障。

3. 制动不良或控制操作反常

故障现象：汽车制动系统出现制动性能不良，或控制操作出现异常情况，不能正常完成车轮防抱死的功能。

故障原因：①车轮轮胎规格不正确，胎压不正常；②蓄电池的电压过低；③车速传感器出现故障；④制动管路或接头间有泄漏；⑤制动警告灯开关或开关、线路故障。

2.7.2 电子控制制动系统故障排除案例

案例1：2010年款朗逸乘用车行驶时车速表不走。

（1）车型：2010年款朗逸1.6L手动挡乘用车，行驶里程6248km。

（2）故障现象：仪表ABS警告灯、ASR警告灯常亮，行驶时车速表不走。

（3）故障诊断。

① 检查仪表，除了ABS警告灯与ASR警告灯常亮外，EPC与OBD警告灯也同时报警。踩下加速踏板，发动机转速可以提升到3000r/min以上，基本行驶性能无异常；未踩制动踏板，制动灯处于常亮状态。连接VAS 5052诊断仪进入自诊断功能的网关列表（图2.73），界面显示制动器电子装置无法达到，进入发动机控制单元J220查询故障信息，有6个故障码。

  a. 49441U0121008，与以下系统失去通信 ABS控制单元，静态。

  b. 01281P0501004，车速传感器"A"范围/性能，静态。

  c. 01393P0571008，定速/制动开关电路故障，静态。

  d. 50197U0415008，四轮驱动离合器控制单元与ABS控制单元不兼容，静态。

  e. 49493U0155008，与以下系统失去通信 仪表（IPC）控制单元，间歇式。

  f. 49153U0001008，高速CAN通信总线，间歇式。

② 读取数据总线控制单元J533的测量值，以网关的视点观察与各控制单元的通信状态，125组显示ABS为0。读取发动机数据流66组的测量值，如图2.74所示，未踩制动踏板时，2区8位二进制数码制动信号的右起二位应为10，这就是制动灯常亮的原因。

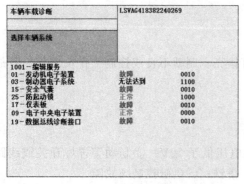

图2.73 网关列表

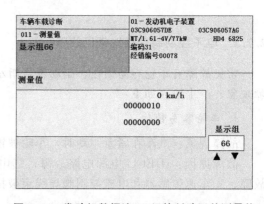

图2.74 发动机数据流66组的制动开关测量值

③ 根据制动器电子装置无法达到的提示，需要检查ABS/ASR控制单元J104的基本工作条件，由ABS电路图（图2.75）可知，为J104供电的有两路熔丝：一路是常电30号线→熔丝SA4（40A，在蓄电池上方）→J104的T26a/1端子；另一路是点火开关15号线→熔丝SC23（5A）→J104的T26a/20端子。SC23下游的用电器除了J104外，还有制动灯开关F与胎压复位开关E226。检查SA4、SC23并未熔断，脱开J104的T26a插接器，将点火开关置于ON位置，用12V试灯检查J104的基本工作条件，试灯接地线连接

蓄电池负极桩,试灯火线接触 ABS/ASR 控制单元 T26a 插接器的 T26a/1 与 T26a/20 端子,试灯点亮,表明供电正常,试灯接地线连接 T26a/26 接地端子,试灯火线接触 T26a/1、T26a/20 端子,试灯均没有点亮,表明 J104 的接地线有问题,需要检查接地点 671。

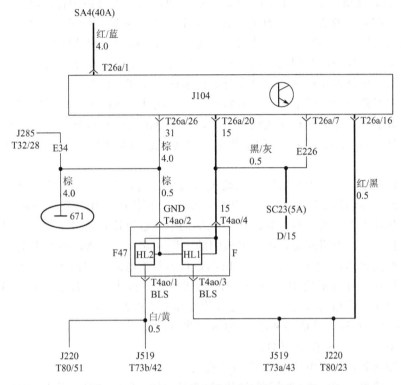

图 2.75　ABS/ASR 控制单元与制动开关电路

（4）故障排除：在蓄电池侧左前纵梁上找到 J104 的接地点 671,见接地点有腐蚀物存在,拧开螺母,清洁接地线后安装复位,将点火开关置于 ON 位置,仪表上的 ABS/ASR 灯自检后熄灭,制动灯也不再常亮,起动发动机,EPC 警告灯与 OBD 警告灯熄灭。清除各控制单元内的故障记忆,至此故障排除。

（5）故障总结：由于接地点 671 存在接触电阻,ABS/ASR 控制单元不满足正常工作条件而失去通信,导致 ABS/ASR 警告灯点亮,车速信号便不能经 ABS/ASR 控制单元通过 CAN 总线传输给仪表,导致车速表不走和 OBD 警告灯亮起。与此同时,接触电阻也使制动灯开关 F 和制动踏板开关 F47 失去工作条件,BTS 信号出错（正常条件下未踩制动踏板时,BTS 应为高电位,失电后 BTS 信号无法输出高电位,这与踩下制动踏板时的信号相当）令制动灯常亮,J220 校验出制动灯开关 F 与制动踏板开关 F47 信号不可靠,导致 EPC 警告灯报警。

案例 2：2000 年款本田雅阁乘用车 ABS 故障指示灯亮。

（1）车型：2000 年款本田雅阁乘用车。

（2）故障现象：ABS 警告灯亮。将点火开关置于 ON 位置,ABS 警告灯亮;起动发动机,ABS 警告灯熄灭,同时 ABS 系统液压油泵电动机旋转;但油泵电动机在运转 1～2min 后停止,与此同时,ABS 警告灯再次点亮,直至发动机熄火。

（3）故障诊断：首先检查了 ABS 液压调节器的储液罐的液面，正常；接着关闭点火开关，短接诊断插座两端子；再打开点火开关，读取故障，结果无故障码输出。该车每次起动后 ABS 油泵电动机运转时间较长，油泵电动机停止运转则 ABS 警告灯亮，这说明初次起动时，ABS 油压不足，所以油泵运转；熄火再起动，油泵仍运转，说明上一次油泵运转并没能建立起足够的油压。为确定是否是由于油压过低导致的故障，拧开 ABS 液压调节器上的放气螺钉，起动发动机，此时油泵运转，放气螺钉处只能喷出高度为 30mm 左右的油柱；而油泵工作一定时间后，再拧松放气螺钉，几乎无油流出，由此判断故障为油压过低。这一故障可能出在柱塞式油泵本身的进油阀或柱塞与柱塞套筒上。

（4）故障排除过程：拆下液压调节器总成，发现进出油阀的钢球及阀座均已磨损，柱塞上的密封圈老化。经更换柱塞式油泵组件，直接给油泵电动机通电，拧开放气螺钉，此时喷出的油柱足有 200mm 高。将油泵装车并放气，起动发动机，ABS 警告灯熄灭，故障排除。

（5）故障总结：在压力调节器上只能进行简单检查，而且不需使用专用的 ABS 诊断装置。压力调节器的阀是通过 ECU 工作的，而且只在使用上述装置且正确操作的情况下进行检测。从理论上来说，对电磁阀加上 12V 的电压进行检查是可行的，需同时把电磁阀的其他接头搭铁。应说明的是，由于电磁阀的工作电流为 2~5A，而在做上述检测时，电磁阀的工作电流将达到 12A 以上，检查时间过长容易使电磁线圈损坏。另外，对液压电磁阀进行安全检查，可以不使用专用的 ABS 诊断装置。首先测量各个电磁阀线圈的电阻，然后进行压力调节器和 ECU 之间的导通性检查和电压检查。

案例 3：2000GSi 型桑塔纳乘用车 ABS 警告灯常亮。

（1）车型：2000GSi 型桑塔纳。

（2）故障现象：使用中 ABS 警告灯常亮。

（3）故障诊断过程：首先用故障诊断仪对 ABS 进行检测，读取故障码，显示为"00290"，为左后轮转速传感器 G46 故障。

在一般情况下，导致 ABS 出现上述故障的情况有：①当车速超过 10km/h 时，没有转速信号传递给 ABS 控制单元；②当车速大于 40km/h 时，转速信号超出公差值；③传感器存在可识别的断路或对正极、接地短路故障。

根据上述情况应该重点检查以下项目：①轮速传感器与 ABS 控制单元的线路连接情况；②轮速传感器和齿圈的安装间隙、安装位置及受灰尘或杂质污染的情况；③车轮轴承间隙是否过大，以及传感器本身故障。使发动机在怠速情况下运转，选择阅读数据块功能，进入 001 显示组，用举升机将车辆举升起来，观察各显示数据。车轮静止时，各显示区均显示 0km/h。用手转动左、右后轮，第 3 显示区显示 9km/h。转动其他车轮，观察相应的显示区，发现显示结果基本一致。放下车辆，用故障诊断仪清除故障码。ABS 警告灯随之熄灭，路试一切正常。

用诊断仪读取测量数据块功能，进入显示组 002，观察第 3 显示区左后轮速度。无论是加速、减速、制动、低速还是高速，其数值都与其他 3 个轮速基本一致。ABS 警告灯没有亮起，制动时也能感觉到 ABS 在起作用，故障没有出现。但在车辆静止不动而发动机起动怠速运转的片刻，警告灯又亮了，调出故障码发现又产生左后轮的偶发性故障码。根据检查状况，估计是左后轮转速传感器与 ABS 控制单元之间产生瞬间短路或断路。根据电路图进行检查，发现 ABS 控制单元的 25 针插头第 10 针有腐蚀现象。据了解，原来该车在清洗时，经常用高压水冲洗发动机舱，因而高压水溅入 ABS 控制单元的连接点，25 针插头第 10 针被腐蚀，发生瞬间断路现象。

（4）故障排除：清理并修复插头之后，清除故障码，故障得以排除。在后来的使用过程中，该车再也没有出现上述故障。

（5）故障总结：检查线路时可以用双线把轮速传感器与 ECU 相连，外侧的线是保护屏和搭铁线，中心线用于传递速度信号。轮速传感器与布线间的连接是通过插接器进行的，而且应使插接器靠近轮速传感器。检查过程中对汽车停放位置的要求是，应使汽车的 4 只车轮都离开地面，而且每个轮速传感器都易于接近。

案例 4：奔驰 ML350 乘用车多个警告灯常亮。

（1）车型：奔驰 ML350。

（2）故障现象：仪表上的 ESP/BAS、ABS、ETS 警告及驻车制动指示灯常亮。

（3）故障诊断：连接奔驰诊断仪 STAR - D 进行检测，在 ESP 控制模块中存在的故障码见表 2-4。

表 2-4　故障码

故障码	含义
C1111	右前轮速度传感器：信号跳动
C1115	右前轮速度传感器：不可信的轮速
C1112	右前轮速度传感器：信号错误
C1110	右前轮速度传感器：线路监控

从故障码可以看出，所有的故障码都指向了右前轮速传感器，因此进入 ESP 控制模块的 Actual Value（数据流），用手转动右前轮，查看右前轮的轮速信号，可是无论怎么转，右前轮的轮速数据流都无变化，而其他轮的数据都正常。判断有以下 3 种可能：①轮速传感器或磁环损坏；②线路损坏；③ESP 控制模块损坏。

拆下右前轮速传感器，查看其表面是否黏附了脏物并进行了清洁，但是故障仍旧。断开右前轮速传感器的插头 X1，经测量在打开钥匙状态下，白色线的搭铁正常，但蓝色线既没有电源也不搭铁，实际上它应该有蓄电池电压，这一点通过测量左前轮速传感器得到了验证。断开 ESP 控制模块的插头，测量它和右前轮速传感器插头 X1 之间的蓝色线是否有断路现象，经测量其阻值无穷大，这就说明这段线在某个位置已经断路。找到位于驾驶舱熔丝盒处的右前轮速传感器线束，分别测量它与两个插头之间的阻值，从而确定断路的位置。经测量，断路出现在从熔丝盒到 ESP 控制模块插头的这一段。经过仔细检查，在距离 ESP 控制模块插头大约 10cm 的位置，线束保护层已经被磨破，而且蓝色的右前轮速传感器线已被磨断，另外有两根线被磨破了皮。线束正好在此位置与左前翼子板内衬边缘接触，当车身晃动时它们之间会相互摩擦，日积月累便造成了上述问题。

（4）故障排除：由于翼子板内衬是塑料的，因此未造成搭铁现象，修复断路和磨损的线束并重新固定其位置，故障排除。

（5）故障总结：在确定故障位置时，不应首先检查 ESP 控制模块，因为如果 ESP 控制模块本身有问题，则需要打开控制模块仔细检查每一个芯片或内部电路，其工作量较大，可以把检查 ESP 控制模块的工作放在最后，先从简单处着手，排除其余部位出现故障的可能性。

习 题

1. 滑移率的定义是什么？影响滑移率的因素有哪些？
2. ABS 的工作过程包括哪些？
3. ASR 的主要功能有哪些？
4. ASR 与 ABS 在功能上的区别是什么？
5. ESP 在调整不足转向及过度转向过程中，应该分别采取哪些控制方式？
6. SBC 的防溜车功能是指什么？
7. 电子驻车控制系统是如何实现 Auto Hold 功能的？
8. 宝马 DSC 系统与丰田 VSC 系统、大众/奥迪的 ESP 系统在功能上有哪些区别？

第3章 电子控制转向系统

 教学目标

熟悉电子控制转向系统的组成，了解并掌握电子控制液压式助力转向控制系统、电动助力转向控制系统的结构及工作原理，熟悉主动转向控制系统及四轮转向控制系统的结构及工作原理。

 教学要点

知识要点	能力要求	相关知识
电子控制转向系统的组成	熟悉电子控制转向系统的基本组成	各组成系统的相同点与不同点、各组成系统之间的配合关系
电控液压式助力转向控制系统、电动助力转向控制系统、主动转向控制系统及四轮转向控制系统	掌握各电子控制转向系统的结构，工作原理之间的差异及作用过程的区别	电子控制转向力与常规手动转向力在转向变化过程中的差别
典型车型的电子控制转向系统的结构	了解一些典型汽车上电子控制转向系统的组成及结构特点	了解大众、奥迪及宝马汽车的电子转向系统的特点

3.1 电控液压式助力转向控制系统

电控液压式助力转向（Electrically Powered Hydraulic Steering，EHPS）系统是在液压动力转向系统的基础上，增设控制液体流量的电磁阀、车速传感器和 ECU 等，ECU 根据检测到的车速信号，控制电磁阀，使转向动力放大数倍并连续可调，从而满足汽车高、低速时的转向助力要求。EHPS 系统根据其控制方式不同，可分为流量控制式 EHPS 系统、反作用力控制式 EHPS 系统和电液控制式 EHPS 系统。

3.1.1 流量控制式 EHPS 系统

流量控制式 EHPS 系统主要由车速传感器、ECU、电磁阀、整体式动力转向控制阀和动力转向油泵等组成，如图 3.1 所示。

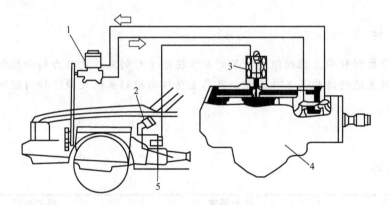

图 3.1 流量控制式 EHPS 系统
1—动力转向油泵；2—车速传感器；3—电磁阀；4—动力转向控制阀；5—ECU

电磁阀的结构如图 3.2 所示，在转向油缸上有连通油缸活塞两侧油室的分流油道，受分流电磁阀控制，当电磁阀打开分流油道时，转向油缸高压油室的高压油有一部分被分流到低压油室并流回转向油缸，使得转向油缸中活塞两边的压差减小，转向增力减弱，此时若使汽车转向，驾驶人需施加较大的转向操纵力。ECU 根据车速信号控制电磁阀的工作状态，当车速较低时，需要的转向操纵力相对较小；当车速达到中高速时，需要的转向操纵力适当加大。

3.1.2 反作用力控制式 EHPS 系统

反作用力控制式 EHPS 系统主要由车速传感器、ECU、转向控制阀、分流阀、电磁阀、转向动力缸、转向油泵和储油箱等组成，如图 3.3 所示。

转向控制阀在整体转阀式动力转向控制阀的基础上增设了油压反力室（图 3.4），油压反力室位于控制阀的下端，室内有 4 个柱塞。阀杆的下端有两个凸起，分别顶在 4 个柱塞上。分流阀将来自转向油泵的油液，一部分分流到控制阀，一部分分流到电磁

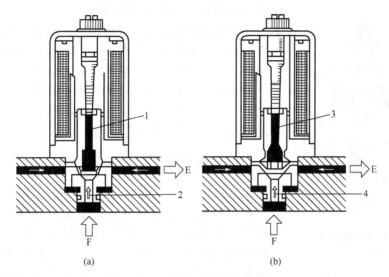

图 3.2 电磁阀的结构
(a) 中速时;(b) 高速时
1—电磁阀(开度较小时);2—分流液流(分流量较小);3—电磁阀(开度较大时);
4—分流液流(分流量较大);F—来自转向油缸高压侧的分流;E—泄流

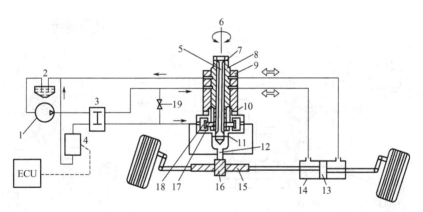

图 3.3 反作用力控制式 EHPS 系统
1—转向油泵;2—储液器;3—分流阀;4—电磁阀;5—扭杆;6—转向盘;7、10、11—销子;
8—控制阀阀杆;9—控制阀阀体;12—小齿轮轴;13—活塞;14—动力缸;15—齿条;
16—小齿轮;17—柱塞;18—油压反力室;19—小孔

阀。根据车速和转向的要求,改变进入控制阀和电磁阀的油压,确保电磁阀一侧具有稳定的油液流量。如图 3.3 所示,固定小孔 19 将供给转向控制阀的一些油液分流到油压反力室。

汽车转向时,EHPS ECU 根据车速的高低控制电磁阀的开度,使油压反力室的部分油液流回储液器,从而改变转向助力的大小。当车辆静止或低速行驶转向时,电磁阀线圈通以较大的电流,电磁阀开度增大,经分流阀分流的油液通过电磁阀重新回流到储液器中,使作用于柱塞的背压(油压反力室压力)降低,柱塞推动控制阀阀杆的力(反作用力)较小。此时,只需较小的转向力就可使扭杆扭转变形,使阀杆与阀体发生相对转动而实现转向助力。

当车辆在中高速行驶转向时，ECU 对电磁阀线圈通小电流，电磁阀开度减小，油压反力室的油压升高，作用于柱塞的背压增大，柱塞对阀杆的推力增大。此时，需较大的转向力才能使阀杆与阀体之间做相对转动而实现转向助力，使得汽车在中高速行驶转向时，驾驶人可获得良好的转向手感和转向特性。

3.1.3 电液控制式 EHPS 系统

电液控制式 EHPS 系统根据车速控制电磁阀，直接改变转向控制阀的灵敏度来控制转向助力。该系统对转向控制阀的阀杆进行了改进，增加了车速传感器、ECU 和电磁阀等，如图 3.5 所示，阀体上的可变小孔分低速专用小孔（1R、1L、2R、2L）和高速专用小孔（3R、3L），在高速专用小孔的前后设有低速专用小孔，在高速专用小孔的下边设有旁通回路，旁通回路中又设有电磁阀，EHPS ECU 根据车速控制电磁阀的开度，以改变控制阀的灵敏度，控制转向助力。

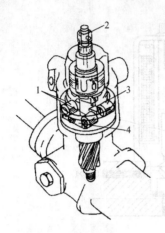

图 3.4 转向控制阀
1—柱塞；2—扭杆；
3—凸起；4—油压反力室

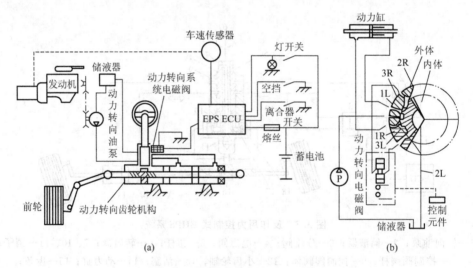

图 3.5 电液控制式 EHPS 系统
（a）示意图；（b）转阀

控制阀为旋转式控制阀，阀杆的圆周上有 6 条或 8 条沟槽，各沟槽利用阀体上的油道分别与转向油泵、动力缸、电磁阀及储液器连接，如图 3.6 所示。

汽车静止时，电磁阀不通电而处于完全关闭状态。例如，向右转动转向盘，由于旁通回路没有流入油液，高灵敏度低速专用小孔 1R 及 2R 在较小转向转矩作用下即可关闭，转向油泵的高压油液经 1L 流向动力缸右腔，动力缸左腔的油液经 3L、2L 流回储液器。此时，具有轻便的转向特性，施加在转向盘上的转向力矩越大，可变小孔 1L、2L 的开度越大，转向助力越明显。

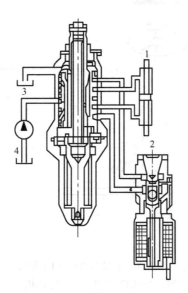

图 3.6　旋转式控制阀
1—动力缸；2—电磁阀；3—储液器；4—转向油泵

随着车速提高，ECU 控制电磁阀开度线性增加。例如，向右转动转向盘，则转向油泵的一部分高压油液经 1L、3R 和旁通电磁阀流回储液器。因此，转向动力缸右腔的油压取决于旁通电磁阀和灵敏度低的高速专用小孔 3R 的开度。车速越高，电磁阀开度越大，旁通流量越大，转向助力作用就越小；在车速不变的情况下，施加在转向盘上的转向力矩越小，高速专用小孔 3R 的开度越大，转向助力作用也越小。当转向力矩增大时，3R 的开度逐渐减小，转向助力作用则随之增大。

3.2　电动助力转向控制系统

电动助力转向控制系统（EPS 系统）是在机械式转向系统的基础上，利用直流电动机作为动力源，ECU 根据转向参数和车速等信号，控制电动机转矩的大小和转动方向。电动机的转矩由电磁离合器通过减速机构减速增矩后，加在汽车的转向机构上，使之得到一个与工况相适应的转向作用力。EPS 系统按照其转向助力机构结构与位置的不同，可分为齿轮助力式 EPS 系统、齿条助力式 EPS 系统和转向轴助力式 EPS 系统。

3.2.1　齿轮助力式 EPS 系统

1. 结构原理

齿轮助力式 EPS 系统如图 3.7 所示，电动机通过电磁离合器与转向小齿轮相连，直接驱动转向小齿轮实现转向助力。

2. 三菱汽车齿轮助力式 EPS 系统

三菱汽车齿轮助力式 EPS 系统如图 3.8 所示，ECU 根据车速和转向盘上的操纵力，控制转向助力机构内的电动机，实现转向助力控制。

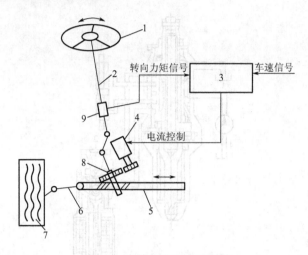

图 3.7 齿轮助力式 EPS 系统

1—转向盘；2—转向轴；3—EPS ECU；4—电动机；5—齿条；6—横拉杆；
7—转向轮；8—转向小齿轮；9—转矩传感器

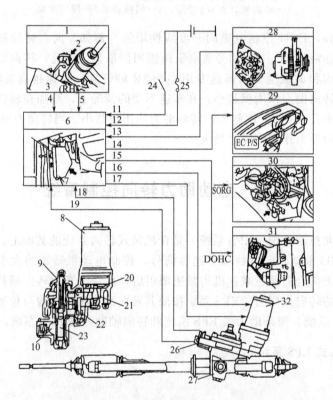

图 3.8 三菱汽车齿轮助力式 EPS 系统

1—车速传感器；2—速度表引出电缆部位；3—传动轴；4—车速信号（主）；5—车速信号（副）；
6—ECU；7—前排乘客侧脚下部位；8—电动机；9—扭杆；10—齿条；11—点火电源；
12—蓄电池；13—发电机信号；14—指示电流；15—怠速提高电流；16—电动机电流；
17—离合器电流；18—转矩信号（主）；19—转矩信号（副）；20—离合器；21—电动机齿轮；
22—传动齿轮；23—小齿轮；24—点火开关；25—熔丝；26—转矩传感器；27—转向器齿轮总成；
28—交流发电机；29—指示灯；30—怠速提高电磁阀；31—发动机 ECU；32—电动机与离合器

(1) 转矩传感器通过扭杆将转动转向盘时的转矩变为转角信号送给 ECU，通常扭杆的扭转角度设定为 46°左右。

(2) 车速传感器安装在变速器上，根据车速的变化，把两个系统（主、副）的脉冲信号输送给 ECU。当车速传感器有故障时，由于没有车速信号送给 ECU，故系统处于安全状态，系统恢复普通转向系统。

(3) 交流发电机 L 端子电压输送给 ECU，用于判断发动机是否开始转动。

(4) 电动机、离合器和减速机构均安装在转向器内，接收 ECU 指令，电动机的旋转力矩经减速机构传给转向小齿轮，实现转向助力。

(5) 齿轮助力式 EPS 系统控制原理如图 3.9 所示，系统在高于设定车速转向时，恢复普通转向系统。若系统出现故障，自我修正功能发挥作用，断开电动机的输出电流，恢复普通转向系统。同时仪表板内的警告灯点亮，提示驾驶人。

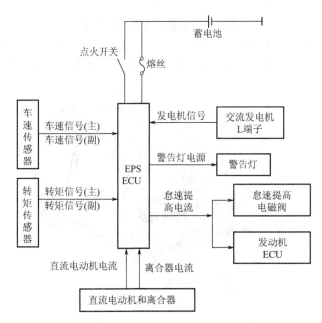

图 3.9　齿轮助力式 EPS 系统控制原理

3.2.2　齿条助力式 EPS 系统

1. 结构原理

齿条助力式 EPS 系统如图 3.10 所示，转向助力机构安装在转向齿条处，电动机通过减速传动机构直接驱动转向齿条。

2. 铃木汽车齿条助力式 EPS 系统

铃木汽车齿条助力式 EPS 系统如图 3.11 所示。

电动机通过两排行星齿轮机构直接驱动转向齿条，电动机与减速齿轮的工作原理如图 3.12 所示。驱动力的传递路线：电动机小齿轮→太阳轮 1→行星齿轮 1→太阳齿轮 2→行星齿轮 2→小齿轮→齿条。通常，齿圈 1、2 固定，系统中不设置电磁离合器，当外部输入的转矩过大时，齿圈 1 打滑，以防损坏行星齿轮。

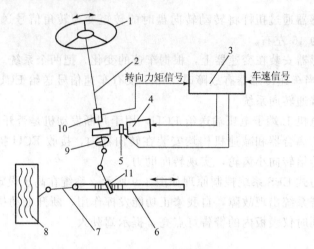

图 3.10 齿条助力式 EPS 系统

1—转向盘；2—转向轴；3—EPS ECU；4—电动机；5—齿条；6—横拉杆；
7—转向轮；8—转向小齿轮；9—转矩传感器；10—斜齿轮；11—蜗轮、蜗杆

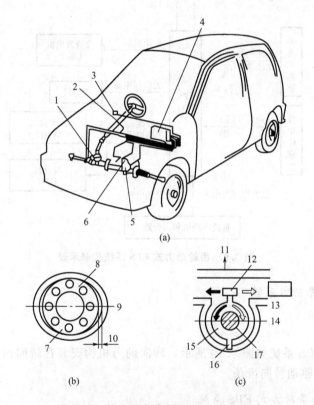

图 3.11 铃木汽车齿条助力式 EPS 系统

(a) 元件布置；(b) 结构图；(c) 原理图

1—转矩传感器；2—发动机转速信号；3—速度表传感器（置于速度表内）；4—ECU；5—减速机构；
6—电动机；7—轴承；8—转向小齿轮；9—齿条轴心；10—间隙（1mm）；11—前方向；
12—拨杆 B 部（左、右最大各摆动 3mm）；13—滑动电阻部分（主、副传感器置于同一罩壳内）；
14—齿条心轴；15—拨杆；16—支点 A；17—小齿轮 C

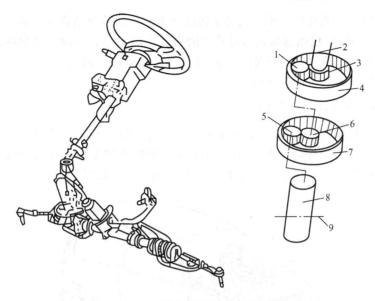

图 3.12 电动机与减速齿轮的工作原理

1—行星齿轮 1；2—电动机小齿轮；3—太阳轮 1；4—齿圈 1；5—行星齿轮 2；
6—太阳轮 2；7—齿圈 2；8—小齿轮；9—齿条

当转向盘处于中间位置时，转矩传感器输出电压为 2.5V；当转向盘向右转时，输出电压低于 2.5V；当转向盘向左转时，输出电压高于 2.5V。ECU 根据转矩传感器输出的电压值，即可判定转向盘的转动方向与转动角度。

3.2.3 转向轴助力式 EPS 系统

1. 结构原理

转向轴助力式 EPS 系统如图 3.13 所示，电动机固定在转向轴一侧，通过电磁离合器与转向轴连接，直接驱动转向轴而实现转向助力。

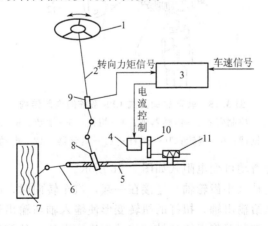

图 3.13 转向轴助力式 EPS 系统

1—转向盘；2—转向轴；3—EPS ECU；4—电动机；5—电磁离合器；6—转向齿条；
7—横拉杆；8—转向轮；9—输出轴；10—转矩传感器；11—转向小齿轮

汽车转向时,安装在转向轴上的转矩传感器不断检测转向轴输入转矩,并与车速信号一同输入ECU,ECU根据这些信号计算出助力转矩的大小和方向,以此确定电动机输入电流的大小和方向。电动机的转矩由电磁离合器通过减速机构增矩后,作用在转向轴上,使转向助力与汽车行驶工况相适应。

2. 日产汽车转向轴助力式EPS系统

日产汽车转向轴助力式EPS系统主要由转矩传感器、车速传感器、ECU、电动机和减速机构等组成,其元件的分布如图3.14所示,转矩传感器、电动机和减速机构制成一体,安装在转向柱上。转向轴助力式EPS系统的内部结构如图3.15所示。

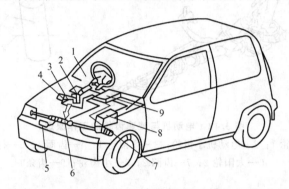

图3.14 转向轴助力式EPS系统元件的分布

1—车速传感器;2—转矩传感器;3—减速机构;4—电动机与离合器;5—发电机;
6—转向小齿轮;7—发动机转速传感器;8—蓄电池;9—ECU

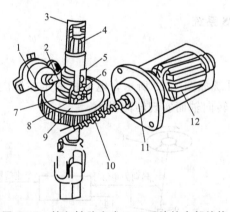

图3.15 转向轴助力式EPS系统的内部结构

1—转矩传感器;2—控制臂;3—传感器轴;4—扭杆;5—滑块;6—球槽;7—连接环;
8—钢球;9—蜗轮;10—蜗杆;11—离合器;12—电动机

(1) 转矩传感器为滑动可变电阻式如图3.16所示。

转矩传感器与转向轴(小齿轮轴)连接在一起,汽车转向时,施加在转向盘上的转向力经输入轴、扭杆传递给输出轴,扭杆的扭转变形使输入轴与输出轴之间产生相对周向位移。滑块沿轴向移动,控制臂将滑块的轴向移动变换成电位器的旋转角度,即将转矩值变换成电压量,并输入到ECU。ECU根据传感器输出电压的高低,即可判定转向盘的转动方向和转动角度。

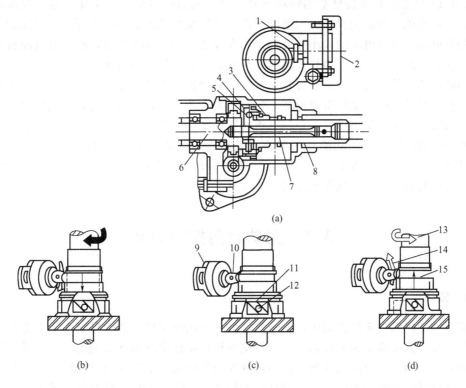

图 3.16 转矩传感器

(a) 结构；(b) 转向盘右转；(c) 转向盘中间位置；(d) 转向盘左转

1—控制臂；2—电位器；3—滑块；4—环座；5—钢球；6—输出轴；7—扭杆；8—输入轴；
9—转矩传感器；10—控制臂；11—钢球槽；12—钢球；13—心轴旋转方向；
14—控制臂旋转方向；15—滑块滑动方向

(2) 电动机与发动机起动原理上基本相同，其最大电流一般为 30A 左右，电压为 12V，额定转矩为 10N·m 左右。

(3) 电磁离合器装在电动机输出端，其工作原理如图 3.17 所示。当电流通过集电环进入电磁离合器线圈时，主动轮产生电磁吸力，带花键的压板被吸引与主动轮压紧，电动机的动力经过电动机输出轴、主动轮、压板、花键、从动轴传递给减速机构。当车速达到一定值时，不需要电动机助力，此时电动机停止工作。为了不使电动机和电磁离合器的惯性影响转向系统工作，应使电磁离合器分离。另外，当电动机发生故障时，离合器会自动分离，此时可手动控制转向。

(4) 减速机构用于降低电动机转速，使之适合转向速度的要求，同时增大转向力矩。

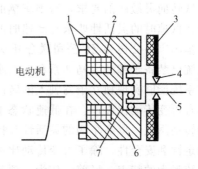

图 3.17 电磁离合器的工作原理

1—集电环；2—线圈；3—压板；4—花键；
5—从动轴；6—主动轮；7—滚珠轴承

(5) ECU 根据转矩传感器的转矩信号、电动机的电流信号、车速信号、发动机转速信号、蓄电池电压和起动机开关的通断状态、交流发电机的 L 端子电压,经过比较、计算后,控制电动机驱动电流的大小和方向。当车速为 43～52km/h 时,停止对电动机供电的同时,使电磁离合器分离,系统按普通转向控制方式工作,以确保行车安全。

当转向器偏转至最大(即临界状态)时,电动机不转动且通电电流最大,为避免持续大电流使电动机及控制组件发热损坏,每当最大电流连续超过 30s 后,系统控制电流逐渐减小。当临界控制状态解除后,控制系统再次逐渐增大电流,达到正常的工作电流。

系统具有故障自诊断功能,根据输入电动机的电流、发电机电压、发动机工况等信号,判断其系统工作是否正常。当检测到某电子元件发生故障时,ECU 控制电磁离合器分离,解除转向助力,以确保系统安全、可靠。

3.3 主动转向控制系统

3.3.1 概述

在车辆的操纵稳定性控制中,比较常见的是利用纵向控制产生横摆力矩来提高车辆的稳定性,称为直接横摆力矩控制。直接横摆力矩控制常常以牺牲车辆的部分制动性能为代价,而采用主动转向控制来实现车辆稳定性控制却可以在不影响制动的情况下达到同样的效果,并且其所需要的轮胎力只有制动时的约 1/4。在诸如对开路面制动等工况下,主动转向还可以有效地抵消由于不平衡制动力所产生的扰动力矩,保证车辆的稳定行驶。由于具有上述优势,主动转向技术成为当前底盘动力学控制发展的热点之一。常见的主动转向系统有主动前轮转向系统(Active Front Steering,AFS)和四轮转向系统(也称为主动后轮转向)。主动前轮转向是随着线控转向技术的发展而发展起来的一项技术,并且随着宝马公司的主动转向系统装配实车而进入实用阶段。由于主动前轮转向系统与传统车辆的结构能够很好地兼容,同时对车辆操纵稳定性的提高效果明显,显示出了良好的发展前景,成为转向系统未来发展的主要方向之一。

在传统转向系统中,转向盘到前轮的转向传动比是严格固定的。转向系统定传动比设计的缺陷主要表现为:低速或停车工况下驾驶人需要大角度地转动转向盘,而高速时又不能满足低转向灵敏度的要求,否则车辆的稳定性和安全性会随之下降。因此,同时满足转向系统在低速时的灵活性要求与高速时的稳定性要求是当今车辆转向系统设计的核心问题之一。德国宝马公司和 ZF 公司联合开发的主动前轮转向系统完美地解决了上述问题,并且该系统已装备于部分宝马 3 系和 5 系乘用车上。

该系统能够实现独立于驾驶人的转向干预,从而达到主动改变前轮转向角的目的。该系统具有可变传动比设计:在低速状态下,转向传动比较小,使转向更加直接,以减少转向盘的转动圈数,提高车辆的灵活性和操控性;在高速行驶时,转向传动比较大,提高车辆的稳定性和安全性。除了可变传动比设计外,通过转向干预来实现对车辆的稳定性控制是该系统最大的特点。目前,作为一项新技术,主动转向系统把车辆的安全性、灵活性及驾驶乐趣提高到了一个全新水平。具有变传动比功能的转向系统还有线控转向(Steer by Wire)系统,它和主动转向一样能够将驾驶人的转向输入角和实际的车辆转角分离开来,在驾驶人转向角输入的基础上叠加一个附加转向角,用于优化车辆对驾驶人输入的响应或在紧急情况下提高车辆的稳定性。线控转向系统和主动转向系统的最大区别体现在当系统发生故障时,主动转向系统仍能通过转向盘与车轮间的机械连接确保其转向性能,而线控转向系统必须通过主要零件的冗余设计来保证车辆的安全性。此外,由于主动转向系统中保留了完整的转向系统,在转向过程中可以获得真实的路感,这一点是线控转向系统所不具备的。

3.3.2 主动前轮转向系统的工作原理

目前可用于乘用车的主动转向系统主要有两种形式:一种是以宝马公司和 ZF 公司联合开发的主动前轮转向系统为代表的机械式主动转向系统,通过行星齿轮机械结构增加一个输入自由度,从而实现附加转向,目前已装配于宝马 5 系乘用车上,韩国的 MANDO、美国的 TRW、日本的 JTEKT 公司也有类似产品;另一种是线控转向系统,利用控制器综合驾驶人转向角输入和当时的车辆状态来决定转向电动机的输出电流,最终驱动前轮转动。该系统在许多概念车和实验室研究中已广泛采用,如通用公司的 Sequel 燃料电池概念车就采用了线控转向技术。线控转向系统和机械式主动转向系统最大的区别体现在当系统发生故障时,机械式主动转向系统仍能通过转向盘与车轮间的机械连接确保其转向性能,而线控转向必须通过系统主要零件的冗余设计来保证车辆的安全性。由于上述安全性和可靠性的原因,目前法律上还不允许将线控转向系统直接装备于车辆。

3.3.3 机械式主动转向系统

下面以宝马汽车的主动前轮转向系统为例,介绍机械式主动转向系统的结构和工作原理。该系统主要由三大子系统组成:液压助力齿轮齿条动力转向系统、变传动比执行系统和电子控制系统。其工作原理如图 3.18 所示。该系统除传统的转向机械构件外,主要包括两大核心部件:一是一套双行星齿轮机构,通过叠加转向实现变传动比功能;二是 Servtronic 液力伺服转向系统,用于实现转向助力功能。在驾驶过程中,驾驶人输入的力矩和转角共同传递给扭杆,其中的力矩输入由液力伺服机构根据车速和转向角度进行助力控制,而角输入则通过由伺服电动机驱动的双行星齿轮机构与控制器输出的附加转向角进行角叠加,经过叠加后的总转向角才是传递给齿轮齿条转向机构的最终转角。其中,控制器输出的转角是根据各个传感器的信号,包括车轮转速、转向角度、偏转率、横向加速度经综合计算得到的。由于宝马汽车的主动转向系统不仅能够对转向力矩进行调节,而且可以对转向角度进行调整,因而可以使转向输入与当前的车速达到最佳匹配。

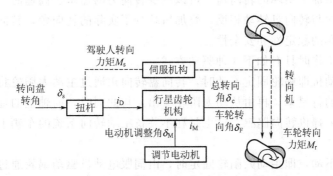

图 3.18 宝马汽车主动转向系统的工作原理

3.3.4 线控转向系统

一般来说,线控转向系统由转向盘总成、转向执行总成和主控制器(ECU)3个主要部分及自动防故障系统、电源等辅助系统组成,如图3.19所示。

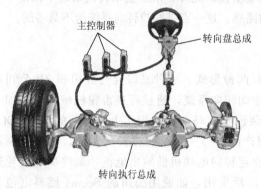

图3.19 线控转向系统的结构

转向盘总成包括转向盘、转向盘转角传感器、力矩传感器、转向盘回正力矩电动机。其主要功能是将驾驶人的转向意图(通过测量转向盘转角)转换成数字信号,并传递给主控制器;同时接受主控制器送来的力矩信号,产生转向盘回正力矩,以提供给驾驶人相应的路感信息。转向执行总成包括前轮转角传感器、转向执行电动机、转向电动机控制器和前轮转向组件等。转向执行总成的功能是接受主控制器的命令,通过转向电动机控制器控制转向车轮转动,实现驾驶人的转向意图。主控制器对采集的信号进行分析处理,判别汽车的运动状态,给转向盘回正力矩电动机和转向电动机发送指令,控制两个电动机的工作,保证各种工况下都具有理想的车辆响应,以减少驾驶人对汽车转向特性随车速变化的补偿任务,减轻驾驶人负担。同时控制器还可以对驾驶人的操作进行判别。由于线控转向系统结构的特殊性,因而自动防故障系统成为线控转向系统的重要模块,它包括一系列的监控和实施算法,针对不同的故障形式和故障等级做出相应的处理,以求最大限度地保持汽车的正常行驶。

3.3.5 主动转向系统的核心部件

宝马汽车主动转向系统的核心部件是一套集成在转向柱上的双行星齿轮机构,如图3.20所示。这套机构包括左、右两副行星齿轮机构,共用一个行星架进行动力传递。左侧的主动太阳轮与转向盘相连,将转向盘上输入的转向角经由行星架传递给右侧的行星齿轮副。而右侧的行星齿轮副具有两个转向输入自由度,一个是行星架传递的转向盘转角,另一个是由伺服电动机通过一个自锁式蜗轮蜗杆驱动的齿圈输入,即所谓的叠加转角输入。右侧的太阳轮作为输出轴,其输出的转向角度由转向盘转向角与伺服电动机驱动的转向角叠加得到,也就是汽车的实际转向角。低速时,伺服电动机驱动的行星架转动方向与转向盘转动相同,叠加后增加了实际的转向角,可以减少转向力的需求。高速时,伺服电动机驱动的行星架转动方向与转向盘转动相反,叠加后减少了实际的转向角,转向过程会变得更为间接,提高了汽车的稳定性和安全性。

该齿轮机构工作时具有如下3种驱动方式:

(1)伺服电动机即蜗轮固定不动时,转向盘转向角通过主动太阳轮将动力传递给双行星齿轮机构中间的行星架,再由从动太阳轮输出。与此同时,前轴上的地面反力也通过相同的途径为驾驶人提供转向路感,这也是在不装备主动转向系统的车辆上驾驶人对前轮转向的操纵过程。

(2)转向盘不动,即主动太阳轮固定时,由伺服电动机驱动蜗轮通过行星齿轮机构将动力传递给从动太阳轮。

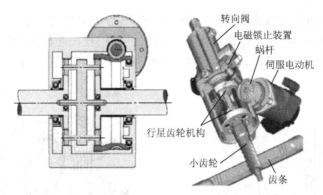

图 3.20　宝马汽车主动转向系统的双行星齿轮系结构

（3）在通常情况下，主动太阳轮和伺服电动机是共同工作的，车轮转角是转向盘转向角和伺服电动机调节转向角的叠加。

3.4　四轮转向控制系统

四轮转向（4 Wheel Steering，4WS）即除了传统的以前轮为转向轮，后轮也是转向轮。

3.4.1　转向角比例控制 4WS 系统

转向角比例控制是指后轮转角与前轮转角成比例。中高速区的转向操纵应使前后轮平衡、稳定，并处于恒定转向状态，汽车前进方向与车体朝向一致，能得到稳定的转向性能。

1. 系统组成

转向角比例控制 4WS 系统如图 3.21 所示，系统前、后轮的转向机构机械连接，转向盘的转动传到前转向器（凸轮齿条式），齿条使前转向横拉杆做左右运动以控制前轮转向。同时，输出小齿轮旋转，通过连接轴传递到后转向齿轮箱，后轮的转角与转向盘的转角成比例变化，使其低速转向时，后轮与前轮反向转动；中高速行驶时，后轮与前轮同向转动。

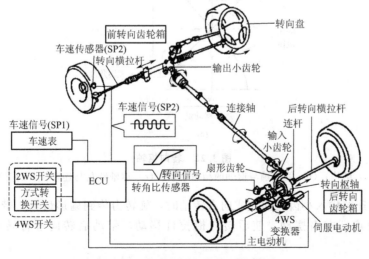

图 3.21　转向角比例控制 4WS 系统

后转向齿轮箱的转向枢轴如图 3.22 所示，外圈与扇形齿轮做成一体，可绕转向枢轴左右倾斜运动，内座圈与一个凸出在连杆上的偏心轴相连，连杆由 4WS 变换器中的电动机驱动，绕其旋转中心，可正、反向运动，并使偏心轴在转向枢轴内上、下旋转 55°。

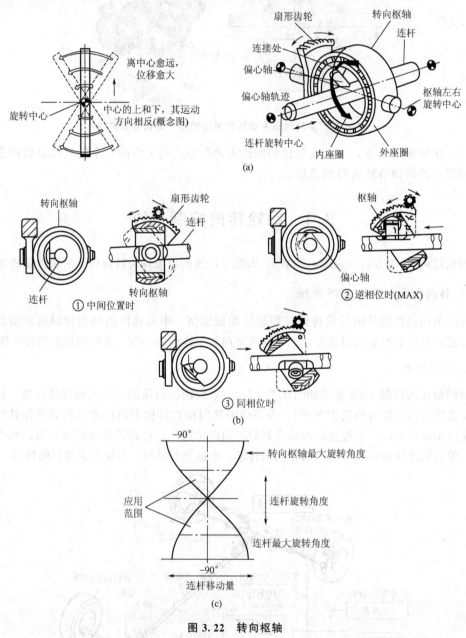

图 3.22　转向枢轴
（a）结构；（b）偏向轴与枢轴的相对运动；（c）枢轴转角与连杆位置的关系

与连杆相连的输入小齿轮向左或向右转动时，旋转力传到扇形齿轮，带动转向枢轴并通过偏心轴使连杆左右摆动，使后转向横拉杆移动，带动后转向节臂转动，实现后轮转向。

4WS 变换器由主电动机与辅助电动机组成的驱动部分、行星齿轮组成的减速部分和使变速杆转动的蜗杆构成，如图 3.23 所示。通常，主电动机工作，辅助电动机不工作。辅助电动机的输出轴与行星齿轮机构中的太阳轮相连，主电动机输出轴与行星齿轮相连，而行星齿轮机构中的齿圈成为变换器的输出轴。太阳轮固定，与主电动机相连的行星齿轮轴转动，即行星齿轮边围绕太阳轮公转边自转，同时带动四轮转向变换器输出轴的齿圈转动。当主电动机不工作时，行星齿轮相当于惰轮（只自转，不公转），直接将辅助电动机的转动传给齿圈，从而带动连杆同向转动。转角比传感器安装在执行器上，为一只可变电阻。通过检测转角比传感器输出的电压值，可判断执行器的状态和转向情况、转向比例，以及根据前轮转向情况所得到的后轮最大偏转量。

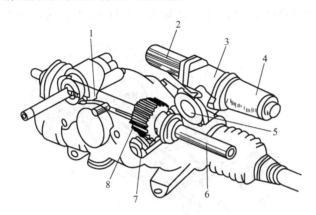

图 3.23　4WS 变换器

1—偏心轴；2—辅助电动机；3—4WS 变换器；4—主电动机；5—4WS 变换器输出轴；
6—连杆；7—蜗轮；8—转角比检测用齿轮

2. 转向角比例控制 4WS 系统控制原理

转向角比例控制 4WS 系统控制原理如图 3.24 所示。

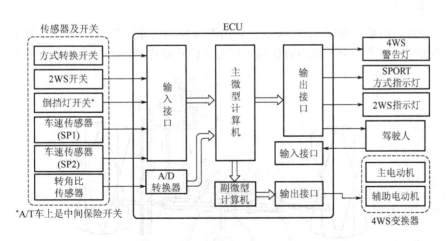

图 3.24　转向角比例控制 4WS 系统控制原理

（1）转角比控制。按图 3.24 所示进行转角比控制，再根据车速控制主电动机，实现对转角的控制。驾驶人可使用四轮转向模式选择开关，选择 Normal 或 Sport 模式。

（2）两轮转向选择功能。当两轮转向选择开关设定在 ON 位置，且变速器被挂入倒挡位置时，后轮转向量被设置为零。

（3）故障诊断控制。当车速传感器、转角比传感器、ECU 和电动机出现异常情况时，防误操作控制点亮驾驶室内的四轮转向警告灯，提示驾驶人，同时将故障以代码的形式存储到故障存储器。

3.4.2 车速前馈控制 4WS 系统

车速前馈控制 4WS 系统如图 3.25 所示，前、后轮均采用液压助力转向，后轮转向为机-液-电联合控制。后轮转角根据车速及前轮的转角动作调整，与转向盘操纵力的大小无关。

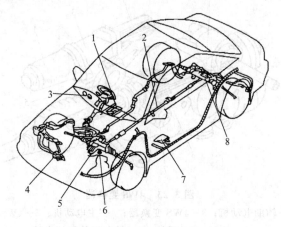

图 3.25 车速前馈控制 4WS 系统
1—四轮转向继电器与定时器；2—后转向轴；3—2 号车速传感器；4—风门式泵；
5—前动力转向系统；6—1 号车速传感器；7—ECU；8—后转向控制箱

1. 基本组成

（1）前轮转向系统如图 3.26 所示，转向器为齿轮齿条式转向器，齿条被加长，另外设置一小齿轮与齿条啮合，该小齿轮固定在与后轮转向传动轴上相连的齿轮轴上。

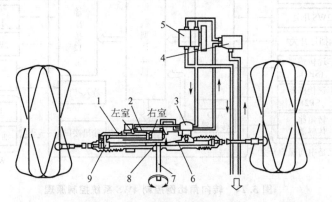

图 3.26 前轮转向系统
1—转向动力缸活塞杆；2—转向动力缸；3—转向控制阀；4—转向油泵；5—储油器；
6—齿条；7—后轮转向传动轴；8—小齿轮；9—连接板

(2) 后轮转向系统主要包括相位控制器、液压控制阀、后轮转向动力缸及电子控制系统，如图 3.27 所示。

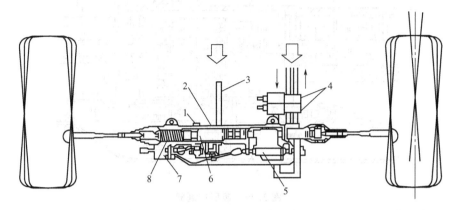

图 3.27 后轮转向系统

1—转角比传感器；2—后轮转向动力缸；3—后轮转向传动轴；4—电控油阀；
5—液压控制阀；6—动力输出杆；7—步进电动机；8—回位弹簧

① 相位控制器。将控制后轮偏转方向和偏转角度大小的运动信号传给液压控制阀，以驱动阀芯柱塞移动。相位控制器由步进电动机、扇形控制齿板、摆臂、大锥齿轮、小锥齿轮、液压控制阀连杆、液压控制阀主动杆组成，如图 3.28 所示。后轮转向传动轴与小锥齿轮连接，将前转向齿条的运动状态传送给小锥齿轮，前、后车轮转角比传感器安装于扇形控制齿板旋转轴上。

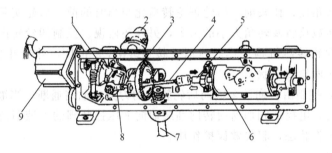

图 3.28 相位控制器

1—扇形控制齿板；2—转角比传感器；3—大锥齿轮；4—液压控制阀连杆；5—液压控制阀主动杆；
6—液压控制阀；7—后轮转向传动轴；8—摆臂；9—步进电动机

② 液压控制阀。按照相位控制器给定的信号，控制由转向油泵输送给后轮转向动力缸的油量和供油方位，从而控制后轮的转角大小和偏转方向。

液压控制阀如图 3.29 所示，图示滑阀移到左侧，此时油泵送来的油液通过液压控制阀进入动力缸右腔，同时动力缸左腔通过液压控制阀与储液器相通。在动力缸左、右腔压力差的作用下，输出杆左移，使后轮向右偏转。因为阀套与输出杆固定在一起，所以当输出杆左移时将带动阀套左移，从而改变油路通道大小，当油压与回位弹簧及转向力的合力达到平衡时，输出杆（连同阀套）停止移动。当滑阀右移时使后轮向左偏转，其工作过程与上述情况相反。

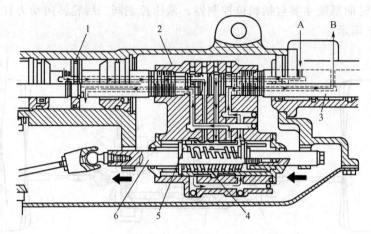

图 3.29 液压控制阀

1—动力缸活塞；2—阀套；3—动力输出杆；4—滑阀；5—回油道；6—液压控制阀主动杆；
A—进油口；B—回油口

③ 后轮转向动力缸接受来自液压控制阀的高压油，使之转化为水平推力，从而移动横拉杆的位置，使后轮做转向运动。

④ 电子控制系统包括以下几部分：

a. 转角比传感器：检测相位控制器中的扇形控制齿板的转角位置，并将信号反馈给四轮转向控制器，作为监督、检测信号。

b. 4WS ECU：根据车速传感器信号计算车速，再根据车速的高低计算汽车转向时前、后轮偏转的转角比；比较前、后轮理论转角比与当时的前、后轮实际转角比，并向步进电动机发出正转或反转及转角大小的指令，另外还监视、控制四轮转向的电子线路工作是否正常；发现四轮转向机构工作异常时，接通 4WS 警告灯，并断开电控油阀的电源，使步进电动机处于两轮转向状态。

c. 电控油阀：控制由转向油泵输向后轮转向动力缸的油路通断，当液压回路或电子控制线路出现故障时，电控油阀切断由转向油泵通向液压控制阀的油液通道，使四轮转向装置处于两轮转向工作状态，起失效保护作用。

2. 工作原理

车速前馈控制 4WS 系统工作原理如图 3.30 所示，ECU 根据车速传感器信号，将对应于车速的信号传送到后转向控制箱的步进电动机，使控制拨叉转动；通过操纵转向盘，只在与此相对应的方向与角度上，利用后转向轴使后转向控制箱内的扇形齿轮旋转，控制拨叉的转动与扇形齿轮的旋转在相位控制机构内叠加，以决定控制阀杆的行程方向和大小。因此，控制阀内油路被切换，动力杆控制后轮转向。

当车速低于 35km/h 时，如图 3.31(a) 所示，扇形控制齿板在步进电动机的控制下向图中负方向偏转，车速越低，其偏转角度越大。当液压控制阀的输入杆向右移动时，由转向油泵输送的高压油液进入后轮转向动力缸的左腔，使后轮向左偏转，即后轮相对于前轮反向偏转。

当车速高于 35km/h 时，如图 3.31(b) 所示，相位控制器中的扇形控制齿板向图中正

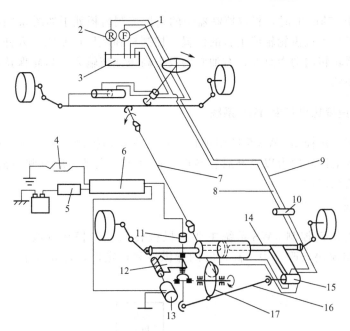

图 3.30　车速前馈控制 4WS 系统工作原理

1—前动力转向系统油压；2—后转向控制油压；3—风门式泵；4—车速传感器；5—四轮转向继电器；
6—ECU；7—后转向轴；8—回流管；9—压力管；10—电磁螺线管；11—后转角比传感器；
12—控制拨叉；13—步进电动机；14—动力杆；15—控制阀；16—控制阀杆；17—扇形齿轮

方向转动，若转向盘仍向右转动（前轮向右偏转），则摆臂向左上方摆动，将控制杆向左拉动，使后轮向右偏转，即后轮相对于前轮同向偏转。

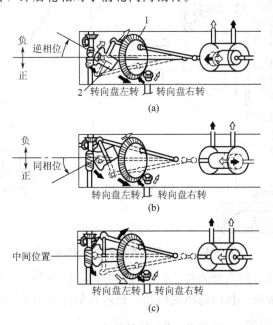

图 3.31　相位控制系统工作原理

（a）逆相位；（b）同相位；（c）中间位置

1—大锥齿轮；2—扇形控制齿板

当车速等于 35km/h 时，相位控制器中的扇形控制齿板处于如图 3.31(c) 所示的中间位置，摇臂处于与大锥齿轮轴线垂直的位置，控制杆和液压控制阀输入杆（柱塞）均不产生轴向位移。后轮转向动力缸左、右油腔均没有高压油液输入，后轮保持与汽车纵向轴线平行的直线行驶状态。

3.4.3 横摆角速度比例控制 4WS 系统

横摆角速度比例控制 4WS 系统附加横向摆动率反馈控制，利用横向摆动率传感器检测车辆转向，抵消该转向力以控制后轮转向，使汽车能主动适应行驶中横向摆率的变化，确保车辆行驶的稳定性。

1. 系统组成

横摆角速度比例控制 4WS 系统主要由机械转向控制模块（改善低速下的操纵性）和电子转向控制模块（改善中、高速时的操纵性和稳定性，提高抗干扰能力）组成，如图 3.32 所示。

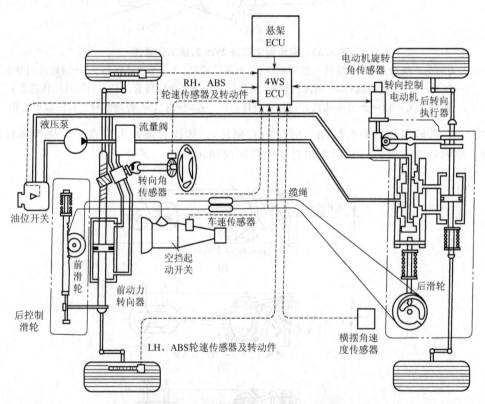

图 3.32 横摆角速度比例控制 4WS 系统

（1）前轮转向机构：转向盘的转动传到转向器的齿轮齿条上，使齿条移动，带动小齿轮转动，使与小齿轮做成一体的前滑轮转动，通过转角传动钢丝绳传递到后轮转向机构中的滑轮上，如图 3.33 所示。

（2）后轮转向机构：转向时，钢丝绳传到后滑轮，带动控制凸轮转动，使阀管左右移动，如图 3.34 所示。

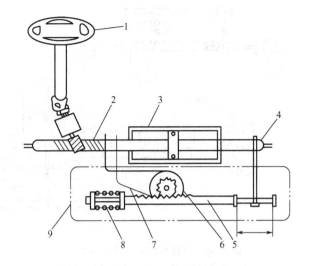

图 3.33 前轮转向机构

1—转向盘；2—齿轮齿条；3—转向动力缸；4—齿条端部；5—控制器齿条；
6—前滑轮；7—钢丝绳；8—复位弹簧；9—滑轮驱动

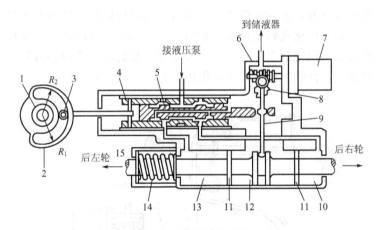

图 3.34 后轮转向机构

1—后滑轮；2—控制器凸轮；3—凸轮随动件；4—阀管衬套；5—阀轴；6—驱动齿轮；
7—脉动电动机；8—从动齿轮；9—阀控制杆；10—右室；11—活塞；12—油缸轴；
13—左室；14—回位弹簧；15—阀管

2. 控制原理

与前轮的转向量相对应，后轮转角控制可分为小转角控制与大转角控制两种。

(1) 小转角控制（电动式转角控制，如图 3.35 所示）。脉动电动机的旋转由蜗轮传送至被动齿轮，再通过曲轴使阀控制杆摆动。被动齿轮左转时，阀控制杆的上端支点 A 以被动齿轮的中心点 O 为转动中心向 A' 点摆动。在脉冲电动机起动瞬间，后转向轴没有移动，因此阀控制杆以 C 点为中心向左摆动，使杠杆的中间点 B 移到 B' 点，带动阀轴向左移动。在钢丝绳没动作时，阀管固定不动，因此阀轴的移动使阀管、阀轴之间产生相对位移，引起图 3.35 中 a 部和 b 部的节流通道收缩，使高压作用到油缸左室。

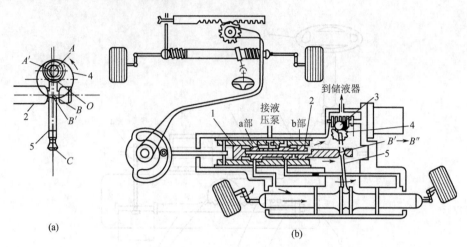

(a)　　　　　　　　　　　　(b)

图 3.35　小转角控制（同向转向）
（a）阀控制杆的上端；（b）控制原理
1—阀管；2—阀轴；3—支点 A；4—被动齿轮；5—阀控制杆（反馈杆）

当油缸轴向右移动时，反馈杆以支点 A' 为中心转动，带动阀轴向右移动至 B''，使 a 部和 b 部的节流通道打开，使油压降低，达到与机械转向时同样的平衡状态。

（2）大转角控制（机械式转角控制，如图 3.36 所示）。当前轮转角处在不敏感范围内时，阀轴与阀管的相对位置处于中间状态。来自液压泵的油液流回储液器，动力油缸中的左、右室油压较低，油缸轴在回位弹簧的作用下处于中间位置。

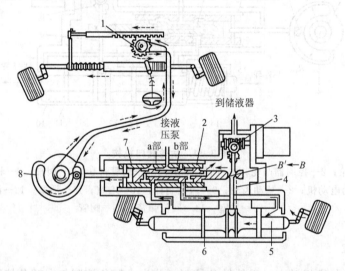

图 3.36　大转角控制（反向转向）
1—齿轮；2—滑轴；3—支点 A；4—阀控制杆；5—油缸轴；6—活塞；7—阀管；8—控制器凸轮

当前轮左转时，阀管向左方移动，与阀轴之间产生相对位移，使图 3.36 中 a 部与 b 部的节流面积缩小，高压作用到动力油缸的右室，将动力油缸活塞推向左方，使后轮向右转向。此时油缸轴也向左方移动，由于脉动电动机没有起动，阀控制杆绕支点 A 转动，带动阀轴移动到比 B 点更左边的 B' 点。已缩小的 a 部与 b 部的节流面积又增大，使动力轴缸右室内的压力下降。当油缸轴一移动到目标位置后，a部与b部的节流面积正好达到与由车轮产生的外力相平衡的位置，使后轮不产生过大的转向。

在外力发生变化时，油缸轴也产生微量的移动变化，立刻引起阀控制杆对阀轴产生一个相应的反馈量，变化到与引力相平衡所需的活塞压力的节流面积，使其始终保持平衡。

3.5 典型车型电子控制转向系统

3.5.1 Polo EHPS 系统

1. 概述

EHPS 系统是一种将传统液压助力转向与电子控制技术相结合的机电一体化产品，是在传统的液压助力转向系统（HPS）技术的基础上，引入电子控制系统，是典型的可变动力转向系统。目前，在国产乘用车中，上海大众的 Polo 和长安福特的福克斯两款车型上装配有该系统。Polo 又称为"车速感应式电液动力转向系统"，本节就 Polo 乘用车上装配的 TRW（美国天合汽车集团）公司和 KOYO（日本光洋精工株式会社）的两种系统进行介绍和分析。

TRW 和 KOYO 公司都是当今全球较大的汽车电子系统的供应商。TRW 公司的产品主要是汽车安全系统，旗下有 ABS、SRS、ESP 等产品，其产量稍逊于如今全球第一的汽车配件供应商 BOSCH。KOYO 公司的产品主要是汽车转向系统，二者主要为全球各大汽车制造商进行转向系统和安全系统的配套。大众公司的 Polo 乘用车，包括 2002 年之后的 Polo 劲情（两厢）和 Polo 劲取（三厢），均把 EHPS 系统作为基本配置，即每一款 Polo 乘用车的标准配置，而非选装。以配套 TRW 公司的产品占绝大多数，只在 2002 年至 2003 年 6 月的一少部分车型上有 KOYO 公司的产品，其余的均采用 TRW 公司的进行配套。两者的功能完全相同，转向系统总成（包括机械和电子）的安装也完全相同，只是两者的电控系统和传感器元件在原理和外观有所不同。不是随机装用，而是一批次采用 KOYO 公司的，但绝大多数采用的是 TRW 公司的。

2. EHPS 系统的组成

上海大众 Polo 乘用车装配使用的 EHPS 系统是 TRW 公司的产品。EHPS 系统由电气装置和机械装置两部分组成，电气部分由转向角速度传感器 G250、电控单元和液压泵总成 G500、故障警告灯 K92 组成；机械装置包括传统的齿轮齿条转向传动装置、控制阀、管路和与电控单元一体的电动液压泵。EHPS 系统的组成如图 3.37 所示。

1) 转向角速度传感器（G250）

转向角速度传感器安装于液压转向机总成输入轴上，用来测量转向盘旋转角速度，即驾驶人在以多大的角速度转动转向盘。在其他条件不变的情况下，如果 EHPS 控制单元收到的信号表明转向盘旋转的角速度越大，则对应泵的转速越高，转向的助力越大；反之，转向盘旋转的角速度越小，则转向助力越小。

TRW 公司的转向角速度传感器的外观及安装示意图如图 3.38 所示。

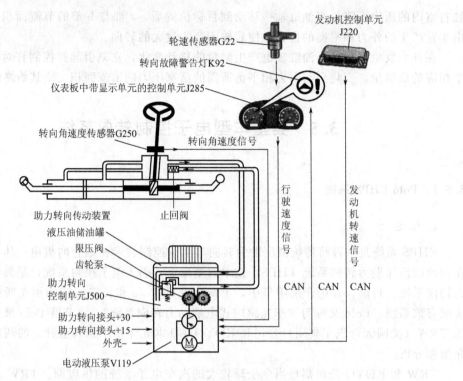

图 3.37　EHPS 系统的组成

TRW 公司的转向角速度传感器是可变电容式的，其剖面结构与工作原理如图 3.39 所示，由与转向盘柱一体并可随之转动的翼状金属挡片和相对固定的 9 个平板电容器及放大电路组成。当挡片夹在电容器的两极板中间时，该电容器的容量增加；挡片离开时，该电容器的容量减小，放大电路通过接收到的 9 个电容器的容量的变化速度及趋势来判断转向盘的转向角度及角速度大小，并转化成电信号，输入到电控单元 J500。该传感器共 3 条接线，分别是+5V、搭铁和一条信号线，其电路为 EHPS 系统电路图右侧的 G250（3 线）。

图 3.38　TRW 公司的转向角速度传感器的外观及安装示意图

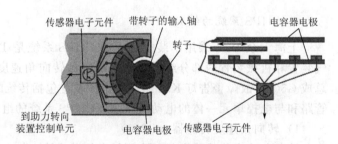

图 3.39　TRW 公司的可变电容式转向角速度传感器的剖面结构与工作原理

2）电控单元总成 G500

电控单元（J500）与电动液压泵（V119）二者集成为一个总成，即电控单元总成 G500。电控单元根据转向角速度、车辆行驶速度（由车速传感器至仪表控制单元通过 CAN–BUS

传输)、发动机转速(由发动机控制单元通过 CAN - BUS 传输)等信息控制液压泵电动机转速,同时还提供温度保护、故障恢复(故障后再接通保护)和自诊断及故障码存储功能。液压泵是一个电动机驱动的齿轮泵。电控单元总成为一个整体,属不可拆卸和维修部件,只可更换总成,其外形如图 3.40 所示。

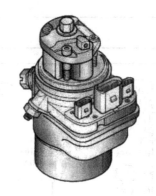

3)故障警告灯

故障警告灯安装在仪表总成内,由 EHPS 控制单元通过 CAN - BUS 传送控制信息至仪表控制单元,通过仪表控制单元控制该灯点亮或熄灭。

图 3.40 电控单元与电动液压泵总成

接通点火开关后,故障警告灯亮,EHPS 系统进行内部检测。在发动机发动及系统测试结束后,故障警告灯应当熄灭,如果依然亮着,则指示系统可能有故障。机械部分同一般的液压助力转向系统,主要由扭杆、旋转分流阀、控制套筒、工作缸、活塞等组成。

3. EHPS 工作原理

EHPS 系统的基本工作原理:在汽车直线行驶时,转向盘不转动,电动液压泵以很低的速度运转,大部分工作油经过转向阀流回储油罐,少部分经液控阀然后流回储油罐;当驾驶人开始转动转向盘时,ECU 根据检测到的转角及角速度、车速、发动机转速及电动机转速的反馈信号等,判断汽车的行驶状态、转向状态,决定应提供的助力大小,同时向驱动单元发出控制指令,使电动机产生相应的转速以驱动油泵,进而输出相应流量和压力的高压油。高压油经转向控制阀进入齿条上的动力缸,推动活塞产生适当的助力,以协助驾驶人进行转向操作,从而获得理想的转向效果。当转向角速度传感器发生故障或系统出现其他异常情况时,EHPS 系统即进入程序设定的紧急运行状态,机械转向的功能仍然可以实现,但是由于无助力,转向比较沉重。EHPS 系统的工作原理如图 3.41 所示,系统电路图如图 3.42 所示。EHPS 系统由 3 路输入信号作为主控信号,分别是转向角速度传感器 G250、来自仪表控制单元 J285 的车速信号和来自发动机控制单元 J220 的发动机转速信号,当输入信号的条件(①发动机转速不为零;②转向盘转动,不在中间位置)同时满足时,电控单元总成 G500 根据车速的大小来确定提供助力的大小,即控制电动液压泵的转速大小,以提供相应的液压流量,车速越低,则提供的液压流量越大。

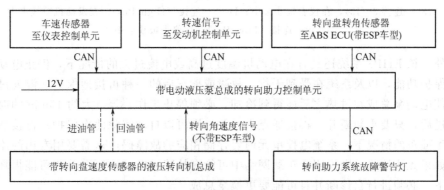

图 3.41 EHPS 系统的工作原理

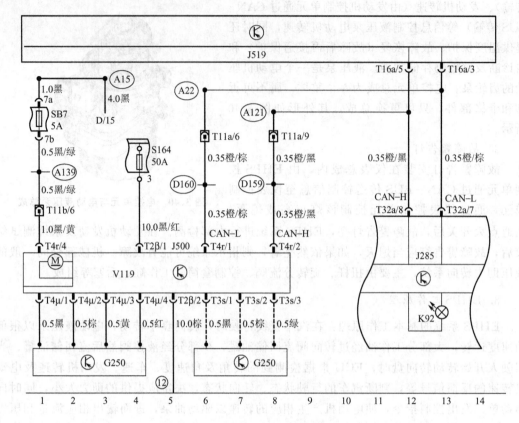

图 3.42 Polo EHPS 系统电路图

D—点火/起动开关；G250—转向角速度传感器；J285—仪表板中带显示单元的控制单元；
J500—转向助力控制单元；J519—车载网络控制单元；K92—故障警告灯；
S164—熔丝 3（30），在熔丝支架/蓄电池中；SB7—熔丝 7，在熔丝支架上；T2β—插头连接，2 针脚；
T3s—插头连接，3 针脚；T4r—插头连接，4 针脚；T4μ—插头连接，4 针脚；
T11a—插头连接，11 针脚，白色，在前隔板左侧，在紧凑型组合插座 D 号位上；
T11b—插头连接，11 针脚，红色，在前隔板左侧，在紧凑型组合插座 K 号位上；
T16a—插头连接，16 针脚，黑色，XS6 号位；T32a—插头连接，32 针脚；V119—电动液压泵；
12—搭铁点，在发动机舱的左侧，左纵梁前部上面；A15—正搭铁点，在仪表板线束中；
A121—连接（High. Bus），在仪表板线束中；A122—连接（Low. Bus），在仪表板线束中；
A139—连接 3（15），在仪表板线束中；D159—连接（High. Bus），在发动机舱线束中；
D160—连接（Low. Bus），在仪表板线束中

另外，该 EHPS 系统还具有在电动机温度过高或电流过大的情况下，停止电动机工作的自我保护功能，以及系统在受到干扰、故障或撞车后的一种再接通保护。温度过高保护是为了使电动泵总成在过热之后能得到冷却，必须停止工作，等待大约 15min 的时间。这段时间过后，只要重新断开、再接通点火开关，则可以自动解除此次保护；再接通保护则是在发生撞车的情况下，系统电控单元内要存储相应的故障码，这需要用专用的诊断仪去清除，如果无法清除，则说明在车载网络中可能有故障或电动液压泵总成可能损坏。在这种情况下，必须进行自诊断并且可能要更换泵总成。

3.5.2 大众速腾乘用车 EPS 系统

1. 概述

一汽大众公司生产的速腾乘用车采用双齿轮式 EPS 系统。双齿轮式 EPS 系统由两个能够向转向拉杆提供足够转向力的齿轮（转向齿轮和驱动齿轮）组成。EPS 系统能根据驾驶人的转向要求，由转向控制单元控制电动机工作，进而起到转向助力的作用。系统通过"主动回正"功能将转向轮置于中心位置，使车辆在各种情况下都能获得良好的平衡性及精确的直线行驶稳定性。直线行驶稳定功能可以帮助驾驶人在车辆受到侧向风作用时，或在上下颠簸的路面上行驶时，更容易控制车辆保持直线行驶。

2. 系统组成及控制原理

速腾乘用车 EPS 系统的部件有转向盘、转向柱、转向盘转角传感器 G85、转向力矩传感器 G269、转向齿轮、转向助力电动机及转向助力控制单元，其结构如图 3.43 所示。当驾驶人转动转向盘时，转向助力系统开始工作。如图 3.44 所示，安装于转向柱上的转向盘转角传感器 G85 将检测到的转向盘旋转角度和旋转速度以电信号的方式送至转向助力控制单元，与此同时，作用在转向盘上的力矩经过传递驱动转向小齿轮旋转，转向力矩传感器 G269 检测到旋转力矩并将其传给控制单元，控制单元根据转向力、发动机转速、车速、转向盘转角、转向盘转速及存储在控制单元中的特性曲线图计算出必要的助力力矩并控制电动机开始工作，由电动机驱动的第二个小齿轮（驱动小齿轮，如图 3.45 所示）提供转向助力，从而驱动转向齿条。转向盘转角传感器 G85 为光电式传感器，安装在转向柱上，位于转向开关与转向盘之间，与安全气囊时钟弹簧集成为一体，通过 CAN 总线将转向盘的转角信号传递给转向柱电控单元 J527，由 J527 分析转角信号。当驾驶人转动转向盘时，转向柱带动转向盘转角传感器的转子随转向盘一起转动，光源就会通过转子的缝隙照在传感器的感光元件上，从而产生信号电压。由于转子缝隙的间隔大小不同，故产生的信号电压变化也不同，其工作原理如图 3.46 所示。转向盘转角传感器 G85 信号转子最大可以旋转 1044°，转向小齿轮最多可以旋转 2.76 圈。当转向盘转角传感器 G85 信号失效时，转向柱电控单元 J527 将会起动应急运转模式，由替代值代替，此时电子助力转向依然起作用，但故障警告灯 K161 会点亮。转向力矩传感器 G269 为磁阻式传感器，其磁性转子与转向柱连接块为一体，磁阻传感元件与转向小齿轮连接块为一体。当转动转向盘时，转向柱连接块和转向小齿轮连接块反向运动，即磁性转子和磁阻传感元件反向运动，因此转向力矩的大小可以被测量出来并传递给控制单元，其工作原理如图 3.47 所示。

根据不同工作状况的需要，驾驶人作用于转向盘上的力矩不同，由该力矩产生的驱动转向小齿轮旋转的力矩也不同。转向力矩传感器根据小齿轮杆的旋转情况，检测出转向力的大小并输送至控制单元；同时，转向盘转角传感器将检测到的驾驶人转动转向盘的角度输送给控制单元，转子传感器将转向盘的转动速度输送给控制单元，控制单元计算出合适的力矩，控制电动机工作。当转向力矩传感器 G269 信号失效，转向助力系统将关闭，但并不是马上关闭，而是一个柔和的逐步过程。在此过程中，助力转向力的大小由控制单元通过电动机转子角度和转向盘转角等信号计算出来的值所代替，同时故障警告灯 K161 将点亮。

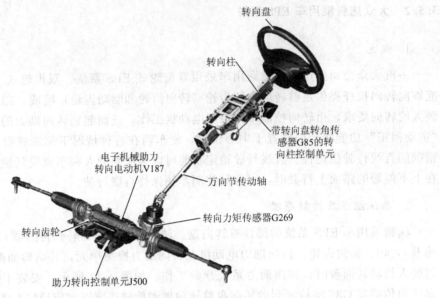

图 3.43 EPS 系统的基本结构

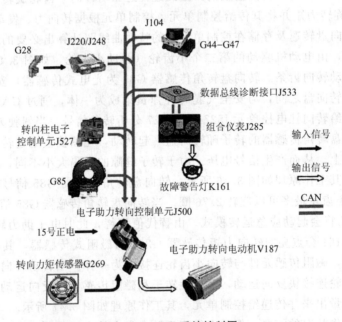

图 3.44 EPS 系统控制图

3. 系统工作过程

转向助力是通过存储在控制单元中的不变的特性图程序控制的，在控制单元中最多可以存储 16 种不同的特性图，特性图是在生产厂根据不同的整车装备（如整车质量）分别设置的，根据汽车的载荷不同，又分为轻、重两部分特性曲线。每种特性图由 5 种不同速度的特性曲线组成，如 0km/h、15km/h、50km/h、100km/h、250km/h。特性曲线表明：由电动机给予的助力转向力矩的总量是由输入的转向力矩和车速来决定的。

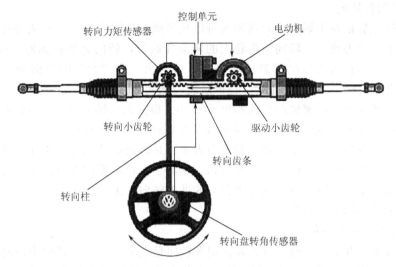

图 3.45　电动助力转向机构的内部结构

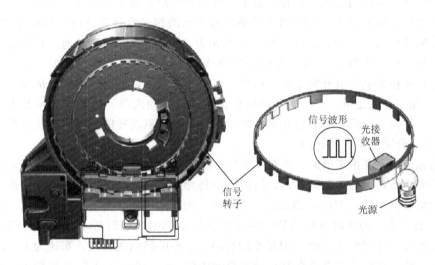

图 3.46　转向盘转角传感器 G85 的工作原理

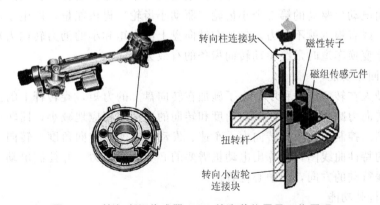

图 3.47　转向力矩传感器 G269 的安装位置及工作原理

1) 停车时的转向

转向系统应保证在车辆静止时驾驶人可以轻松地转动转向盘。在车辆静止时,驾驶人作用在转向盘上的力使位于转向小齿轮上的转动杆旋转,转向力矩传感器 G269 察觉到旋转,并将计算出的转向力传给控制单元 J500,指示出一个"大"的转向力施加在转向盘上;转向盘转角传感器 G85 将"大"的转向盘转动角度传给控制单元 J500,同时转子传感器将当前的转向盘转动速度传给控制单元 J500。根据大的转向力、大的转向盘转角、车速为 0km/h、发动机转速、转向盘转动速度及存储在控制单元中的 $v=0$km/h 的特性曲线图,控制单元计算出需要一个"大"的助力力矩,并控制电动机开始工作。这样,在车辆静止状态下,由电动机驱动的第二个小齿轮(驱动小齿轮)提供能量,产生大的转向助力驱动转向齿条。施加在转向盘上的力矩和大的助力转向力矩的总和,是车辆在静止工况下最终驱动转向齿条的有效力矩。

2) 城市工况下的转向

车辆在城市工况下行驶时,驾驶人作用在转向盘上的力使位于转向小齿轮上的转动杆旋转,转向力矩传感器 G269 察觉到旋转,并将计算出的转向力传给控制单元 J500,指示出一个"中等"的转向力施加在转向盘上;转向盘转角传感器 G85 将"中等"的转向盘转动角度传给控制单元 J500,同时转子传感器将当前的转向盘转动速度传给控制单元 J500。根据中等的转向力、中等的转向盘转角、车速为 50km/h、发动机转速、转向盘转动速度及存储在控制单元中的 $v=50$km/h 的特性曲线图,控制单元计算出需要一个"中等"的助力力矩,并控制电动机开始工作。这样,在此种工况下,由电动机驱动的第二个小齿轮(驱动小齿轮)提供能量,产生中等的转向助力驱动转向齿条。施加在转向盘上的力矩和中等的助力转向力矩的总和,是车辆在城市工况下最终驱动转向齿条的有效力矩。

3) 高速公路工况下的转向

在高速公路上变换车道时,驾驶人对转向盘施加一个轻微的力,作用在转向盘上的力使位于转向小齿轮上的转动杆旋转,转向力矩传感器 G269 识别到旋转动作,并将计算出的转向力传给控制单元 J500,指示出一个"小"的转向力施加在转向盘上;转向盘转角传感器 G85 将"小"的转向盘转动角度传给控制单元 J500,同时转子传感器将当前的转向盘转动速度传给控制单元 J500。根据小的转向力、小的转向盘转角、车速为 100km/h、发动机转速、转向盘转动速度及存储在控制单元中的 $v=100$km/h 的特性曲线图,控制单元计算出需要一个"小"的助力力矩,并控制电动机开始工作。这样,在高速公路上为实现变换车道,由电动机驱动的第二个小齿轮(驱动小齿轮)提供能量,产生小的转向助力驱动转向齿条,或者根本就不助力。施加在转向盘上的力矩和小的助力转向力矩的总和,是在高速公路上变换车道时最终驱动转向齿条的有效力矩。

4) 主动回正功能

如果驾驶人在转弯的过程中减小了施加在转向盘上的力矩,旋转杆上的扭矩也相应减小,于是在转向力减小的同时,转向角度和转向的速度都相应地减小,回转速度也相应被精确地检测到。控制单元根据转向力、车速、发动机转速、转向角度、转向速度和存储在控制单元中的特性曲线图,计算出电动机需要的必要的回正力,并控制电动机工作,促使车轮回到直线行驶的方向,即中心位置。

5) 直线行驶功能

直线行驶功能是主动回正功能的一个扩展。当没有力矩作用在转向盘上时,系统将产生助力,使车轮回复到中心位置。为了实现直线行驶功能,又分为长时间法则和短时间法则两种不同的情况。

(1) 长时间法则:当长时间发生背离中心位置的任何一侧时,系统将起到平衡的作用,如将夏季使用的轮胎换到冬季使用。

(2) 短时间法则:当短时间发生背离中心位置的任何一侧时,系统将起到平衡的作用,如受到侧向风时。

当车辆受到持续的侧向力时,驾驶人将给转向盘一个力矩,使车辆保持直线行驶状态。此时,控制单元根据转向力、车速、发动机转速、转向角度、转向速度和存储在控制单元中的特性曲线图,计算出要保持直线行驶状态电动机需要提供的必要的力矩,并控制电动机工作,使车辆回到直线行驶状态,从而减轻驾驶人的工作强度。

3.5.3 奥迪 A4L 主动转向系统

1. 概述

奥迪公司推出了主动转向系统,并且将主动转向系统应用在 2008 年款奥迪 A4 车上。这种新型的智能转向系统不仅能增加了行驶和转向的舒适性,还明显提高了行车安全性。在传统的转向系统中,转向盘和转向器是机械连接的,一辆车上只能有一个固定的传动比。这个传动比实际上是综合各方面因素之后的一个折中方案,如图 3.48 中水平虚线所示为无主动转向系统的奥迪 A4 车转向系统转向传动比特性。主动转向系统可以根据车速和转向盘转角实现最佳传动比,无论是在低速的乡间公路上还是在高速公路上行车,都能提供最合适的转向传动比,如图 3.48 中曲线所示。奥迪汽车主动转向系统的转向特性曲线有两条,分别是运动型和舒适型。主动转向特性曲线是通过另加的一套电动机械式驱动装置驱动转向器的主动齿轮来实现的,这套驱动装置与驾驶人的转向动力是并行叠加在一起的。由于前轮回转力大小可以通过主动转向系统进行有针对性的改变,所以主动转向系统在动态行驶的临界范围内可以支持 ESP 的工作。采用主动转向系统的优点如下:由于制动和转向同时介入,车辆的整体稳定性能得到了提高,提高了车辆的主动安全性;在少数极限行驶条件下,可以部分或完全放弃制动的介入,这可使车辆稳定过程更协调、更舒适。

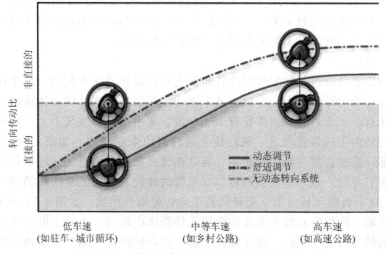

图 3.48 奥迪汽车主动转向系统的转向特性

2. 主动转向系统的基本结构和功能

主动转向系统内集成了一个电动机械式驱动装置（同时也是执行元件），在系统出现严重故障时，这个电动机械式驱动装置可以被机械锁止，从而可防止转向失效。主动转向控制单元（J792）会计算出转向角应该增大还是减小，然后操纵一个电动机去驱动电动机械式驱动装置工作，车轮的转角是这个并行转向角和驾驶人在转向盘上施加的转角之和，如图 3.49 所示。并行转向角可以随转向盘转角的增加而增大，也可以随转向盘转角的增加而减小，并且在驾驶人未操纵转向盘时也可实现转向。

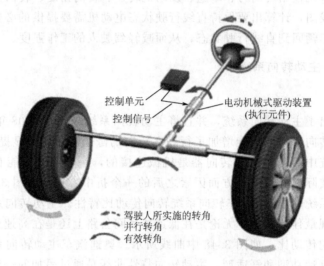

图 3.49　主动转向系统的基本结构

1）主动转向控制单元（J792）

J792 安装于驾驶人脚坑旁，其功能如下：

（1）计算并行转向角，以便实现可变传动比。一般是根据车速和驾驶人所施加的转角来确定可变传动比。只要主动转向系统无故障，这个调节过程就一直进行。

（2）与 ESP 控制单元协同工作。ESP 控制单元计算出动态行驶时所期望的转向角校正值，并将这些校正值通过 CAN 总线送至 J792，J792 将相应的校正值加到计算出来的并行转向角中，于是作用到车轮上的就是经过了校正的转向角。

2）执行元件

转向角的校正是通过执行元件驱动转向器主动齿轮转动来实现的，这个执行元件由一个轴齿轮构成，这个轴齿轮由一个电动机来驱动。在装备了主动转向系统时，由电动机直接驱动的齿轮有 100 个齿，输出齿轮有 102 个齿。在主动转向系统上，与转向盘直接相连的转向轴也与转向主动齿轮相连，该连接是通过齿轮来实现的。如图 3.50 所示，杯形件与转向轴上部（它也直接与转向盘相连）通过花键实现无间隙连接。这个杯形件外形像一个盆，壁薄而有弹性，这个壁上装备有 100 个齿的外齿，与之配对使用的是一个齿圈，有 102 个内齿。这个齿圈与转向轴下部转向器主动齿轮刚性连接。如图 3.51 所示，转向轴上部有一根空心轴，这根空心轴独立地在执行元件壳体内转动，由一个电动机直接驱动。为此，电动机的转子与空心轴的一端连接在一起。空心轴的另一端与滚动轴承的内圈连接在一起。这个内圈并不是一个精确的圆形，它给滚珠提供一个椭圆的轨道。如图 3.52 所示，轴承外圈是弹性钢圈，轴承内圈的外形为椭圆形，杯形件通过较小的过盈量配装在轴承的外圈上，杯形件的弹性壁也会随轴承的椭圆外形进行变形。由于是椭圆，所以杯形件的外齿并不是在整个圆周上都与齿圈的内齿相啮合的。如果电动机工作，空心轴就被驱动，滚动轴承内圈就在转动。由于杯形件的齿数与齿圈的齿数不相同，在啮合时，杯形件的一个齿就无法精确地与齿圈上的内齿啮合，于是就会在啮合的齿侧上作用一个力，从而让齿圈产生一个极小的转动。

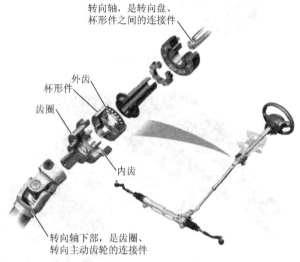

图 3.50 执行元件

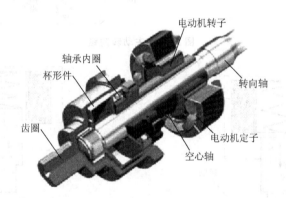

图 3.51 转向轴

3）主动转向锁

为了能在主动转向系统失灵时保证转向系统回到原来的状态，可以通过机械方式将主动转向锁锁止。在正常工作状态下，只要发动机熄火，这个锁就是锁止的，当发动机起动后主动转向系统就会将主动转向锁打开，此时可以听到开锁时的一声"咔嗒"响。主动转向锁的锁止是通过一个电磁铁来完成的，这个电磁铁用螺栓拧在壳体上，如图 3.53 所示。在电动机驱动的空心轴上安装有一个锁圈，其外侧有很多缺口。当电磁线圈不通电时，电磁铁的圆筒状推杆在弹簧弹力的作用下进入缺口中，从而实现锁止。如果 J792 激活了电磁线圈，那么推杆就在电磁力的作用下克服弹簧的弹力而向电磁线圈方向移动，离开缺口，松开空心轴，如图 3.54 所示。

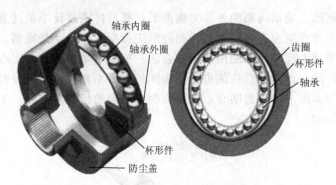

图 3.52 轴承

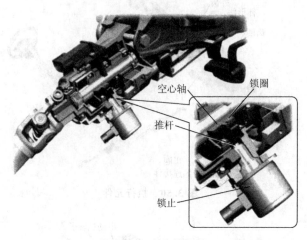

图 3.53 主动转向锁

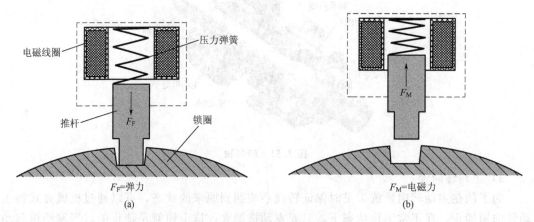

图 3.54 主动转向锁的工作原理
(a) 锁止状态；(b) 松开状态

4）电动机位置传感器

空心轴的位置由一个电动机位置传感器来检测，电动机每转过 15°，就会产生一个信号，该信号经单独的导线被传送至 J792。当断开点火开关时，J792 内会存储当前的位置信息。在 30 号线突然断电时，通过基准传感器来识别零位。

5）基准传感器

电动机位置传感器和基准传感器共同安装在一个壳体内。转向盘每转一圈或者执行元件输出轴每转一圈，基准传感器就输出一个信号。这个信号用于计算转向器的中间位置及完成故障排除后的基本设定。齿圈外面的一个缺口就是基准传感器的缺口，如图 3.55 所示。

6）ESP 传感器 1（G419）和 ESP 传感器 2（G536）

装备有主动转向系统的车上使用两个 ESP 传感器，这两个传感器安装在驾驶人座椅下，其功能和结构是相同的。从外表看，这两个传感器的区别在于导线连接器不同。这两个传感器通过 CAN 总线与 ESP 控制单元及 J792 相连接。ESP 控制单元使用这两个传感器信号来计算所需要的并行转向角，以稳定车辆。

图 3.55 基准传感器的缺口

3.5.4 宝马 E60 主动转向系统

1. 概述

在宝马汽车 E60 底盘上使用了常规齿条齿轮式液压助力转向机构。此外还使用了两个选装装备（SA），即电子转向助力系统（SA216）和主动转向系统（SA217）。SA 主动转向系统只能与 SA 电子转向助力系统一起使用。宝马汽车上首次使用了动态行驶的转向系统，即主动转向系统——AFS（Active Front Steering）。这种电子控制的转向系统以助力转向系统的瞬时助力为基础，借助可变的转向传动比为驾驶人提供助力。该转向系统的核心件是重叠式转向器。重叠式转向器是一个集成于分体式转向柱内的行星齿轮组。一个电动机根据车辆行驶速度通过蜗杆传动机构驱动行星齿轮组。这样该转向系统就会根据行驶状况，通过改变转向轴与齿轮之间的传动比使转向角增大或减小。在紧急状况下，该转向系统可以有针对性地改变驾驶人所转到的车轮转向角并因此使车辆快速稳定下来（与驾驶人相比）。主动转向系统通过动力传动系统 CAN（PT-CAN）和新款底盘 CAN（F-CAN）连接到车载网络内。主动转向系统与行驶控制系统，即动态稳定控制（DSC）系统联系非常紧密。DSC 系统使用的传感器和信号也被主动转向系统控制单元使用。

2. 主动转向系统的创新点

宝马汽车 E60 底盘的主动转向系统彻底改变了传统的转向过程，使前车轮的转向角度可以完全按照驾驶人的意愿进行。该系统中，在转向盘和转向轮之间装有一个电子控制的机械调控器，其中的行星齿轮有两个输入轴和一个输出轴，一个输入轴连接到转向盘，另一个输入轴则由电动机通过一个自锁式蜗轮蜗杆驱动机构控制，输出轴则与转向柱相连。最终从输出轴传出的整体转向角度是由驾驶人输入的转向盘角度叠加上电动机附加的角度而成。此外，主动转向系统的其他组成部件还包括判定当前驾驶条件和驾驶人指令的独立控制单元和多个传感器。另外，主动转向系统始终通过车载网络与 DSC 单元联网。主动转向系统的最大特点就是依据驾驶条件，自动调节车辆转向传动比，从而增加或减小前轮的转向角度。在低速时，电动机的作用与驾驶人转动转向盘的方向一致，转向传动比增大，可以减少驾驶人对转向力的需求。在高速时，电动机的运转方向与驾驶人转动转向盘的方向相反，这减少了前轮的转向角度，转向传动比减小，转向稳定性提高，液压泵的体积流量可调，其调节通过一个电动调节阀——ECO（Electrical Controlled Orifice）进行。其调节程度取决于发动机转速、行驶速度和转向盘转角。

3. 主动转向系统的结构

主动转向系统的结构如图3.56所示，主要由三大子系统组成：①液压助力齿轮齿条动力转向系统，包括转向齿轮和齿条、液压伺服阀、转向油泵、储油器及管路；②变传动比执行系统，包括无刷同步伺服电动机、双行星齿轮机构、电磁锁止单元；③电控系统，包括装于小齿轮处的角度传感器（测量总的转向角）、装于伺服电动机的角度传感器、电气连接及软件模块。

1) DSC 传感器

加速度传感器和偏转率传感器安装在一个壳体内，我们将其称为 DSC 传感器。车辆安装了主动转向系统时，除了作为标准装备的 DSC 传感器之外，还有另一个 DSC 传感器。标准 DSC 传感器位于右侧前部座椅下。第二个 DSC 传感器位于左侧前部座椅下。两个 DSC 传感器所用技术相同，但通过软件设有不同的代码，因此不可混淆。第二个 DSC 传感器冗余采集偏转率和横向加速度信号。两个传感器分别提供偏转率信号和横向加速度信号。使用两个 DSC 传感器可以进行可信度监控。

2) 总转向角传感器

只有安装了主动转向系统时，车辆上才会安装总转向角传感器。总转向角传感器用于采集转向齿轮的旋转角信号，由此获得车辆的车轮转向角（或转向角）。这个总转向角传感器用法兰连接在转向器下部。

3) 执行单元的电动机位置传感器

执行单元的电动机位置传感器位于主动转向系统执行单元电动机的背面。转向角传感器转向角信息从转向柱开关中心（SZL）通过串行接口和 F-CAN 传输到主动转向系统控制单元。为进行转向角冗余计算，SZL 内安装了第二个处理器。只有安装了主动转向系统，才会安装第二个处理器。第二个处理器用于信号可信度监控。转向角传感器位于转向柱开关中心内。

4) 主动转向系统控制单元

主动转向系统控制单元位于右侧脚部空间内。该控制单元固定在车辆地板上。主动转向系统控制单元装在一个保护壳体内，以免踩坏。保护壳体上有一个销子，用于连接主动转向系统执行单元的三相导线的屏蔽层。该控制单元通过 PT-CAN 和 F-CAN 连接到车载网络内。主动转向系统控制单元根据不同的输入信号计算出用于控制主动转向系统执行单元的信号。

5) 控制单元初始化

打开点火开关后，主动转向系统控制单元将进行初始化。初始化期间无法操纵主动转向系统的执行单元。控制单元会检查及校正传感器信号。如果识别到故障，系统会直接进入故障状态"Error"，或者使偏转率调节功能退出工作。出现故障状态"Error"时执行单

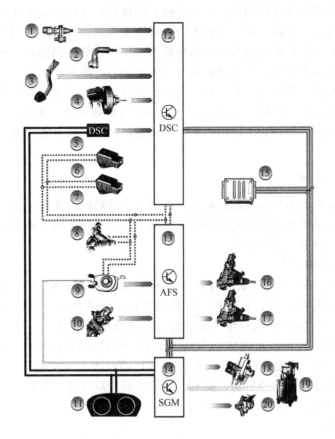

图 3.56 宝马汽车主动转向系统的结构

1—车轮转速传感器；2—制动摩擦片磨损传感器；3—制动灯开关；4—制动液位开关；
5—DSC 按钮；6—DSC 传感器 1；7—DSC 传感器 2；8—总转向角传感器；9—转向角传感器；
10—电动机位置传感器；11—组合仪表；12—动态稳定控制模块（DSC 模块）；
13—主动转向控制模块（AFS 模块）；14—安全和网关模块（SGM 模块）；
15—发动机控制模块；16—执行单元的锁止件；17—执行单元；
18—转向助力电磁阀；19—诊断仪；20—转向助力泵和 ECO 阀

元无法操纵。初始化成功后系统进入"Drive"状态。主动转向系统控制单元通过 PT - CAN 把与所需体积流量相应的流量信息发送到安全和网关模块 SGM。

6）安全和网关模块（SGM）

SGM 包括由 E65 中央网关模块（ZGM）演化而来的模块及安全和信息模块（SIM）。SGM 位于杂物箱后面的装置架上。SGM 从主动转向系统控制单元获得标准流量规定值，以便控制电子转向助力系统阀门和 ECO。SGM 按脉冲宽度调制方式控制电子转向助力系统阀门和 ECO。车辆未安装主动转向系统时，控制电子转向助力系统阀门和 ECO 的软件在 SGM 内执行。

7）主动转向系统执行单元

主动转向系统执行单元位于转向器上。主动转向系统执行单元安装在分体式转向柱内，位于电子转向助力系统阀门与齿条之间。主动转向系统执行单元由一个无电刷的直流同步电动机和一个行星齿轮组构成。主动转向系统执行单元的核心组件是带有两个输入轴和一个输出轴的行星齿轮组。第一个输入轴通过电子转向助力系统阀门与下部的转向轴相连。第二个输入轴由电动机通过自锁型蜗杆传动机构作为低速挡驱动。蜗杆传动机构驱动一个蜗轮,该蜗轮会在驾驶人所转到的转向角上累加一个附加转向角。该单元上安装了一个电磁控制式安全锁,如果未通电,那么安全锁在弹簧作用下卡入蜗杆传动机构的锁槽内(蜗杆传动机构的最后一个齿)。电流约 1.8A 时,安全锁松开。电动机由三相导线供电。三相导线由主动转向系统控制单元的电子装置交替供电。屏蔽层通过电动机壳体的接地点连接到车身上。

4. 主动转向系统的功能

车轮转向的操纵力不是由电动机提供,而是与常规转向系统一样由独立的转向助力系统提供。主动转向系统可以有针对性地改变驾驶人所转到的前轮转向角,它在灵活性、舒适性和安全性方面树立了新的标准。

1)可变的转向传动比

可变的转向传动比功能可根据行驶速度和驾驶人要求的转向角自动匹配转向传动比。转向系统的设计要求是,速度较高时传动比较大,速度较低时传动比较小。速度较低或驻车时,主动转向系统执行单元显著提高车辆操控的轻便性。转动转向盘时不必换手。停车状态下转动两圈即可将转向盘从一侧限位位置转到另一侧限位位置。速度较高(大于 120km/h)时,主动转向系统可以使转向传动比大于常规转向系统。速度较高时,伺服电动机会反向补偿转向盘转角。同时提高的转向力矩(电子转向助力系统)可防止出现不希望的转向移动。

2)偏转率调节

主动转向系统可辅助 DSC 系统使车辆稳定下来。在动态行驶的临界状况下,主动转向系统可以有针对性地改变驾驶人所转到的车轮转向角且可以使车辆快速稳定下来(比驾驶人快得多)。DSC 系统的动作阈值高于主动转向系统的动作阈值。如果系统识别到车辆处于过度转向状态,主动转向系统最先开始工作,以便使车辆稳定下来。只有通过该转向系统已无法保证车辆稳定时,DSC 系统才开始工作。

3)转向助力支持

转向助力支持通过常规的齿条齿轮式液压助力转向机构实现。电子转向助力系统可作为选装装备选装。车辆未安装主动转向系统时,电子转向助力系统的电子装置和软件位于 SGM 内。车辆安装了主动转向系统时,用于转向助力支持的软件位于主动转向系统控制单元内。用于控制电子转向助力系统阀门和液压泵内阀门(ECO)的输出端位于 SGM 内。ECO 用于调节液压泵的液体体积流量,这样即可根据当前需要为转向助力系统提供合适的流量。

5. 主动转向系统的安全性

主动转向系统出现非期望的自转向动作时,可认为该系统处于临界安全状态。系统安全状态(Failsafe)是执行单元电动机最节能的状态。不管这种安全状态是因电压降低造成的,还是因该系统有意关闭造成的,都必须确保执行单元不干涉转向系统工作。此时一个电磁锁会插入执行单元的蜗杆传动机构内将执行单元锁死。该锁由一个弹簧预紧,通电后会逆着预紧力的方向移动,然后保持不动。因此,供电中断后该锁会插入执行单元的蜗杆传动机构内。重叠式转向器锁死后可确保驾驶人能通过转向柱继续手动转向。此后该转向系统的功能与常规转向系统相同。转向盘与前轮之间的纯机械传动仍然保持不变。主动转向系统执行单元的电动机通过三相导线连接。对地短路可防止电动机转动一圈，因为电动机最多只能转动120°。电子转向助力系统的阀门断电时，会切换到快速行驶特性线。转向助力会相应降低。ECO处于断电状态时，泵的体积流量为7L/min。如果主动转向系统控制单元未将有效信息发送到PT-CAN上，那么100ms后SGM将按取决于行驶速度的备用特性线工作。备用特性线可确保处于被动状态的主动转向系统拥有足够的转向性能。该系统的故障状态通过组合仪表内的一个指示灯、一个可变指示灯及检查控制信息向驾驶人通报。

3.6 电子控制转向系统常见故障及排除案例

3.6.1 电子控制转向系统常见故障

1. 转矩传感器输出信号有偏差

（1）故障现象：输出信号两极的电压值或其两者之和超出正常规定范围。

（2）故障原因：①主转矩线路断开或短路；②转矩传感器本身性能不良；③转矩传感器电源电压过高；④辅转矩线路断开或短路。

2. 电动机输出转矩异常

（1）故障现象：输出的转矩值超过正常范围。

（2）故障原因：①电动机与ECU之间的接线出现断路或短路；②电刷与换向器接触不良；③电枢与定子磁极卡死，转子转不动；④电枢绕组开路；⑤电枢绕组受潮发热，而且散热不好；⑥电动机长时间过载运行，引起电动机壳体发热，以至于烧坏；⑦电枢绕组有部分线圈元件短路。

3. 车速和发动机转速信号异常

（1）故障现象：转向力矩不随车速的变化而相应变化。

（2）故障原因：车速传感器、速度里程表与ECU，或者点火开关与ECU之间的接线出现短路、断路或接触不良，或者车速传感器、速度里程表等出现故障。

4. 微控制器损坏

（1）故障现象：没有助力控制。

（2）故障原因：ECU稳压电源的12V电源输入端与其输出端出现短接，将烧坏控制器；不小心或接线盒不良导致电动机的正负极出现了短接，突然转向时将引起MOSFET管击穿直通或相关电路损坏。

3.6.2 电子控制转向系统故障排除案例

案例1：2007年款迈腾汽车EPS系统故障警告灯在行驶中忽然点亮。

(1) 车型：2007年款迈腾1.8TSI。

(2) 故障现象：行驶过程中，EPS系统故障警告灯忽然点亮，车辆的转向感觉沉重。

(3) 故障诊断：利用 VAS 5052A 诊断仪，选择 02-44-004.01，进入动力转向的自诊断功能，检查故障码存储器，读得故障码"00573，转矩传感器-G269不可靠信号"。此故障码不能用仪器清除，是车辆的实时故障码。

将车辆举升以后，观察转向器，其外观并没有任何碰损痕迹，EPS系统的辅助控制单元与驱动电动机外壳接合，装在转向器上部，系统的转矩传感器与转向电控单元之间只有不到20cm长的外露线束，而且线束外表完好，暂时可排除线路刮擦导致的故障原因，需要对转矩传感器进行检测。

识别EPS系统线路图，显示控制单元与G269之间是4条直通的导线，拔下G269的T5Z插头，测量传感器线束端子与控制单元间的线路，导通正常，故障可能出在传感器内部元件。当拆开转向机后发现，该转矩传感器所在部位有被水浸过发霉现象，转向柱连接元件已经生锈，检查其防尘防水的密封套和密封胶圈没有损坏现象，但其转向柱密封口张紧力不大，车子曾涉水行驶，有水从密封套上部的转向柱密封口部位侵入，导致转矩传感器的电子元件损坏。

(4) 故障排除：更换一个新的转矩传感器，装回转向器，并清除故障码，因为拆过转向器，所以必须利用 VAS 5052A 进入引导型故障查询的基本设置功能，对转向盘转角传感器G85进行基本设置，完成后试车确认故障排除。

(5) 故障总结：大众汽车的助力转向系统故障多发生在电控系统传感器、电动机等硬件部分，而且不少是因为车主和维修人员不了解车辆采用的电控助力转向系统的特点，在使用和维修过程中导致一些人为故障的发生。

案例2：2008年款速腾汽车电控助力转向系统故障。

(1) 车型：2008年款速腾。

(2) 故障现象：行驶时感觉方向突然很沉重，仪表板电控助力转向系统故障警告灯点亮。

(3) 故障诊断：利用 VAS 5052A 进入"01-44"，直接读取电控助力转向系统的故障码，按"02-1000"进入车辆车载诊断（OBD）的"读取网关安装列表"，进入"助力转向单元"显示"无法到达"，表明仪器不能进入电控助力转向控制单元的自诊断系统。通常出现此故障码主要有几个原因：一是控制单元的诊断和信号CAN传输线路故障；二是电控单元的电源及搭铁线路断路或短路；三是电控单元本身故障损坏。

将车辆举升，拔出控制单元J500的插头，参考如图3.57所示的转向控制单元电路，电控助力转向系统的辅助控制单元J500有两个电源供应脚T21/2和T5h/4，前者与电控转向助力器电动机共用电源，测量时无电压，后者在打开钥匙后有12V电压，T21/1搭铁正常。

查询线路图可知J500是由蓄电池熔丝架上的80A的SA2号熔丝供电，检查这个熔丝没有熔断，但其接线的螺母（图3.58）是松动的，导致电流不能通过。

(4) 故障排除：将螺母拧紧后，J500供电恢复正

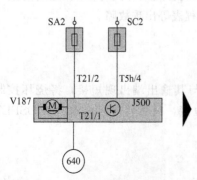

图3.57 转向控制单元电路

松动的螺母

图 3.58 蓄电池熔丝支架

常,清除故障码后试车,转向器转向轻便,电控助力转向系统故障警告灯正常熄灭,故障排除。

(5) 故障总结:汽车驾驶系统和底盘线控技术的大量应用,要求汽车售后服务部门工作人员积极做好技术更新的学习和准备,在新车型新故障出现后应及时总结相关故障的应对措施,提醒维修人员注意检修工艺与方法的改进,同时销售顾问和服务顾问及早给车主介绍车辆新技术的使用特点和要求,尽可能减少使用或维护不当造成的故障发生。

案例 3:2011 年款科鲁兹汽车 EPS、EBCM 系统故障。

(1) 车型:2011 年款科鲁兹 1.8L。

(2) 故障现象:EPS、EBCM 系统不能通过自检而点亮故障灯,同时驾驶人信息中心显示"请检修助力转向"。

(3) 故障诊断:首先连接诊断仪 GDS 访问电控转向控制模块,GDS 显示电控转向控制模块(EPS)有关于 GMLAN 数据通信的 U 类故障码:①U0401,从发动机收到的数据无效;②U0140,与车身控制模块失去通信;③U0100,与发动机控制模块失去通信。故障码显示电控助力转向控制模块与其他模块之间的数据通信已经中断;对 EBCM 模块进行访问,GDS 提示无法与 EBCM 建立对话。

用 GDS 进入车辆模块故障码的查询功能项,通过此项查询功能可以将与 GDS 通信的所有车载模块内存储的故障码显示出来,通过查询发现 BCM、ECM、EPS、TCM 内有 9 个 U 类故障码。根据 U 类故障码维修导向,初步判断车辆模块通信出现故障。一般来说,引起汽车网络信息传输系统故障的原因有 3 种:①汽车电源系统引起的故障;②网络传输系统的链路故障;③网络信息传输系统电控模块故障,即节点故障。

根据如图 3.59 所示的网络通信系统,GDS 可以对高速总线上面的 5 个模块中的 4 个进行访问,却无法访问 EBCM 模块,说明该车的高速总线不存在短路、断路及线路物理性质引起的通信信号失真或衰减;从网络结构图上看,EBCM 在高速总线与底盘拓展总线之间,故障码显示下游模块 ECM、EPS、TCM 与 BCM 失去通信,上游模块 BCM 显示与下游 TCM、ECM、EBCM 3 个模块失去通信,应是信息传输系统节点故障,EBCM 模块出现故障的可能性最大;GDS 无法与 EBCM 模块建立访问,出现无法访问的原因可能是车辆电源系统故障、EBCM 模块电源系统故障、EBCM 模块自身故障及其通信链路故障。

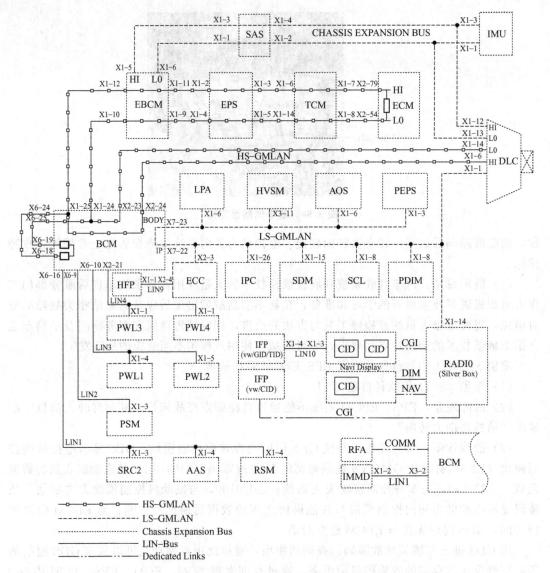

图 3.59 网络通信系统

可以推断车辆电源系统提供给 EBCM 模块的供电与接地正常，故障检查重点应放在 EBCM 模块及其相关线路。先对总线通信线路有效性进行确认，该车高速总线末端的模块内各有一个 120Ω 截止电阻，该电阻的作用是防止当数据传输到 GMLAN 总线末端时出现反射回送，以发热的方式将信号消散。在 GMLAN 总线正常的情况下，测量 DLC 处 6 号、14 号引脚电阻应为 60Ω 左右，对故障车测量显示总线电阻为 61.6Ω，与标准值相符；对地、对电压测量也未发现 6 号引脚、14 号引脚有短路情况；查看 EBCM 模块相关电路图，EBCM 模块插头 1 号、25 号引脚为蓄电池电压，13 号引脚为搭铁，万用表测量显示电压为 11.54V，为蓄电池电压，测量搭铁线也未见异常；进一步查阅电路图发现，BCM 与 ECM、TCM、EBCM、EPS、ONSTAR 模块之间还有一根唤醒线，唤醒方法是电压供应。接下来对唤醒线进行测量，测量 EBCM 模块插头 8 号引脚唤醒线电压，点火开关 ON 位显示电压为 10.90V。为进一步验证唤醒电压的准确性,同时测量 BCM 唤醒线分支 EPS 模块上的唤醒电压,EPS 模块显示唤醒线电压与 EBCM 模块一致。综合以上的检查、测量结果,可以判断故障是由 EBCM 模块损坏引起的。

(4) 故障排除:更换 EBCM 模块后,故障排除。

(5) 故障总结:该车的信息中心虽然提示"请检修助力转向",而故障原因却是 EBCM 模块出现故障引起的。所以在排除此类车辆网络通信方面的故障时,不仅需要关注仪表维修提示,更需要对网络结构进行充分了解,对故障原因进行综合分析,对相关总线系统进行必要的检查与测量,这样才能做出对车辆的快速诊断。

案例 4:2012 年款奥迪 A6L 汽车转向系统沉重。

(1) 车型:2012 年款奥迪 A6L,排量 2L。

(2) 故障现象:转向系统沉重,而且仪表板上转向盘红色指示灯报警,并提示"转向系统故障、请勿继续行驶"的信息。

(3) 故障诊断:利用 VAS 5054 调取故障码,显示有两个故障码:①B200049,控制单元损坏;②C10ACF0,转向系统未学习的端位。

因为转向系统的力矩传感器、位置传感器、电动机、控制单元与转向机集成一体,上述元件即使出现单个故障点,也不可单独更换,如有故障则需更换转向机总成。

根据故障码推测,控制单元损坏与 J500 有关,端位未学习与位置传感器故障有关,或学习数据丢失,但仪表板红色指示灯报警,说明系统是真正存在故障的,必须检修或更换,即使端位学习有故障,最多亮起黄色指示灯,所以第二个故障码并不重要,重要的是第一个故障码:控制单元损坏。因为 VAS 5054 可以进入地址码 44 实施诊断,而且 J500 能够存储故障记录,线路出问题的可能性几乎为零,即便如此,还是检查了相关控制线路,结果一切良好。初步确定,故障出在助力控制单元 J500 上,所以需更换转向机总成。

(4) 故障排除:更换转向机总成,新控制单元总成在安装后,要在线编程,并进行端位匹配。在线编程后,仪表板上黄色转向盘指示灯依然点亮,接着对 G85 进行校准,校准工作可在 J527 或 J500 中按引导功能完成,如图 3.60 所示。接着做端位匹配:起动车辆,将转向盘向左转到底,并保持 20s 以上,接着向右转到底并保持 20s 以上,转向盘回正后仪表中的黄色指示灯熄灭,故障排除。

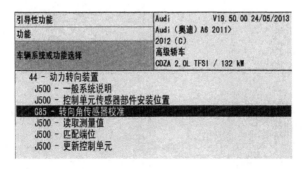

图 3.60 G85 校准

(5) 故障总结:转向系统自诊断故障指示的两种状态模式如下。

① 黄色指示灯在下述情况下会点亮:电控助力转向系统在没有进行极限位置(端位

匹配）学习的情况下（或学习值丢失），故障存储器会记录下与端位匹配相关的故障，且助力转向功能会降至60%的水平，即转向系统助力降低，仪表显示屏上出现文字信息提醒驾驶人。在成功完成端位匹配后，黄色指示灯会自动熄灭，故障存储器内的记录也会自动清除。

② 红色指示灯在下述情况下会点亮：15号接线柱接通后，系统内部自检，仪表控制单元J285会使该指示灯暂时亮起以检查其功能，如系统无故障，几秒后指示灯会熄灭。自检不正常、系统存有故障时，则红色指示灯一直点亮，仪表板上会显示文字信息并存储故障记录，此时方向沉重，车辆就不易操控了，因为助力功能已降至不足20%的水平，甚至彻底失灵。

通过分辨两种颜色的指示灯，了解故障存在于哪些方面，从而有针对性地进行检查与排除故障，以免浪费较多的时间在无关紧要的部件检查上。

习 题

1. 电控液压式助力转向控制系统分为哪几类？
2. 电动助力转向控制系统与电控液压助力转向控制系统相比，有何优点？
3. 简述主动前轮转向控制的基本原理。
4. 简述宝马主动转向系统工作时的3种驱动方式。
5. 四轮转向控制系统的定义是什么？
6. Polo乘用车的EHPS中的转向角速度传感器的作用是什么？
7. 速腾乘用车的EPS系统主要由哪些部件构成？
8. 宝马E60底盘的主动转向系统包括几个子系统？各子系统又包括哪些部件？

第 4 章 电子控制悬架系统

教学目标

了解悬架系统的概念、功用，熟悉电子控制悬架系统的分类、功能及特点，掌握电子控制悬架系统的基本组成、工作原理及控制系统组成等，掌握典型车系电子控制悬架系统的组成、结构原理及检测方法等。

教学要点

知识要点	能力要求	相关知识
电子控制悬架的基本知识	了解电子控制悬架系统的功用、分类，了解各种电子控制悬架的特点	悬架系统的功用、组成
可调阻尼式减振器	了解减振器的功用、可调阻尼式减振器的几种类型，理解各类可调阻尼减振器的工作原理	减振器的分类、组成及工作原理
空气弹簧及油气弹簧	理解空气弹簧的工作特性，掌握空气弹簧组成及结构，掌握油气弹簧的组成、工作过程等	悬架系统弹性元件的分类
典型车系的电子控制悬架系统	掌握典型车型电子控制悬架系统的组成、结构、工作原理，掌握其电子控制系统的组成及工作原理	电子控制悬架系统的应用前景

汽车底盘控制系统

悬架是车架（或车身）与车桥（车轮）之间一切传力装置的总称。传统式悬架的功用是把作用于车轮上的垂直反力、纵向反力、侧向反力及这些反力所造成的力矩都传到车架上，在保证汽车正常稳定行驶的同时，改善汽车行驶的平顺性。被动悬架由于其结构特点，很难保证汽车的乘坐舒适性和操纵稳定性同时达到最佳。为了解决这一问题，产生了根据道路路面情况保证汽车的性能达到最佳的电子控制悬架。电子控制悬架系统是相对于传统的悬架系统而言的。它是以电子控制模块为控制核心，对汽车悬架参数（如弹簧刚度、减振器阻尼系数、倾斜刚度和车身高度等）进行实时控制，从而提高汽车的乘坐舒适性和操纵稳定性的悬架系统。

4.1 电子控制悬架系统基本认识

1. 电子控制悬架的功能

（1）调节车身高度上。汽车载荷变化时，电子控制悬架系统能够自动维持车身高度不变，汽车即使行驶在较差路面时也能够保证车身平稳。

（2）提高车辆的行驶平顺性和操纵稳定性，抑制车辆姿态变化。当汽车急速起步或加速行驶时，在惯性力及驱动力的作用下，车辆会产生"后仰"现象。电子控制悬架能够及时改变悬架的俯仰角度。当汽车在高速行驶中紧急制动时，在惯性力和制动力的作用下，车辆会产生制动"点头"现象。电子控制悬架能够及时调整前后悬架系统的刚度和阻尼，及时抑制"点头"现象。当汽车在急转弯时，由于离心力的作用，汽车车身向一侧倾斜，电子控制悬架在这种工况下能够减少车身倾斜程度，抑制车身横向摇动的产生。因此，电子控制悬架在一定程度上能使悬架适应负荷状况、路面不平度和操纵情况的变化。

（3）提高车辆轮胎与地面的附着力。车辆在制动时由于产生"点头"现象，车辆的前、后轴载荷发生变化，使后轮与地面的附着条件变差，影响了制动效果。电子控制悬架系统能够抑制"点头"现象，使车轮始终与地面保持良好接触。

2. 电子控制悬架系统的调节内容

电子控制悬架系统的作用是通过控制调节悬架的刚度和阻尼，突破传统被动悬架的局限性，使汽车的悬架特性与道路状况和行驶状态相适应，从而保证汽车行驶的平顺性和操纵稳定性。其调整内容如下：

（1）车身高度调整。
（2）减振器阻尼力控制。
（3）弹簧刚度调整。

3. 电子控制悬架的分类

1）按有源和无源分类

从控制力的角度来看，悬架可分为被动悬架（Passive Suspension）、半主动悬架（Semi-active Suspension）及主动悬架（Active Suspension）。图4.1所示为1/4车辆被动悬架系统动力学原理。由于被动悬架系统的阻尼和刚度是根据一定的速度工况和道路条件设计的，被动悬架系统的参数一旦确定后，汽车在行驶过程中就很难根据路面激励和自身运行状态达到调整的目的，因此该类悬架难以使汽车具有良好的行驶平顺性和操纵稳定性。

图 4.2 所示为 1/4 车辆主动悬架系统动力学原理。作动器相当于一个力发生器，根据车身质量的速度响应等反馈信号，按照一定的控制规律产生作用力，可替代被动悬架中的弹簧和阻尼器。主动悬架的优点是适应性强，可很好地满足不同工况的要求。主动悬架的控制目标是在任何行驶工况都能实现最佳的隔振效果，但主动悬架系统的功率消耗较大，系统成本高，对传感器、控制器等硬件要求也较高，因而限制了其发展及推广。

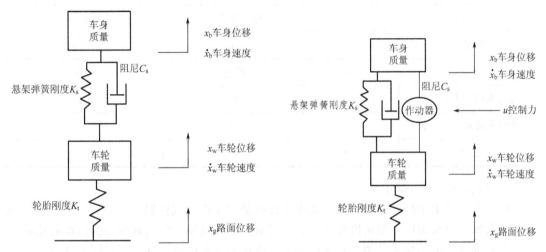

图 4.1　1/4 车辆被动悬架系统动力学原理　　图 4.2　1/4 车辆主动悬架系统动力学原理

由于悬架刚度直接影响车辆的承载性能，所以半主动悬架一般以改变阻尼为主。图 4.3 所示 1/4 车辆半主动悬架系统动力学原理。

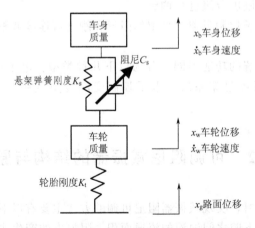

图 4.3　1/4 车辆半主动悬架系统动力学原理

半主动悬架系统中的阻尼可调减振器主要有两种：一种是通过改变节流孔面积调节阻尼，另一种是通过改变减振液的黏性调节阻尼。节流孔的面积一般通过电磁阀或步进电动机进行有级或无级的调节。减振液的黏性一般通过磁流变或电流变原理而实现。由于半主动悬架结构简单，工作时几乎不消耗车辆动力，而且还能获得与主动悬架相近的性能，因此具有良好的应用前景。被动悬架、半主动悬架和主动悬架的主要性能对比见表 4-1。

表 4-1 三种悬架的主要性能对比

悬架名称	被动悬架	半主动悬架	主动悬架
调节元件	普通减振器	可调减振器	液压系统和串联硬弹簧
作用原理	阻尼不变	阻尼有级或连续可调	调节车身与轮间作用力
控制		电、液自动	电、液自动
频带宽		20Hz	大于 15Hz
能量消耗	无	很小	很大
改善横向动力学特征		中	大
改善垂直动力学特征		中	大
成本	最小	中	大

2) 按悬架介质不同分类

(1) 空气式电子控制悬架。空气式电子控制悬架采用空气弹簧，通过改变空气弹簧气室中的气室压力来实现悬架刚度控制，并通过对气室充气或排气实现对车身高度的控制。

(2) 油气式电子控制悬架。系统以油为介质压缩气室中的氮气，实现刚度调节。

3) 按悬架调节方式分类

按悬架调节的方式不同，有分级调整式电子控制悬架和无极调整式电子控制悬架。

(1) 分级调整式电子控制悬架：由驾驶人手动选择或 ECU 根据各传感器的信号自动选择，将悬架的阻尼、刚度分级进行调整。

(2) 无极调整式电子控制悬架：悬架的阻尼和刚度可连续调整。

4) 按功能分类

按电子控制悬架系统的功能不同，分为以下几种类型：电子控制空气弹簧悬架系统、电子控制可调阻尼减振器悬架系统、电子控制变刚度空气弹簧与可调阻尼减振器悬架系统。

4.2 可调阻尼减振器的结构与原理

根据国内外研究资料，实现减振器阻尼可调的方式主要有以下几种：

(1) 改变活塞上、下腔之间油液的流通面积。阻尼力的产生主要依靠活塞上不同形式的节流孔对液压油的节流作用，通过增加可以改变节流面积的结构装置，即可改变阻尼，如在活塞杆或活塞上增加可调节流孔。该方式加工工艺简单、控制方便但阻尼可调范围不大。

(2) 改变活塞上节流阀片的个数或结构。由于单筒减振器只有一个活塞阀系，活塞上阀片对阻尼力的影响就至关重要，若改变阀系中阀片的个数或结构，因受力而形成的流通缝隙就会产生相应的变化,从而导致活塞上下腔的流通面积随之变化,即可达到改变阻尼力的目的。

(3) 实现阻尼的外部可调。通过在外部增加一个节流装置来调节活塞上、下腔间的流通面积,可较方便地实现阻尼可调,但这种装置加工复杂、安装麻烦。而且在外部增加了液力装置后,液力系统本身固有的时滞问题就更加明显,因此需要配备响应迅速的高性能节流控制阀,这将导致制作成本增加。

1. 阻尼分级可调式减振器

图 4.4 采取第一种阻尼调节方式,可实现阻尼三挡可调。调节杆一端通过过盈配合与调节阀芯连接,两者共同嵌套在空心活塞杆内,另一端则与超声电动机的输出轴相连。活塞杆末端与活塞组件连接,将内管的液压腔分割为复原腔和压缩腔。调节阀芯与活塞杆相应位置开有节流孔,调节杆带动调节阀芯转动,从而改变调节阀芯与活塞杆上重合节流孔的数目,以达到改变减振支柱液压阻尼的目的。

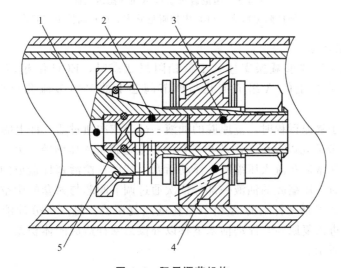

图 4.4 阻尼调节机构
1—调节杆;2—调节阀芯;3—衬套;4—活塞组件;5—活塞杆

为实现减振支柱阻尼的三挡可调,在活塞杆和调节阀芯的相应位置上都开有不同数量的节流孔,它们的不同状态如图 4.5 所示。活塞杆上 A 组有两个中心线在同一轴线方向的节流孔,并且节流面积相等。调节阀芯上 B 组也有两个与 A 组相应的节流孔,C 组两个具有相同节流面积的节流孔在与 B_1 同一横截面上呈 180°分布,且各自与 B_1 的夹角均为 90°。

假设以低挡阻尼状态为初始状态,此时活塞杆上 A 组的两个节流孔与调节阀芯上 B 组的两个节流孔均重合,其他节流孔错开,即有两个节流孔打开;从低挡阻尼状态切换到中挡阻尼状态时,超声电动机通过调节杆带动调节阀芯顺时针旋转 90°,此时活塞杆上的节流孔 A_1 与调节阀芯上的节流孔 C_1 重合,其他节流孔错开,即有 1 个节流孔打开;从中挡阻尼状态切换到高挡阻尼状态时,超声电动机通过调节杆继续带动调节阀芯顺时针旋转 90°,此时活塞杆与调节阀芯没有节流孔重合,即所有节流孔均关闭。下面将分别就针对三种阻尼状态分析减振支柱阻尼调节的工作原理。

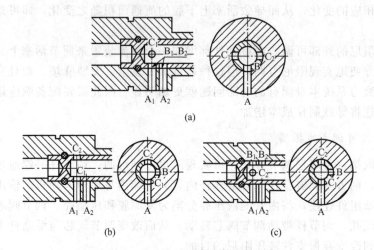

图 4.5 阻尼调节机构不同状态示意图
(a) 低挡阻尼状态；(b) 中挡阻尼状态；(c) 高挡阻尼状态

1) 低挡阻尼状态

当车辆行驶工况要求减振支柱处于低挡阻尼状态时，ECU 给超声电动机相应的控制信号，保证活塞杆上的 A 组节流孔与调节阀芯上的 B 组节流孔重合，如图 4.5(a) 所示。

减振支柱处于复原行程时，复原腔的油液一部分依次通过活塞杆上的 A 组节流孔、调节阀芯上的 B 组节流孔以及调节阀芯与衬套的中空通道进入压缩腔，另一部分油液则经过活塞上的复原阀和常通孔流入压缩腔，浮动活塞上移以补偿活塞杆造成的体积差；减振支柱处于压缩行程时，压缩腔的油液一部分依次通过调节阀芯与衬套的中空通道、调节阀芯上的 B 组节流孔以及活塞杆上的 A 组节流孔进入复原腔，另一部分油液则经过活塞上的压缩阀和常通孔进入复原腔，浮动活塞下移以补偿活塞杆造成的体积差。油液的具体流向示意图如图 4.6 所示。

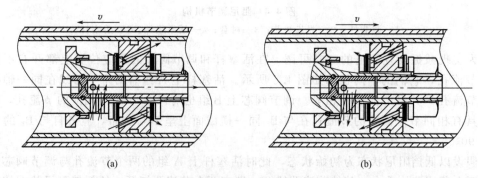

图 4.6 低挡阻尼状态油液流向示意图
(a) 复原行程；(b) 压缩行程

2) 中挡阻尼状态

当车辆行驶工况要求减振支柱处于中挡阻尼状态时，ECU 给超声电动机相应的控制信号，保证活塞杆上的节流孔 A_1 与调节阀芯上的节流孔 C_1 重合，如图 4.5(b) 所示。

减振支柱处于复原行程时,复原腔的油液一部分依次通过活塞杆上的节流孔 A_1、调节阀芯上的节流孔 C_1 及调节阀芯与衬套的中空通道进入压缩腔,另一部分油液则经过活塞上的复原阀和常通孔流入压缩腔,浮动活塞上移以补偿活塞杆造成的体积差;减振支柱处于压缩行程时,压缩腔的油液一部分依次通过调节阀芯与衬套的中空通道、调节阀芯上的节流孔 B_1 及活塞杆上的节流孔 A_1 进入复原腔,另一部分油液则经过活塞上的压缩阀和常通孔进入复原腔,浮动活塞下移以补偿活塞杆造成的体积差。油液的具体流向示意图如图 4.7 所示。

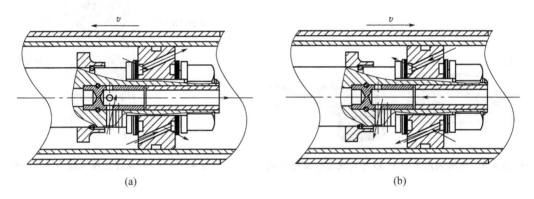

图 4.7 中挡阻尼状态油液流向示意图
（a）复原行程；(b) 压缩行程

3）高挡阻尼状态

当车辆行驶工况要求减振支柱处于高挡阻尼状态时,ECU 给超声电动机相应的控制信号,保证活塞杆上的节流孔与调节阀芯上的节流孔全部错开,如图 4.5（c）所示。此时,无论减振支柱处于复原行程还是压缩行程,油液均只能通过活塞组件上的阀及常通孔流通。油液的具体流向示意图如图 4.8 所示。

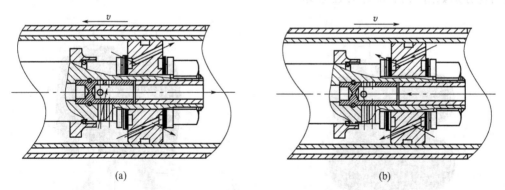

图 4.8 高挡阻尼状态油液流向示意图
（a）复原行程；(b) 压缩行程

2. 阻尼连续可调式减振器

图 4.9 所示为辉腾乘用车 CDC 双管式充气减振器支柱总成,可通过集成在活塞上的电控阀门进行大范围减振力调节。通过改变流经电磁阀的电流、流经活塞阀的油流和减振

力可以在几毫秒内适应瞬间的减振需求。CDC双管式充气减振器的内部结构如图4.10所示。

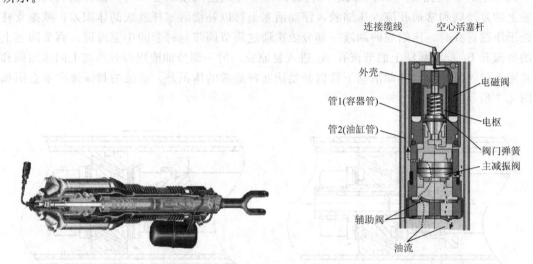

图4.9 辉腾乘用车CDC双管式减振器支柱总成　　图4.10 CDC双管式减振器的内部结构

4.3 空气弹簧的结构与原理

空气弹簧是利用橡胶气囊内部压缩空气的反力作为弹性恢复力的一种弹性元件，只能承受垂直载荷，所以空气弹簧悬架需要一套导向机构来承受切向力和侧向力。但是空气弹簧对高频振动具有较好的隔振性能，对路面引起的车身振动具有较好的衰减作用。

根据橡胶气囊工作时的变形方式，空气弹簧主要分为囊式空气弹簧、膜式空气弹簧，其结构分别如图4.11和图4.12所示。

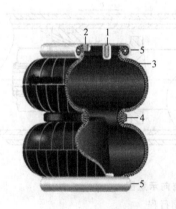
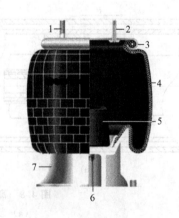

图4.11 囊式空气弹簧
1—暗螺母；2—进气口；3—橡胶气囊；
4—环箍；5—缘板

图4.12 膜式空气弹簧
1—螺柱；2—组合螺柱；3—缘板；
4—橡胶气囊；5—缓冲块；
6—活塞螺钉；7—活塞

囊式空气弹簧根据橡胶气囊曲数分为单曲、双曲和多曲囊式空气弹簧。气囊各段之间镶有金属轮缘，目的是承受内压张力。对于囊式空气弹簧来说，选择适当的弹簧有效面积变化率和辅助气室容积，可得到较低的振动频率。增加气囊曲数时，由于气囊的变形可由各个曲部平均分担，因而曲数越多，有效直径变化率就越小，因此增加气囊曲数可以降低囊式空气弹簧的刚度和振动频率。

膜式空气弹簧的结构是在盖板和底座之间放置一个圆柱形橡胶气囊。膜式弹簧工作时，橡胶气囊沿活塞外壁发生变形，通过气囊的挠曲变形实现整体伸缩。膜式空气弹簧具有尺寸小、弹性特性曲线理想、刚度小等特点，常用于大客车及乘用车上。

空气弹簧的优点如下：

（1）刚度非线性。空气弹簧具有非线性刚度的特点。空气作为空气弹簧的弹性介质，有着近乎理想的弹簧特性，其固有频率可根据需求适当改变。因而可根据实际需要设计空气弹簧特性曲线，使其形状成为最理想的反"S"形，如图4.13所示，即在曲线的中间区段（额定载荷附近）具有较低的刚度，而在拉伸和压缩行程的边缘区段刚度逐渐增加。这样，当路况良好时，悬架刚度较小，从而保证了车辆行驶的平顺性；当路况较差时，悬架刚度迅速增加，从而提高了车辆行驶的稳定性。

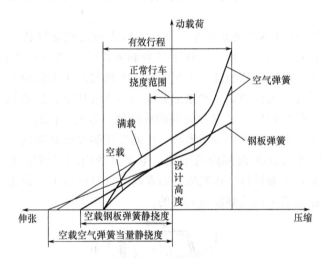

图4.13 钢板弹簧和空气弹簧的特性比较

（2）空气弹簧具有可调性。空气弹簧的调节包括车身高度和刚度两方面，通过调节空气弹簧的内部压力实现，两者相互关联。当汽车载荷变化时，高度调节阀向空气弹簧充气或放气，从而提高或者降低空气弹簧的内部压力。与此同时，空气弹簧的刚度也随之相应增大或减小，使车身高度保持不变。由于车辆的刚度随着载荷变化，因此使得车辆空载或者满载时悬架的固有频率基本保持不变。车身高度不变的另一优点是能够方便乘客上下车，并且当车辆行驶工况不同时，可以调整空气悬架的刚度到相应水平，以适应车辆行驶。

（3）空气弹簧的隔振性好。根据隔振原理可知，当隔振系统的固有频率f_n与振源激振频率f间满足$f_n \leqslant \sqrt{2}f/2$时产生的隔振效果较好，并且$f_n$越低于$f$，隔振效果就越好。当$f_n$低于3Hz时，对于一般振源而言，如果隔振系统采用空气弹簧作为隔振元件就能隔离大多数振动的干扰。要通过金属弹性元件实现这么低的隔振系统固有频率，尤其是在大载荷下，是很困难的，而空气弹簧却能满足要求，这是因为空气弹簧的工作介质是压缩空气，空气与橡胶的内摩擦都非常小，高频振动很难传递。另外，空气和橡胶均不易传递声音，因而具有良好的隔音性能。

（4）空气弹簧的寿命长。由于作为空气弹簧介质的空气本身不存在疲劳损耗问题，其寿命仅取决于橡胶气囊的寿命，而目前国内橡胶气囊疲劳试验寿命远远超过了钢板弹簧。

空气弹簧的缺点如下：空气弹簧的气密性要求高，制造工艺复杂，成本高，密封困难，尺寸大，布置困难，尤其在非独立悬架上，无法保证两侧空气弹簧有足够的中心距，从而导致悬架侧向刚度较小，必须安装横向稳定器。另外，空气弹簧只能承受垂直载荷，所以空气弹簧悬架需要设置相应的导向机构来承受切向力、侧向力和力矩。

4.4 油气弹簧的结构与原理

目前，主动控制悬架系统有以高压液体作为能量的液压悬架和油气悬架，也有以高压气体作为能量的空气悬架。主动悬架系统根据车速、转向、制动、位移等传感信号，经ECU处理后，控制电磁式或步进电动机式执行器，通过改变悬架的刚度，以适应复杂的行驶工况。

图4.14所示为一些日本高级乘用车上使用的压力控制型油气悬架（简称电子控制油气悬架）系统的工作示意图。它由一个压力控制阀液控油缸和一个单作用油气弹簧构成，压力控制阀实际上由一个电子控制液压比例阀和一个机械式压力伺服滑阀组成，油气弹簧则是一个具有弹性元件（气体弹簧）和阻尼元件的特殊液压缸。该系统工作时，对于低频（2Hz以下）干扰，可以通过ECU对控制阀的线圈加一电流以控制针阀开口，从而在控制阀的出口处产生一个与之成比例的输出油压，由此来控制油气悬架内的油压，以控制车体的振动；对于中频（2～7Hz）范围内的干扰，主要由滑阀的机械反馈功能对油气悬架内的油压进行伺服控制，从而进行车体减振；而在高频（7Hz以上）范围，则利用油气悬架内的气体弹簧吸收振动能量而达到减振的目的。

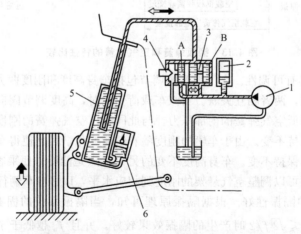

图 4.14 电子控制油气悬架系统的工作示意图

1—液压缸；2—储能器；3—机械式压力伺服滑阀；4—电子控制液压比例阀；
5—液控油缸；6—气体弹簧

电子控制油气悬架根据 ECU 的指令信号调节线圈的电流大小，改变液压比例阀的位置，使悬架液压缸获得与电流成比例的油压。通常在行驶状态，伺服阀两侧 A 室的系统油压与 B 室的反馈油压相互平衡，伺服阀处于主油路与液压缸相通的位置，控制车体的振动。当路面凸起而使车辆发生跳动时，悬架液压缸压力上升，伺服阀 B 室反馈压力超过 A 室压力，推动滑腔向左侧移动，液压缸与回油通道接通，排出机油，维持压力不变，从而车轮振动被吸收而衰减。在悬架伸张行程，液压缸内的压力下降，伺服阀 A 室压力大于 B 室压力，滑阀右移，主油路与液压缸接通，来自系统的压力油又进入液压缸，以保持液压缸内的压力不变。

主动式空气悬架能够根据汽车行驶状态和外界激振的变化自动调节空气弹簧的刚度、减振器的阻尼及车身高度，在高速、低速、制动、转向等工况下，在各种道路上行驶时可自适应地改变参数以缓和路面传来的冲击和振动，提高车辆行驶的平顺性和操纵稳定性。

4.5 典型车型电子控制悬架系统

4.5.1 奥迪 A6L C6 乘用车电子控制悬架系统

奥迪 A6L C6 两厢乘用车电子控制空气悬架系统在车辆上的布置方式如图 4.15 所示。

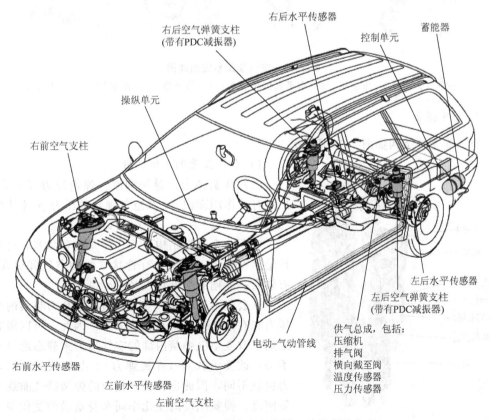

图 4.15 奥迪 A6 乘用车空气悬架系统的布置方式

1. 空气悬架

奥迪 A6 乘用车的空气悬架主要由以下部件构成，如图 4.16 所示。
(1) 弹性元件：使用的是带有管状气囊的空气弹簧。
(2) 减振器：使用的是 PDC（气动减振控制）减振器。
(3) 压缩机：提供高压压缩空气。
(4) 控制阀：控制压缩机或蓄能器至空气弹簧的管路。
(5) 控制单元：接收车辆运行的各种数据，处理后控制空气弹簧工作。
(6) 水平传感器：接收车辆水平信息。

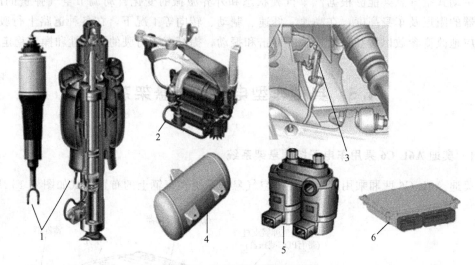

图 4.16 空气悬架系统组成图

1—空气弹簧；2—压缩机；3—水平高度传感器；4—蓄能器；5—控制阀；6—控制单元

2. 空气弹簧

空气弹簧的结构如图 4.17 所示。

1) 空气弹簧的工作原理

(1) 弹簧弹力、弹簧刚度。弹簧弹力（承载力）F 由有效作用面积 A_w 和空气弹簧的压力 p_i 来决定。

$$F = p_i \times A_w$$

对于一个刚性结构而言，如气缸和活塞，有效直径是活塞直径；对于带有管状气囊的空气弹簧而言，有效直径是褶皱最低点直径。

从公式可以看出，空气弹簧的承载力与其内部的压力和有效作用面积有直接关系。因此，可以很容易地通过改变空气弹簧内部的空气压力来静态地（车身不动）改变承载力（弹簧弹力）。由于载荷不同，压力也就不同，因此也就会有相应的弹簧特性曲线或弹簧刚度。弹簧刚度的变化率同车身重量的变化率是一致的，这样就可以保证与行驶性能相关的车身固有频

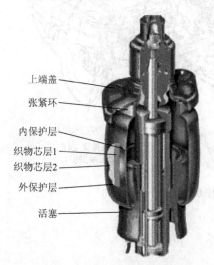

上端盖
张紧环
内保护层
织物芯层1
织物芯层2
外保护层
活塞

图 4.17 空气弹簧的结构

率保持不变。空气悬架是按照 1.1 倍车身固有频率进行匹配的。

(2) 弹簧特性曲线。空气弹簧的原理决定着它的特性曲线是逐级上升的,如图 4.18 所示。

弹簧特性曲线的走向由弹簧容积来决定。弹簧容积大,其特性曲线就平坦(软弹簧);弹簧容积小,其特性曲线就较陡(硬弹簧)。可以通过改变活塞的截面来影响弹簧特性曲线的走向。改变活塞的截面可以改变活塞的有效作用直径,从而可改变弹簧的承载力。

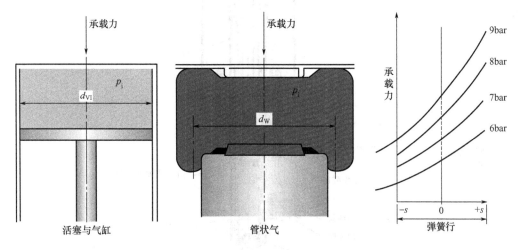

图 4.18 空气弹簧特性曲线

2) PDC 减振器

阻尼力的变化是通过一个单独的 PDC 阀来实现的。该阀集成在减振器内,通过一根软管与空气弹簧相连。空气弹簧压力(该压力与载荷成比例)作为可调参数来控制 PDC 阀上的可变节流口,影响流动阻力,从而影响回弹和压缩时的阻尼力。为了平衡空气弹簧中不希望出现的动态压力变化(压缩和回弹),PDC 阀的空气接口上还装有一个节流阀。

(1) 结构和功能。如图 4.19 所示,PDC 阀会影响活塞杆一侧工作腔(工作腔 1)的液压油流动阻力。工作腔 1 通过一个孔与 PDC 阀相连。当空气弹簧压力较小时(空载或很小的部分载荷),PDC 阀所形成的液压油流动阻力也较小,因此一部分减振液压油会流过阻尼阀,于是阻尼力就减小了。PDC 阀的流动阻力与控制压力(空气弹簧压力)有固定的对应关系。阻尼力由相应的阻尼阀(压缩/回弹)和 PDC 阀形成的流动阻力决定。

(2) 工作过程:

① 空气弹簧压力较小时的伸长过程如图 4.20 所示。

活塞被拉着向上运动,一部分机油流过活塞阀,另一部分机油通过工作腔 1 内的孔流往 PDC 阀。由于控制压力(空气弹簧压力)及液体流过 PDC 阀的阻力变小,因而减振力(阻尼力)也将减小。

② 空气弹簧压力较大时的伸长过程如图 4.21 所示。

由于控制压力(空气弹簧压力)及液体流过 PDC 阀的阻力增大。大部分液体(取决于控制压力)必须流过活塞阀,因而减振力(阻尼力)也将增大。

③ 空气弹簧压力较小时的压缩过程如图 4.22 所示。

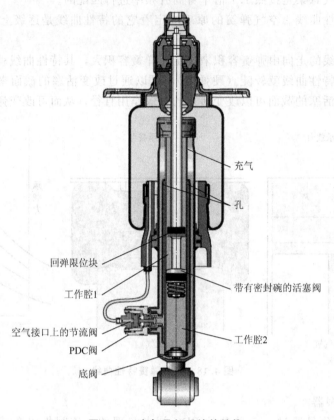

图 4.19 空气悬架系统的结构

标注：充气、孔、带有密封碗的活塞阀、工作腔2、回弹限位块、工作腔1、空气接口上的节流阀、PDC阀、底阀

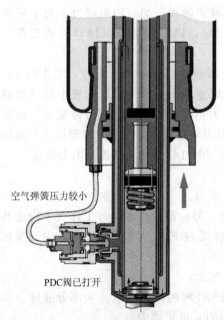

图 4.20 空气弹簧压力较小时的伸长过程

（空气弹簧压力较小，PDC阀已打开）

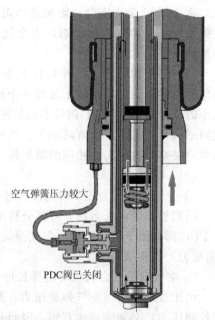

图 4.21 空气弹簧压力较大时的伸长过程

（空气弹簧压力较大，PDC阀已关闭）

活塞被向下压，阻尼力由底阀和液体流过该阀的阻力所决定。活塞杆压出的机油一部分经底阀流入储油腔，另一部分机油经工作腔1（图4.19）内的孔流向PDC阀。由于控制压力（空气弹簧压力）及液体流过PDC阀的阻力变小，因而减振力（阻尼力）也将减小。

④ 空气弹簧压力较大时的压缩过程如图4.23所示。

由于控制压力（空气弹簧压力）及液体流过PDC阀的阻力增大。大部分液体（取决于控制压力）必须流过底阀，因而减振力（阻尼力）也将增大。

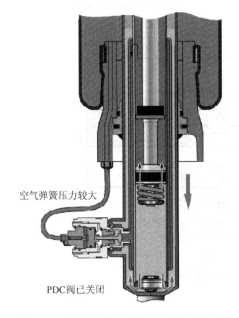 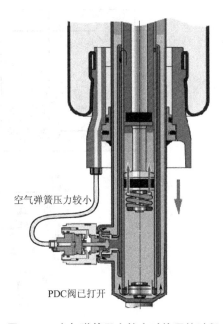

图4.22　空气弹簧压力较大时的压缩过程　　图4.23　空气弹簧压力较小时的压缩过程

3. 空气供给总成

空气供给总成部件装在其内部的金属盒中，如图4.24所示。

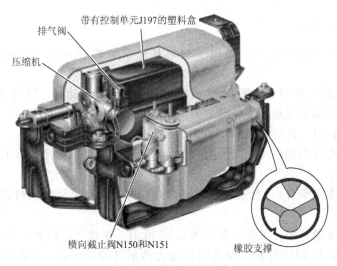

图4.24　空气供给总成

空气供给总成主要工作元件有空气压缩机 V66（集成空气干燥器和排气阀 N111）、横向截止阀 N150 和 N151、控制单元 J197、压缩机继电器 J403。

4. 气动原理图

气动原理如图 4.25 所示。

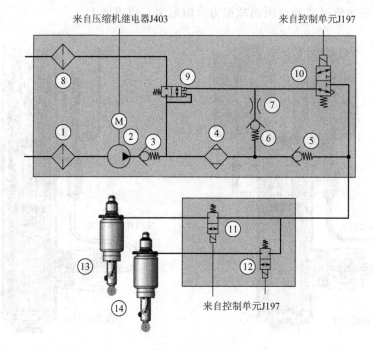

图 4.25　气动原理图

1—吸气过滤器；2——压缩机；3、5、6—单向阀；4—空气干燥器；7—节流阀；
8—排气滤清器；9—气动排气阀；10—N111；
11—N150；12—N151

5. 空气压缩机 V66

空气压缩机产生高压空气，是电子控制悬架系统的动力源，其内部结构如图 4.26 所示。

（1）吸气/压缩工作过程如图 4.27 所示。当活塞向上运动时，空气经过滤清器被吸入曲轴箱。活塞上部的空气被压缩，经单向阀 1 进入空气干燥器。压缩并干燥后的空气经单向阀 2 流向压力接口，此接口通往横向截止阀 N150 和 N151。

（2）溢流工作过程如图 4.28 所示。当活塞向下运动时，已经吸入曲轴的空气经隔膜阀进入气缸。

（3）充气（车辆举升）。当充气（车辆举升）时，控制单元须同时启动压缩机继电器和空气弹簧阀。

（4）排气（车辆下降）工作过程如图 4.29 所示。在排气过程中，横向截止阀 N150 和 N151 及排气阀 N111 同时打开。空气弹簧压力传至气动排气阀，在此处经空气干燥器和压力限制阀进入大气，其气动原理如图 4.30 所示。

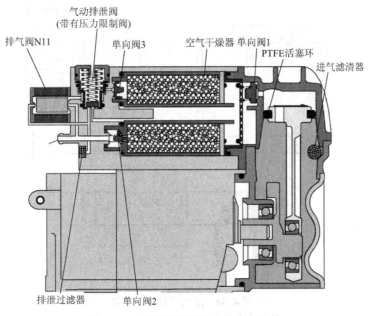

图 4.26 空气压缩机 V66 的内部结构

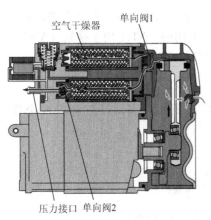

图 4.27 吸气/压缩工作过程图

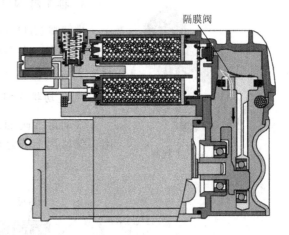

图 4.28 溢流工作过程

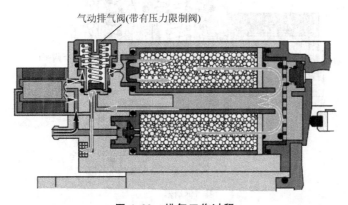

图 4.29 排气工作过程

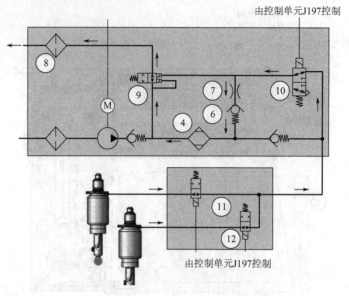

图 4.30 排气过程气动原理

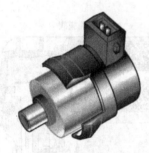

图 4.31 排气阀

6. 排气阀 N111

排气阀 N111（图 4.31）有一个三通两位阀（有 3 个接口和 2 个切换位置），在不通电时该阀是关闭的。N111 用于排气（车辆下降）。控制单元 J197 同时启动 N111、N150 和 N151 来实现排气。

7. 气动排气阀

气动排气阀的结构如图 4.32 所示。气动排气阀有两个作用：保持剩余压力和限压。

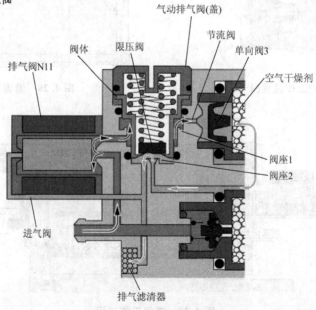

图 4.32 气动排气阀的结构

为了避免损坏空气弹簧（管状气囊），要求最小压力不得低于 3.5bar。保持剩余压力就是要在卸压时保证空气悬架系统内的压力不会降到 3.5bar 以下（除非气动排气阀前部漏气）。

当空气弹簧内的压力大于 3.5bar 时，阀体就会克服节流阀及限压阀的弹簧力而升起并打开阀座 1 和 2（图 4.32），于是高压空气就经过节流阀和单向阀 3 到达空气干燥器。空气流过空气干燥器后再经限压阀的阀座和排气滤清器进入周围空气中。空气经节流阀后压力下降很大，空气相对湿度将会降低，"排出气体"的吸湿能力变强。

限压功能可防止系统内的压力过高，例如，由于继电器接触故障或控制单元有故障时压缩机没有关闭。在此情况下，若压力高于 13.5bar，那么限压阀打开，压力经排气滤清器卸掉，如图 4.33 和图 4.34 所示。

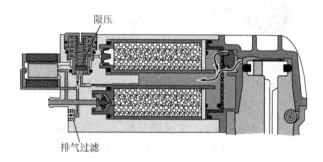

图 4.33 限压阀工作过程

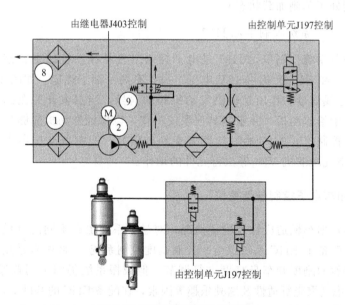

图 4.34 限压功能气动原理图

8. 左后减振支柱阀 N150 和右后减振支柱阀 N151

N150 和 N151 也称为横向截止阀，如图 4.35 所示，两个阀装在一个壳体内。两个横向截止阀是两通两位阀（有两个接口和两个切换位置）。这两个横向截止阀用于给空气弹簧充气和排气。在未通电时，这两个阀关闭，这样就可以防止左、右空气弹簧出现不必要的压力平衡。因而在车辆转弯时可防止外侧车轮的空气弹簧压力（压力较高）泄漏到内侧车轮的空气弹簧（压力较低）中，否则就会造成短时车身倾斜。

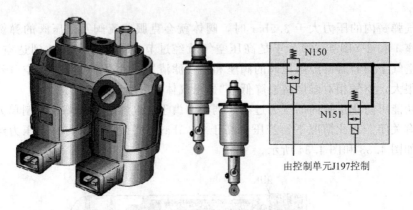

图 4.35 横向截止阀

在车身升起和下降过程中，这两个横向截止阀总是同时控制的，因为只能在同一轴上进行调节。

在车辆行驶过程中（$v>10km/h$），完成调节后，这两个横向截止阀每隔约 12s 打开 3 次，打开持续时间约为 3s，主要为了使得左、右空气弹簧的压力保持平衡。

如果调节过程发生在转弯时，就会导致后桥倾斜，而打开横向截止阀就可以补偿这种倾斜（车辆不能处于单侧加载状态）。

9. 水平高度调节系统控制单元 J197

水平高度调节系统控制单元 J197 是电子控制空气悬挂系统的主要控制单元。控制单元 J197 由 KL.30 和 KL.15 提供 12V 电压，另外有两个端子接地，如图 4.36 所示。

接线柱 50 号线信号的作用是提供发动机起动信号，当点火开关拨到起动挡时，蓄电池将所有电能集中给起动机，并限制其他系统工作，以保证发动机能够顺利起动。

信号输出：控制单元 J197 通过计算采集到的信号，控制各减振器支柱阀、悬架故障指示灯 K134、空气压缩机 V66 等执行元件的动作。

4.5.2 宝马乘用车电子控制悬架系统

宝马乘用车根据车辆适应性及配置情况，对悬架系统也有不同配置模式。例如，部分低配的乘用车上配备了 EHC 系统（电子控制高度控制系统），此配置乘用车的悬架安装了空气弹簧，对弹簧的刚度和车身高度进行调节，但减振系统仍旧采用普通双筒式减振器；高配的车辆因考虑到乘坐舒适性及驾驶乐趣等因素，在配备 EHC 的基础上，增配了 EDC-K 系统（电子减振器控制系统），该 EDC-K 系统可根据车辆行驶工况、路面状况、驾驶模式等无级调节减振器的阻尼比，达到最佳减振效果。

根据以上描述可知，宝马乘用车电子控制悬架系统根据控制对象不同，其系统主要由 EHC 和 EDC-K 系统组成，两个系统分别由单独的控制单元管理，如图 4.37 所示，EHC 控制单元归属于 K-CAN S 总线系统，而 EDC-K 控制单元归属于 PT-CAN 总线系统。

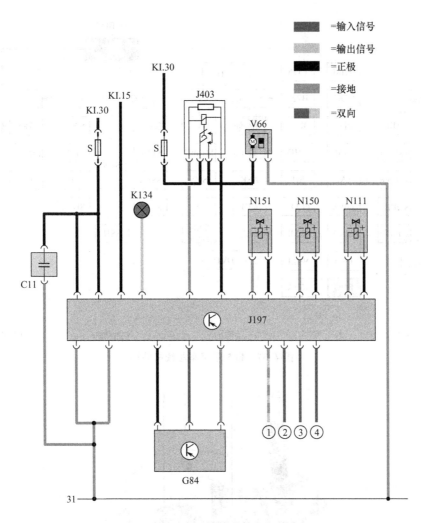

图 4.36　J197 的信号输入和输出

C11—电容器；G84—水平调节传感器；J197—水平调节控制单元；
J403—水平调节压缩机继电器；K134—水平调节指示灯；
N11—排气阀；N150—左后减振支柱阀；N151—右后减振支柱阀；
S—熔丝；V66—压缩机电动机；1—诊断接口；2—车速信号；
3—车门接触信号；4—接线柱 50 的信号

下面主要针对宝马乘用车的电子控制悬架系统进行讲述，包括 EHC 系统的组成和工作原理，以及 EDC-K 系统的组成和工作原理。

1. 宝马 7 系乘用车 EHC 系统

图 4.38 所示为宝马 E65 底盘 7 系 730LI 电子控制悬架系统的组成图。该车为 D 级乘用车，配置较低，其前悬架系统仍旧由普通双筒式减振器与螺旋弹簧构成，但后悬架系统则进行了改进，由普通双筒式减振器和空气弹簧组成。宝马厂家将该种悬架系统命名为"EHC 系统"，即电子高度控制系统。

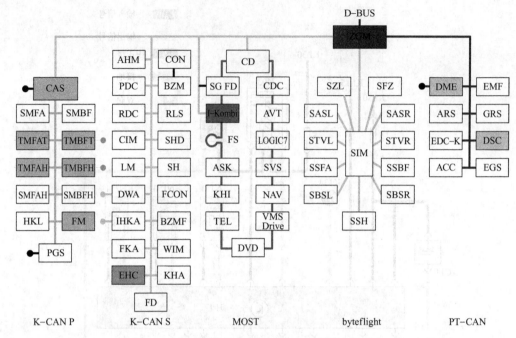

图 4.37　E65 乘用车总线拓扑图

图 4.38　EHC 系统的组成

1—空气供给单元；2—空气弹簧支柱；3—EHC 控制模块；4—右侧高度传感器

该悬架系统的特点是：只能改变后悬架系统的刚度和车身高度，其阻尼不可调节。整个电子控制悬架系统主要由车身高度传感器、供气单元、EHC 控制单元和空气弹簧式减振支柱组成。图 4.39 所示为空气供给单元的组成，该供气单元位于行李箱底板上。

宝马 E65 的 EHC 系统主要对两个后空气弹簧减振支柱进行控制，动力源为空气供给单元，被控对象为两个后空气弹簧。EHC 系统对两个后空气弹簧进行充气与放气控制，以达到对后悬架系统刚度及车身高度的控制，其气动控制原理图如图 4.40 所示，具体气动控制过程如下。

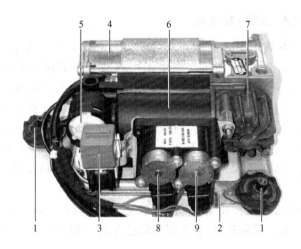

图 4.39 空气供给单元的组成

1—橡胶支脚垫；2—底板；3—压缩机继电器；4—电动机；5—空气滤清器；
6—空气干燥剂；7—压缩机；8—右侧电磁阀；9—左侧电磁阀

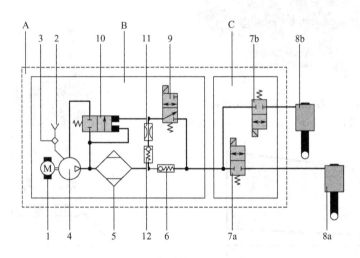

图 4.40 气动控制原理示意图

1—电动机；2—进气口；3—空气滤清器；4—压缩机；5—干燥剂；6、12—单向阀；
7—进气电磁阀；8—空气弹簧；9—放气电磁阀；10—压力控制阀；11—阻尼阀；
A—空气供给单元；B—空气压缩机；C—控制阀体

充气过程：压缩机电动机 1 工作，空气经空气滤清器 3 进入活塞式压缩机 4，加压后经干燥剂 5 干燥后顶开单向阀，进气电磁阀 7a 通电，压缩空气经 7a 进入空气弹簧 8a，此时处于充气过程。

放气过程：进气电磁阀 7a 和放气电磁阀 9 通电，空气弹簧 8a 内的压缩空气经 7a 流出至放气电磁阀 9，压缩空气经过放气电磁阀 9 后，一路压力作用于压力控制阀 10，压力控制阀 10 打开，另一路压力经单向阀进入空气干燥剂 5，通过压力控制阀 10 回到压缩机泵的进口，完成放气过程。

2. 宝马 7 系乘用车 EDC-K 系统

宝马 E65 底盘 7 系乘用车在高配车型中（如 760LI）除了配置 EHC 系统外，还配置了 EDC-K 系统，如图 4.41 所示。该电子控制减振器系统可对减振器的阻尼力进行实时控制和调整。EDC-K 系统的主要任务是在保持较高的行驶安全性的同时提高行驶舒适性，EDC-K 的目标是使行驶时低阻尼状态的时间尽可能长。出于安全及减少舒适性损失考虑，且为避免车身运动过大，必要时可调节到高阻尼状态进行控制。减振器刚度不是按设定的分级进行调节的，而是通过可调式减振器阀以多控制方式实现的，通过传感器可获知行驶状态和路面状况。此外驾驶人还可以通过控制器设置为舒适模式或运动模式。

借助 EDC-K 可在整个特性曲线上对减振器进行全自动调节，调节的特性区域如图 4.42 所示。该型减振器可在任一活塞速度 v_K 下调节阻尼力 F_D，以达到最佳阻尼效果。减振器的内部结构如图 4.43 所示。

图 4.41 配备 EDC-K 前悬架结构
1—空气弹簧；2—EDC-K 接口；3—上端面

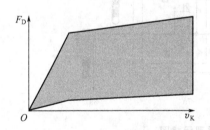

图 4.42 EDC-K 的特性区域-拉伸阶段

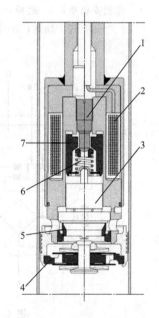

图 4.43 减振器内部结构图
1—螺栓；2—电磁线圈；3—主减振器阀；
4—辅助阀门；5—活动阀座；
6—阀门弹簧；7—电枢

EDC-K 减振器阻尼调节过程如图 4.44 所示。

伸张行程：活塞杆被向下压，减振器油按图 4.44(a) 所示流动方向流动，经辅助阀门和减振器阀后进入上腔，同样减振器阻尼的调节由电磁线圈控制主减振器阀完成。

压缩行程：活塞被向上拉，减振器油按图 4.44(b) 所示方向流动，经主减振器阀和辅助阀门后进入下腔，减振器阻尼的调节由电磁线圈控制主减振器阀完成。

EDC-K 系统控制框图如图 4.45 所示。

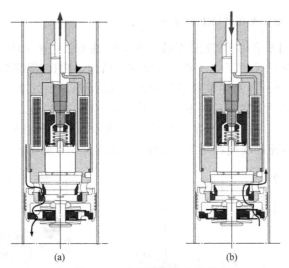

图 4.44 减振器的工作过程
(a) 拉伸阶段的阀门；(b) 压缩阶段的阀门

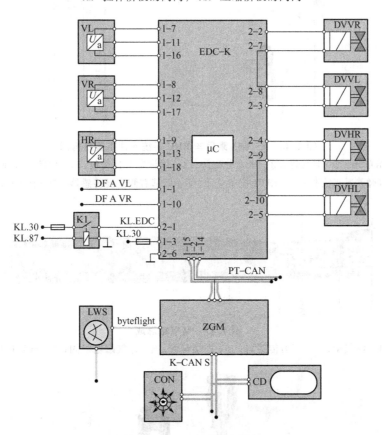

图 4.45 EDC-K 系统控制框图

VL—左前垂直加速度传感器；VR—左前垂直加速度传感器；HR—后部垂直加速度传感器；
EDC-K—减振器控制单元；LWS—转向角传感器；ZGM—中央网关模块；
CD—控制显示；DVVL—左前减振器阀；DVVR—右前减振器阀；DVHL—左后减振器阀；
DVHR—右后减振器阀；CON—显示屏操作单元

3. 宝马 X5 E53 底盘乘用车 EHC 系统

宝马 X5 E53 乘用车采用了 EHC 系统，和 E65 底盘乘用车 EHC 不同的是，E53 底盘乘用车 EHC 前后悬架均采用了空气弹簧减振支柱结构，EHC 系统能够对前后悬架系统进行刚度和车身高度控制，其元件布置结构如图 4.46 所示，供气单元位于行李箱内，储气罐总成如图 4.47 所示，安装于车辆下方。前空气弹簧与减振器为一体式结构，后空气弹簧与减振器为分体结构，前后空气弹簧如图 4.48 所示。E53 乘用车 EHC 系统气动原理图如图 4.49 所示，因其充放气过程与 E65 EHC 系统类似，在此不再叙述。

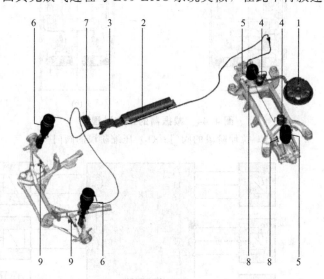

图 4.46　X5 E53 乘用车 EHC 系统元件布置结构图

1—空气供给单元；2—储气罐；3—压力分配阀；4—增设空气弹簧包；5—后部空气弹簧减振支柱；6—前部空气弹簧减振支柱；7—EHC 控制单元；8—后部右侧高度传感器；9—前部右侧高度传感器

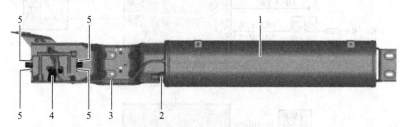

图 4.47　储气罐总成

1—储气罐；2—压力传感器；3—连接气管；4—储气罐电磁阀；5—气管接口

图 4.48　前后空气弹簧

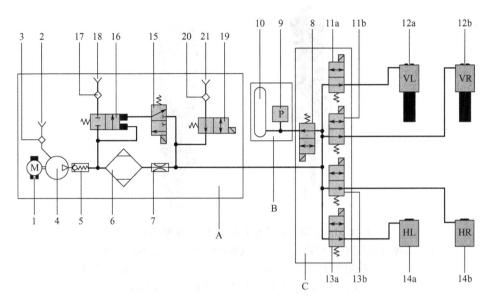

图 4.49 E53 乘用车 EHC 系统气动原理示意图

1—电动机；2—进气口；3—空气滤清器；4—压缩机；5—单向阀；6—干燥剂；7—节流阀；
8—蓄能器控制电磁阀；9—压力传感器；10—储气罐；11—前空气弹簧进排气电磁阀；
12—前空气弹簧；13—后空气弹簧进排气电磁阀；14—后空气弹簧；15—放气电磁阀；
16—压力控制阀；17、20—滤清器；18、21—出气口；19—排气电磁阀；
A—空气供给单元；B—储气罐单元；C—压力控制阀单元

4. 宝马 7 系 F02 底盘乘用车电子控制悬架系统

在新款宝马 X5 E70 底盘和 7 系 F02 底盘乘用车中，悬架系统普遍采用可调阻尼减振器和空气弹簧，图 4.50 所示即为宝马 7 系 F02 底盘乘用车中悬架系统布置方式，此款乘用车前后减振器均为阻尼的可调，减振器阻尼的改变依靠两个 EDC 特性曲线阀实现，如图 4.51 所示。由于宝马乘用车追求"驾驶乐趣"，所以该款乘用车在前悬架中使用了螺旋弹簧的 VDC 减振器，在后悬架中根据配置情况，部分车采用了空气弹簧的 VDC 减振器。

在 F02 底盘乘用车中，如果后轴配备了空气悬架系统，则仍沿用以前的命名方式，即 EHC 控制系统，F02 底盘乘用车 EHC 系统气动原理图如图 4.52 所示，其控制原理与 E65 底盘乘用车 EHC 系统相似，该 EHC 系统的充放气过程在此不再叙述。

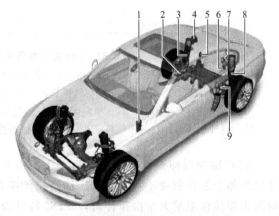

图 4.50 宝马乘用车悬架系统布置方式

1—ZGM；2—右前车辆高度传感器；
3—右后空气弹簧减振器；4—后部配电盒；
5—EHC；6—空气供给装置继电器；
7—空气供给装置；8—左后空气弹簧减振器；
9—左后车辆高度传感器

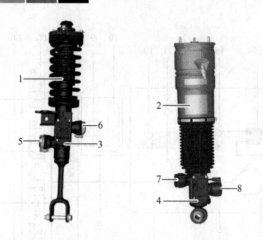

图 4.51 宝马 F02 底盘乘用车 VDC 减振器的结构
1—带螺旋弹簧的 VDC 减振器；2—带空气弹簧的 VDC 减振器；3—EDC 控制单元；
4—EDC 控制单元；5、8—用于压缩阶段调节的 EDC 特性曲线阀；
6、7—用于拉伸阶段调节的 EDC 特性曲线阀

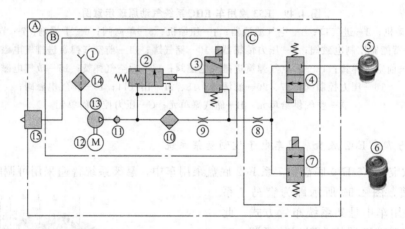

图 4.52 F02 底盘乘用车 EHC 系统气动原理图
1—进气口；2—压力控制阀；3—放气电磁阀；4—左后空气弹簧进排气电磁阀；
5—左后空气弹簧；6—右后空气弹簧；7—右后空气弹簧进排气电磁阀；8、9—阻尼孔；
10—空气干燥剂；11—单向阀；12—空气压缩机电动机；13—活塞式空气压缩机；
14—空气滤清器；15—排气口；A—EHC 控制器总成；B—空气供给单元；C—压力控制阀总成

  EDC 减振器伸张行程工作过程如图 4.53 所示，减振器活塞按箭头所示方向运动，由于减振器上腔体积变小，上腔液压油经拉伸阶段 EDC 特性曲线阀进入减振器下腔中，此时减振器拉伸阻尼大小由拉伸阶段 EDC 特性曲线阀控制，特性曲线阀的开度决定了拉伸阻尼值。

  EDC 减振器压缩行程工作过程如图 4.54 所示，减振器活塞按箭头 3 指示方向运动，由于减振器下腔体积变小，下腔液压油经压缩阶段 EDC 特性曲线阀进入减振器上腔中，此时减振器拉伸阻尼大小由压缩阶段 EDC 特性曲线阀控制，特性曲线阀的开度决定了压缩阻尼值。

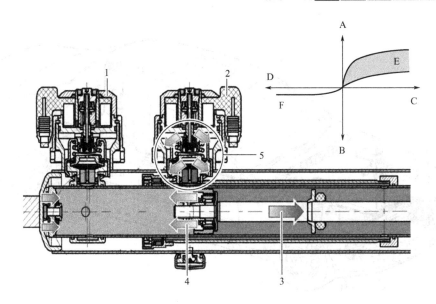

图 4.53　EDC 减振器伸张行程工作过程

1—压缩阶段 EDC 特性曲线阀；2—拉伸阶段 EDC 特性曲线阀；3—活塞杆移动方向；4—液压油介质；
5—特性曲线调节；A—F_Z（拉伸力）；B—F_D（压缩力）；C—v_Z（拉伸速度）；
D—v_D（压缩速度）；E—拉伸特性曲线；F—压缩特性曲线

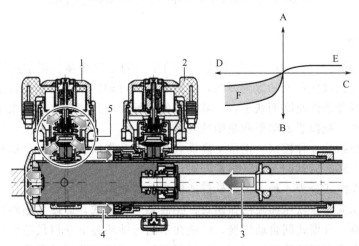

图 4.54　EDC 减振器压缩行程工作过程

1—压缩阶段 EDC 特性曲线阀；2—拉伸阶段 EDC 特性曲线阀；3—活塞杆移动方向；4—气体油介质；
5—特性曲线调节；A—F_Z（拉伸力）；B—F_D（压缩力）；C—v_Z（拉伸速度）；
D—v_D（压缩速度）；E—拉伸特性曲线；F—压缩特性曲线

4.5.3　奔驰 S320 W220 底盘乘用车电子控制悬架系统

1. 系统构成

奔驰 S320 乘用车悬架是一种典型的半主动空气悬架系统，主要由传感器、控制器、执行器三大部分组成，系统总体结构如图 4.55 所示，主要部件如图 4.56 所示。

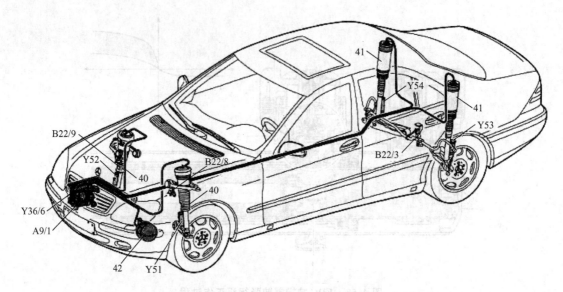

图 4.55　奔驰 S320 乘用车空气悬架系统总体结构
40—前空气弹簧减振器；41—后空气弹簧减振器；42—中央储气罐；A9/1—空气悬架压缩单元；
B22/8—左前水平传感器；B22/9—右前水平传感器；B22/3—后轴水平传感器；
Y36/6—控制阀单元；Y51～Y54—可调阻尼减振阀

2. 系统功能

奔驰 S320 乘用车空气悬架系统由装有压缩空气的空气弹簧和阻尼可调的减振器两部分组成，以空气包取代传统的螺旋弹簧，以阻尼分级可调的减振器取代传统减振器。系统主要根据车辆行驶条件及路面状态，对减振器的阻尼度进行调节，悬架系统 4 个空气弹簧采用相同的刚度，减振器的阻尼调整则独立运作。

车身高度控制分 3 种模式：正常车高模式、车身升高模式、车身降低模式。前轴两个空气弹簧单独控制，后轴两个空气弹簧同时控制。

减振器工作模式分为 4 种：①柔软舒适模式，即软压缩软回弹模式；②减振器硬压缩软回弹模式；③减振器软压缩硬回弹模式；④极端运行模式，即硬压缩硬回弹模式。该悬架系统能够在前 3 种模式间自动切换，以便在不同行驶环境下获得最适合的减振效果。极端运行模式在系统出现故障时运行，此时减振器处于硬压缩硬回弹模式。

1) 实物结构

奔驰 S320 乘用车前后悬架的减振支柱结构与工作原理是相同的，所以这里仅以前悬架减振支柱为例，进行结构与工作原理分析。

图 4.57 为前减振支柱总成实物图，图 4.58 为前减振支柱总成内部结构图，图 4.59 为可调阻尼电磁阀总成内部结构图。该空气减振支柱总成主要由 3 部分组成：空气腔、减振器和阻尼调节器。

2) 车身高度控制

车身高度控制分为 3 种模式：正常车高模式、车身升高模式和车身降低模式。三种车身高度模式的切换控制原理如图 4.60 所示。

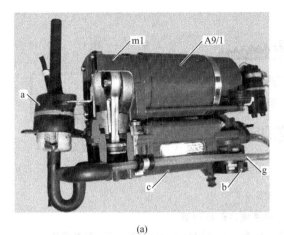

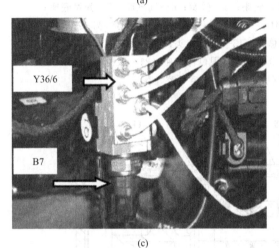

图 4.56 系统主要部件

(a) 压缩机部件；(b) N51 模块；(c) 分配阀总成；(d) 手动调整开关

a—空气滤清器；m1—活塞式空气压缩机；A9/1—压缩机电动机；N51—控制模块；Y36/6—动管路分配阀；B7—气动系统压力传感器

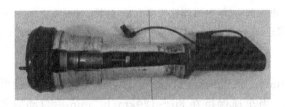

图 4.57 前减振支柱总成实物图

(1) 正常车高模式：又称标准模式，一般道路上按该模式进行车身高度调整。时速高于 140km/h 时，车身高度降低 15mm，以降低空气阻力，同时降低整车质心高度，保证行驶稳定性。

(2) 车身升高模式：行驶不良路况、进出较大坡度、寒带地区使用雪链时，车身高度

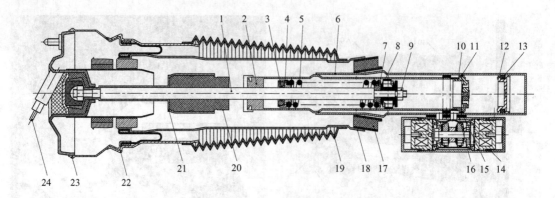

图 4.58　前减振支柱总成内部结构图

1—活塞杆；2—避振筒；3—橡胶挡圈；4—弹簧底座；5—弹簧；6—气缸筒；7—弹簧底座；
8—活塞总成；9—螺母；10—底阀阀体；11—底阀密封圈；12—浮动活塞；
13—单独活塞密封圈；14—电磁阀总成；15—焊接接头；16—密封圈；
17—橡胶底座；18—空气腔外壳；19—防尘罩；20—限位橡胶座；21—限位座上端；
22—空气腔外壳；23—空气腔上壳；24—空气腔气嘴

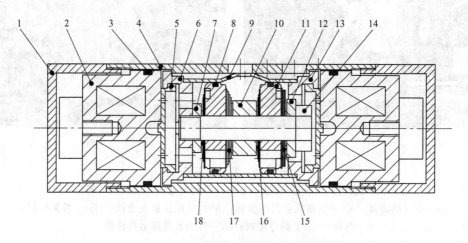

图 4.59　可调阻尼电磁阀总成内部结构图

1—电磁阀阀盖；2—电磁阀；3—电磁阀橡胶圈；4—外筒；5—活动片；6—液腔上盖；7—垫片；
8—阀片橡胶圈；9—内筒；10—套筒；11—电磁阀活塞；12—垫片；13—液腔下盖；
14—螺母；15~18—阀片组

相对标准模式升高 25mm。该模式还可以通过手动开关切换，通过手动控制按键可将车身高度最多升高 25mm，当车速保持在 80~120km/h 5min 后自动取消升高设定，并逐渐恢复至标准车高，同时仪表多功能显示幕出现 "Level select cancelled"；如果行驶速度未达 80~120km/h，上升车高设定便会被存储，即使发动机熄火拔出钥匙后，车身高度仍处于升高模式。

（3）车身降低模式：当车速达到 140km/h，行驶模式为运动（Sports）状态时，车身高度相对标准模式下降 15mm，当车速低于 70km/h 时又自动恢复至标准模式。

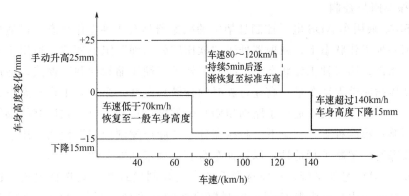

图 4.60 车身高度模式的切换控制原理示意图

悬架气路系统原理如图 4.61 所示，车身高度调节的实现过程如下：空气压缩机由直流电动机驱动，形成压缩空气，压缩空气经干燥器干燥后，由空气管道经空气电磁阀送至空气弹簧的气室。当车身需要升高时，电子控制单元控制空气电磁阀 y1、y2、y3、y4 使压缩空气进入空气弹簧的主气室，使空气弹簧伸长，车身升高；当车身需要降低时，电子控制单元控制电磁阀使空气弹簧主气室中的压缩空气经 y1、y2、y3、y4 至 y6 处，气体经过单向阀、干燥剂 c 和放气压力控制阀 b 排到空气滤清器处，空气弹簧内的气体压力降低，车身高度降低。

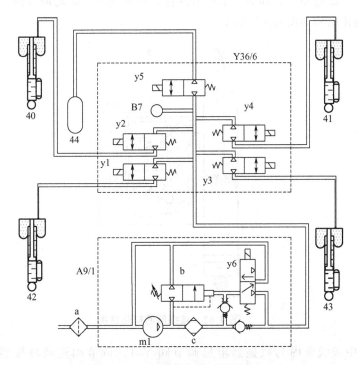

图 4.61 ADS 悬架气路系统原理

40、42—前空气弹簧减振器；41、43—后空气弹簧减振器；44—蓄能器；a—空气滤清器；m1—空气压缩机电动机；c—干燥剂；b—放气压力控制阀；y6—放气电磁阀；y1—左前充放气电磁阀；y2—右前充放气电磁阀；y3—左后充放气电磁阀；y4—右后充放气电磁阀；y5—蓄能器电磁阀；B7—压力传感器；A9/1—空气压缩机；Y36/6—气动控制阀体

3) 减振器阻尼控制

奔驰 S320 乘用车 ADS 电子控制悬架中的减振器具有 4 种工作状态,以适应不同的行驶工况。第一种工作状态下,减振器处于"软压缩软回弹"阻尼模式,适用于一般的普通路面的行驶条件;第二种工作状态下,减振器处于"硬压缩软回弹"模式,适用于高速行驶工况,硬压缩能够保证车辆在高速行驶时的行驶稳定性;第三种工作状态下,减振器处于"软压缩硬回弹"模式,适用于路面粗糙复杂的慢速行驶工况,软压缩能够缓和路面不平引起的颠簸;第四种工作状态下,减振器处于"硬压缩硬回弹"模式,用于运动模式或系统发生故障时,忽略了舒适性,以保证车身姿态稳定和安全性。

对于该型 ADS 悬架系统,可以选择系统自动控制模式和手动选择模式。选择自动控制模式时,减振器由行车电脑控制,控制模块在测量系统、反馈系统、执行系统的帮助下,实现减振器在第一、二、三种工作状态间的自动切换,以获得最佳的行驶平顺性与行驶稳定性。减振器的第四种工作状态只能通过手动选择来实现,或系统发生了故障时自动进入该状态。

该型减振支柱总成配备了阻尼系数四级可调的减振器。该减振器是充气式减振器,减振器工作缸筒的下部有浮动活塞,浮动活塞在减振器的补偿腔内,浮动活塞将压缩氮气与减振油液分隔开。减振器工作缸筒的壁内还有一个环形缝隙,因而,减振器上、下腔内的减振液具有 3 个流通路径,即活塞上的节流孔、环形缝隙、阻尼调节阀。该型阻尼四级可调减振器的简化结构如图 4.62 所示。

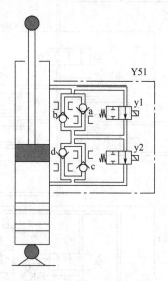

图 4.62 减振器的简化结构

图 4.62 中虚线框内为减振器阻尼调节阀 Y51。调节阀连通减振器的上腔与下腔,减振液除了通过 Y51 在上、下腔间流通,还可通过活塞上的节流孔与筒壁间的空隙流通,但不能进行调节,故在此不特意说明。其中 y1、y2 为电磁阀,打开后阻力非常小,a、c 为阻力较大的单向阀,b、d 为阻力较小的单向阀。通过调节阀中的两个电磁阀的开、关组合,使减振器具有 4 种工作模式:①柔软模式,即减振器"软压缩软回弹"模式;②减振器"硬压缩软回弹"模式;③减振器"软压缩硬回弹"模式;④运动

（Sport）模式，即减振器"硬压缩硬回弹"模式。减振器各工作模式下减振液在调节阀内的流通情况如图 4.63 所示。

表 4-2 为可调阻尼调节器内电磁阀 y1 和 y2 的组合逻辑表。

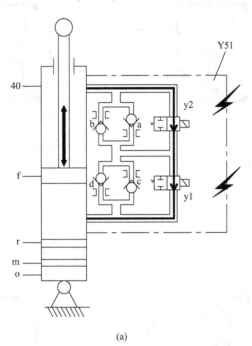

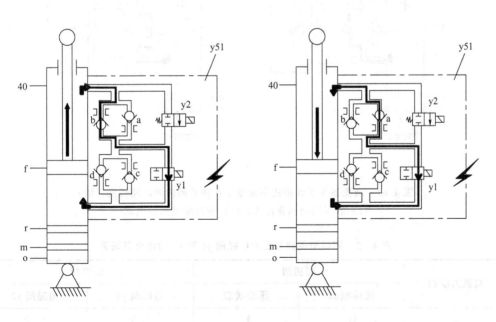

图 4.63　减振器各工作模式下减振液在调节阀内的流通情况
(a) 软压缩软回弹模式；(b) 硬压缩软回弹模式

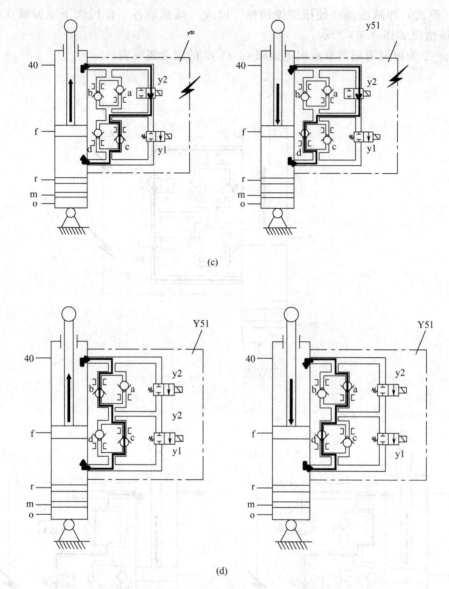

图 4.63 减振器各工作模式下减振液在调节阀内的流通情况（续）
（c）软压缩硬回弹模式；（d）硬压缩硬回弹模式

表 4-2 可调阻尼调节器内电磁阀 y1 和 y2 的组合逻辑表

减振力状态	减振阀		阀控制	
	拉伸状态	压缩状态	电磁阀 y1	电磁阀 y2
1	软	软	打开	打开
2	软	硬	关闭	打开
3	硬	软	打开	关闭
4	硬	硬	关闭	关闭

4) ADS 电子控制悬架系统控制原理

奔驰 S320 乘用车 ADS 电子控制悬架系统控制原理如图 4.64 所示。控制模块 N51 接收车身加速度传感器和水平高度传感器信号，控制模块 N51 根据车身加速度传感器信号分析当前的路面状况，根据水平高度传感器信号分析当前车辆的高度；同时，控制模块 N51 通过 CAN B 数据总线和 CAN C 数据总线获取其他控制模块提供的有效信息。控制模块 N51 通过对空气泵继电器和高度控制阀的输出，达到对车身高度的控制；通过对可调阻尼减振器电磁阀的输出，达到对减振器可调阻尼系数的控制。

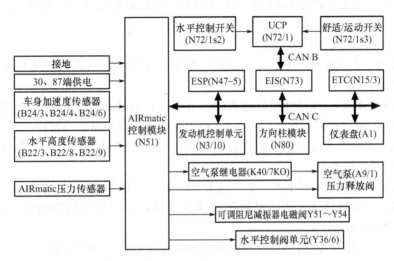

图 4.64　奔驰 S320 乘用车 ADS 电子控制悬架系统控制原理图

4.6　电子控制悬架系统故障诊断及案例分析

4.6.1　电子控制悬架系统常见故障现象及原因分析

1. 空气悬架系统漏气

故障表现为车辆停放一段时间后，出现车身倾斜或前空气悬架或后空气悬架落到最低状态；如果空气悬架漏气过大，则会导致空气悬架无法调节（由于空气压缩机温度过高而关闭）。

(1) 常见空气悬架的漏气原因。

① 空气管路漏气，尤其是空气管路在分析阀体和空气悬架的接口处容易漏气。

② 空气弹簧漏气，主要是橡胶开卷、活塞开裂或与减振器密封不良。

③ 分配阀体自身漏气，主要是气管接口或阀体内部密封不严。

(2) 空气悬架漏气的特点。

① 在温度较低时停放时间较长容易产生漏气的，一般是空气弹簧自身受热胀冷缩导致密封不良而漏气。

② 如果是空气悬架管路漏气，一般车身是前部或后部降到相同高度；如两侧都降到低位，但一侧相对更低一些，则表明该侧空气弹簧漏气。因为每个空气弹簧上都有一个机

械式剩余压力保持阀，可以保证空气悬架内至少有350kPa的压力（部分车型是300kPa）。在这种情况下，空气悬架是不会完全降到最低的。

③ 分配阀漏气，可以使用肥皂水来检查是否漏气。如果漏气轻微可以采用备件替换法来排除。空气弹簧漏气也可以使用压缩空气向浸在水中的空气弹簧总成进行打压测试，一般车间压缩空气的压力超不过800kPa，不会对空气弹簧本身造成损伤。

2. 空气悬架无法升降

故障表现为空气悬架无法按照客户意愿升降，同时可能伴有仪表板空气悬架故障指示灯点亮的现象。

空气悬架无法升降的可能原因如下：

① 车身高度传感器信号失真，包括传感器安装不到位、松动，传感器线路故障和传感器本身故障。

② 控制单元损坏。这种情况分为两种：有明显的故障码指向控制单元损坏，无故障码但功能失效。通过对控制单元信号输入/输出分析可可以判断故障部位。

③ 空气压缩机控制继电器损坏，包括触点烧蚀、针脚腐蚀或弯曲。当更换空气压缩机时必须同时更换继电器。

④ 空气压缩机故障。检查整个系统无泄漏，对压缩机进行压力功能测试。

⑤ 空气悬架系统进水。由于结冰导致无法升降，更换压缩机前必须清理整个管路，保证系统中没有水存在。

⑥ 其他电气故障，根据引导性故障查询确认故障原因后进行更换。

⑦ 空气悬架系统更换或拆装了相关部件，没有按规定进行水平高度传感器数值标定的，需按照要求进行传感器标定。如拆装了下部横摆臂、拆装了水平高度传感器、更换了副车架、更换了控制单元等。

4.6.2 电子控制悬架系统典型案例分析

案例1：奥迪A6L乘用车停放一晚后前空气悬架降到低位。

（1）车型：2007年款奥迪A6L C6乘用车，配置4.2LBAT发动机，行驶里程131231km。

（2）故障现象：驾驶人反映车辆经常停放一晚后前空气悬架就落到最低位，但只要一起动发动机，空气悬架就可以升到正常工作位置。

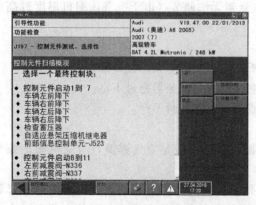

图4.65 车身高度调节测试

（3）故障诊断：用原厂诊断仪VAS 6150B检查相关系统无故障存储记录，分析可能原因是分配阀或空气弹簧或者管路存在漏气。

（4）故障排除：对电子控制悬架系统主要部件如压缩机、空气弹簧和分配阀进行目测观察后，发现分各主要总成件外观良好，未发现异常，利用VAS6150B对车身高度进行控制元件控制，如图4.65所示，发现压缩机工作良好，车身高度能够按照诊断仪执行情况做相应下降。故障部位应该在管路或者空气弹簧上，随后对4只空气弹簧进行充气加压测试。在车上先拆下空气悬架上的空气压力管道,把车间用压缩机的输气管接头接入空气悬架上,用压缩空气对空气弹簧进行压力充注,气压约为1000kPa(空气弹簧最大承受压力为1600kPa)。此时在前部空气悬架处检查时,听到"吱吱"的漏气声,仔细听确认是右前空气悬架处发出的漏气声,更换一个新的右前空气悬架总成(空气弹簧和减振器)后,故障没有再次出现,至此故障排除。

(5) 故障总结:由于右前空气弹簧漏气导致两前空气悬架停放一晚后降到低位,空气弹簧因是橡胶制成的,橡胶弹簧在长期的压缩、伸张过程中极易出现漏气现象,特别在一些行驶里程数较大的车型中极易发生。查找此类故障时,主要仔细观察系统漏气点,确定了漏气点位置就确定了故障部位。

案例2:奥迪A6L乘用车停放一晚后右前空气悬架降到低位。

(1) 车型:2009年款奥迪A6L C6乘用车,排量为4.2L,行驶里程210 500km。

(2) 故障现象:车主反映仪表板中悬架故障指示灯K134常亮(图4.66),同时车辆右前轮降低到最低位。

(3) 故障诊断:故障指示灯K134亮,说明水平调节高度系统控制单元J197监测到系统存在故障。用大众奥迪专用诊断仪VAS 5052进入控制单元读取故障码:01395,水平高度调节系统压缩机电动机。初步怀疑压缩机或压缩机继电器存在问题,但为什么其他3个悬架部分正常呢?用诊断仪进入"作动器诊断"发现其他三个悬架可以触发,悬架可以听从诊断仪自行上升或下降。唯有右前悬架不动作,但压缩机是一直工作的,右前减振器支柱阀N149也可以听见动作声音。有压缩空气产生,管路也畅通。难道是管路漏气?经仔细检查发现管路连接良好,没有泄漏。细听空气弹簧处有"嘶嘶"声音,初步诊断是空气弹簧中压缩空气包损坏泄漏所致。

图4.66 悬架系统故障指示灯K134

(4) 故障排除:进入诊断仪主界面选择"引导型功能"→"2009年奥迪A6L"→"BDW发动机"→"34自适应悬架控制单元"→"启用顶升模式"。拆下该减振器支撑臂,根据该空气弹簧零件号订购零件,安装后进入诊断仪主界面选择"引导型功能"→"2009年 奥迪A6L"→"BDW发动机"→"34自适应悬架控制单元"→"J197系统排气或充气"→"J197重新匹配默认位置"→"停用顶升模式"。试车后故障排除。

(5) 故障总结:为什么空气弹簧泄露而控制单元J197会报关于压缩机电动机故障码呢?原因就在于压缩机电动机有过热保护功能。为了防止压缩机过热,在温度过高时应关闭压缩机。控制单元内集成有温度模块用于监控温度,由此可计算出压缩机的温度。根据压缩机的工作时间和冷却时间来计算出温度。当压缩机通往空气弹簧的管路出现泄漏时,空气弹簧就不能按照控制单元要求升降,但车身高度传感器又时刻进行着监控,当达不到要求时就继续让压缩机运转,时间一长,压缩机必然进行过热保护,如压缩机经常出现过热保护现象,就说明系统存在问题,同时故障指示灯K134点亮。

案例 3：奥迪 A6L 空气悬架无法调节。

（1）车型：2007 年款，配置 4.2L 发动机，行驶里程 125 730km。

（2）故障现象：空气悬架系统无法调节。

（3）故障诊断：用原厂诊断仪 VAS 6150B 诊断地址码 34 模块，即"自适应悬架控制单元"，读取到的故障码为 01770，压缩机温度传感器 G290 对地短路故障。

G290 为压缩机温度传感器，该传感器主要采集压缩机工作温度，利用诊断仪进入"自适应悬架控制单元"，读取相应数据流，操作数据流通道为 006 组，读取的数值见表 4-3。

表 4-3 自适应悬架控制单元 006 组数据流

数据项目	数 值	参考数值
计算模式压缩机温度	95℃	-50~+205℃
测得压缩机温度	205℃	-50~+205℃
可能来自存储器的调节	是	是/否
压缩机继电器	断开	继电器接通/断开

通过数据流可知，自适应悬架控制单元采集到的压缩机实际温度为 205℃，远远高出实际工作温度。

故障可能原因可能如下：传感器 G290 损坏，线路故障，控制单元 J197 故障。

经查电路图（图 4.67）可知，压缩机温度传感器 G290 集成在压缩机内部，压缩机温度传感器 G290 通过 2 根信号线与控制单元 J197 相连。把车辆举升后找到压缩机的插接件 C，利用万用表电阻挡测量导线 G290/C1—J197/E5 与 G290/C2—J197/E6 这两根导线阻值，均显示在正常范围内，测量压缩机内 G290 传感器电阻，读数为 12Ω，阻值太小。因为 G290 温度传感器具有负温度系数特性，其压缩机未工作时温度较低，传感器阻值应该偏大（约为 1kΩ），结果判断为 G290 传感器内部短路导致该传感器数据采集异常，J197 采集到传感器 G290 温度太高，遂报"01770"故障码，同时系统为了保护压缩机，J197 也就停止了压缩机工作。

（4）故障排除：由于 G290 集成在空气压缩机内部无法单独更换，只能更换空气压缩机总成。更换空气压缩机和空气压缩机继电器后，空气悬架可以正常升降，至此故障排除。

（5）故障总结：此故障主要因为 G290 传感器损坏，控制单元不能识别到压缩机的正常工作温度，同时为了保护压缩机因过热损坏，控制单元 J197 停止压缩机工作，导致该车车身高度不能调节故障。在此类故障诊断中，根据故障码提示和数据流分析，可对故障部位判断起到指引作用。

案例 4：奔驰 S320 乘用车车身高度不能调节。

（1）车型：2005 年款奔驰 S320 W220 底盘乘用车，行驶里程 150 000km。

（2）故障现象：车主反映该车车身高度不能调节，中控台上的悬架调节按钮失效。

（3）故障诊断：接通点火开关，仪表板上显示"AIR MATIC VISITWORK SHOP"（检修空气悬架系统）。该车的空气悬架系统由空气泵、储气罐、空气分配器、水平位置感测器、控制单元和前、后气动减振器等组成。车身高度不能调节，可能是由于控制单元持

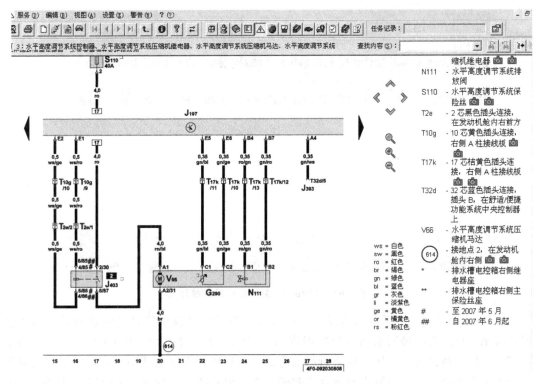

图 4.67 奥迪 A6L 空气悬架系统 G290 电路图

续接收到车身升高信号引起的。根据故障现象分析，可能原因有：①空气泵控制元件或其线路有故障；②控制单元有故障；③车身高度传感器有故障，影响到控制单元对车身高度判断。如果控制单元或线路有故障，一般用诊断仪可以诊断出来。利用奔驰原厂诊断仪 SD Connect C4 进入"AIRmatic 空气悬架系统"，读取到的故障码如图 4.68 和图 4.69 所示。

图 4.68 诊断仪对全车进行故障扫描

图 4.69　AIRmatic 空气悬架系统故障码

AIRmatic 空气悬架系统里出现 3 个故障码，按照诊断仪引导性功能进行转向角传感器初始化，再进行故障码清除后只出现故障码"C1402 部件 K40/7KO（空气压缩机继电器）"。利用诊断仪对空气压缩机进行激活测试，发现压缩机继电器不工作，说明空气悬架系统未工作是由压缩机控制电路异常引起的。查找电路图，根据图 4.70 可知，压缩机 KO 继电器线圈端由 N51 模块控制，右前 SAM 模块上 F32 40A 熔丝经 KO 继电器开关端向空气压缩机 A9/1 中 m1 电动机供电。

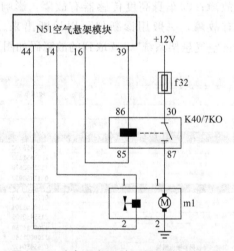

图 4.70　空气悬架系统压缩机控制电路图

（4）故障排除：根据电路图信息找到压缩机继电器，位置如图 4.71 所示，"O"位置对应的继电器即为压缩机继电器。对 KO 继电器进行通电测试，KO 继电器 30 号引脚与 87 号引脚始终开路，更换 KO 继电器后操作仪表板空气悬架调节按钮，车身高度能够调节，利用诊断仪对系统进行诊断、清码后试车，故障消失。

（5）故障总结：随着电子技术的发展，越来越多的电子控制技术应用到汽车上，特别

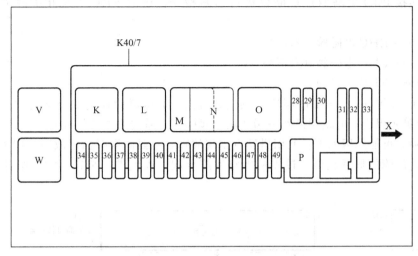

图 4.71 空气悬架系统 KO 继电器在车上位置图

是中高端车型。对于维修人员来讲,掌握各系统的控制原理是前提,其次是能够充分运用故障诊断仪的功能。诊断仪功能越来越强大,包括诊断、引导性故障查询、引导性功能查询、激活、试运行等,许多故障都可以通过诊断仪进行引导诊断。本故障就是充分利用了诊断仪诊断功能,才使得维修简单化。

案例 5:宝马 730LI 乘用车,EHC 系统失效。

(1) 车型:2008 年宝马 730LI E65 乘用车,N52 发动机,配备 EHC 系统(电子控制高度控制系统)。

(2) 故障现象:用户反映车辆的仪表及中央信息显示器 EHC 报警,车身的后侧很低。

(3) 故障诊断:EHC 系统的任务是将后桥上的车辆高度与负载状态保持在某个规定的标准高度。EHC 系统部件组成有 EHC 控制单元、供气装置、两个空气弹簧、两个车身高度传感器。其中,供气装置包括的组件有用于驱动压缩机的电动机、带空气干燥器的压缩机、具有压力保持和压力限制功能的排气阀、电动控制阀、带两个电磁阀(两位两通阀)的电磁阀体。EHC 控制单元通过不同的信号和信息识别不同的车辆状态,根据车辆状态,EHC 控制单元实行不同的调节功能。供气装置的功能通过控制压缩机和电磁阀实现,EHC 控制单元控制这些功能,并通过电动机驱动压缩机产生气体压力以调节车身高度。EHC 控制单元通过压缩机继电器持续控制压缩机,直至达到规定的标准高度为止。空气弹簧在车身和轮架之间,空气弹簧中的空气压力承担当时的车辆载荷,空气弹簧和减振器已相互隔开。高度传感器安装在后桥上,EHC 控制单元从高度传感器获取车辆左、右两侧的高度信息。EHC 系统的故障在仪表及 CID 中通过一个检查控制符号(黄色)显示,可在中央信息显示器(CID)中调出此检查控制信息的文本。EHC 系统通过空气弹簧的进气或排气实现,EHC 控制单元从高度传感器获取车辆左、右两侧的高度信息,如果高度超出规定的公差,则系统会通过供气装置调节到标准高度。

(4) 故障排除:此车车身后部偏低,说明 EHC 系统未能根据车身高度传感器采集的车身高度信息调整车身高度,可能原因有:EHC 控制单元故障,车身高度传感器故障,供气单元故障,相关线路故障等。

首先连接 ISID 宝马原厂诊断仪进行诊断检测，读取 EHC 系统相关故障码，具体如下。

① 5F95 - EHC 电磁阀（右后）；

② 5F94 - EHC 电磁阀（左后）；

③ 5F96 - EHC 排气阀。

由图 4.72 可知，3 个电磁阀置于供气装置内，其电磁阀控制端分别通过 3 根导线与 EHC 控制单元相连，电磁阀另外一端并联一起搭铁。通过故障码分析可知，3 个电磁阀同时出现故障，可能原因如下：共用搭铁点出现故障，电磁阀同时出现故障。因为 3 个电磁阀同时出现故障的概率较低，遂先从电路故障查起，找到供气装置 Y22，位置如图 4.73 所示。

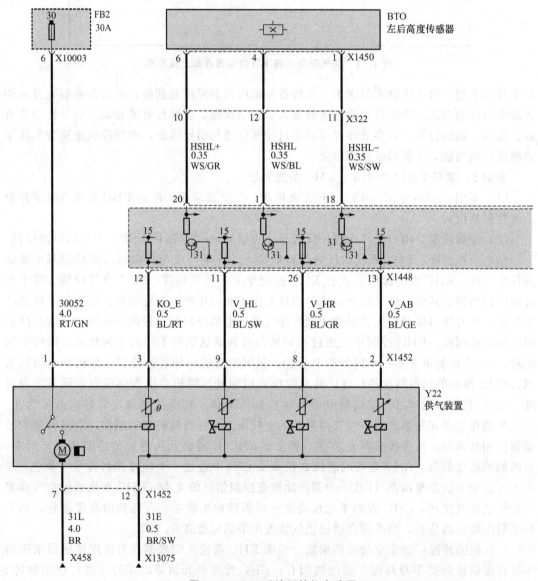

图 4.72　EHC 系统压缩机电路图

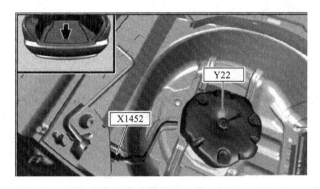

图 4.73 供气装置 Y22 位置

找到 Y22 上的插接件 X1452，用万用表测 X1452/12 号引脚对地电阻，显示"0L"，说明该引脚搭铁不良，根据电路图提示找到搭铁点，发现搭铁点松动，重新紧固后测试阻值正常。删除 EHC 系统的故障存储，对两侧气动弹簧进行标高匹配，试车一切正常。

（5）故障总结：宝马部分车型配备了单轴式 EHC 系统，在车辆的两个后悬架安装了空气弹簧。本例故障主要是由于 EHC 系统供气单元的控制电磁阀线路故障造成的 EHC 系统失效，通过诊断仪读取故障码，并结合线路对故障进行检测，最终确认故障部位。

习 题

1. 电子控制悬架系统是如何分类的？
2. 实现减振器阻尼可调的方式有哪些？
3. 电子控制悬架系统空气弹簧实现弹性功能的机理是什么？空气弹簧有哪些优缺点？
4. 采用油气弹簧的悬架系统由哪些元件组成？
5. 简述奥迪 A6L C6 乘用车电子控制悬架系统的组成及各元件功能。
6. 简述宝马 E65 底盘 7 系乘用车 EHC 系统的组成及各元件功能。
7. 画出宝马 E65 底盘 7 系乘用车 EHC 系统气动部分工作示意图，并叙述其充放气过程。
8. 画出奔驰 W220 S320 乘用车的减振器阻尼调节原理图，并简述其阻尼 4 种工况调节的工作过程。
9. 画出奔驰 W220 S320 乘用车电子控制悬架系统控制原理框图，并简述该系统中各个模块的功能。

参 考 文 献

[1] 付百学，李晓雪. 汽车底盘电控系统构造与维修 [M]. 机械工业出版社，2009.
[2] 赵建斌，李俊林. POLO 电控液压助力转向系统分析与诊断 [J]. 汽车电器，2007 (9)：41-45.
[3] 张维利，肖飞岭. 动态转向系统结构原理与检修 [J]. 汽车维修技师，2009 (5)：20-21.
[4] 伍小明. 宝马 E60 底盘的主动转向系统原理及应用 [J]. 机电技术，2009 (3)：65-68.
[5] 王大鹏. 一汽-大众速腾轿车电子稳定系统原理分析 [J]. 汽车维修，2008 (4)：12-13.
[6] 石德恩. 速腾轿车电动助力转向系统工作原理及系统设定 [J]. 汽车维修，2009 (5)：7-9.
[7] 舒华，程旭东，赵劲松. 车辆稳定性控制 VSC 技术介绍 [J]. 汽车电器，2010 (11)：34-41.
[8] 王盛良. 汽车底盘及车身电控技术与检修 [M]. 2 版. 北京：机械工业出版社，2013.
[9] 张蕾. 汽车底盘电控系统原理与检修 [M]. 北京：机械工业出版社，2012.
[10] 吕红明，吴钟鸣. 汽车电器与电子技术 [M]. 北京：国防工业出版社，2012.
[11] 赵良红. 汽车底盘电控技术 [M]. 2 版. 北京：机械工业出版社，2012.
[12] 李春明. 汽车底盘电控技术 [M]. 2 版. 北京：机械工业出版社，2009.
[13] 史立伟，曲金玉，张学义. 汽车电子技术 [M]. 北京：国防工业出版社，2012.
[14] 杜滢君. 刚度和阻尼耦联可调的半主动悬架一体式减振支柱动力学特性研究 [D]. 镇江：江苏大学，2012.
[15] 赵国富，管恩进. 自动变速器结构原理与维修 [M]. 北京：机械工业出版社，2011.
[16] 李伟，等. 图解汽车自动变速器、无级变速器构造与检修 [M]. 北京：机械工业出版社，2010.
[17] 赵海波，张涛. 汽车自动变速器构造与维修 [M]. 北京：机械工业出版社，2009.
[18] 潘伟荣. 汽车自动变速器维修高级教程 [M]. 北京：机械工业出版社，2007.